경주는
어머니가 부르는 소리

慶州は母の呼び聲

경주는
어머니가 부르는 소리

慶州は母の呼び聲

식민지 조선에서
성장한 한 일본인의 수기

모리사키 가즈에森崎和江 지음
박승주, 마쓰이 리에 옮김

글항아리

차 례

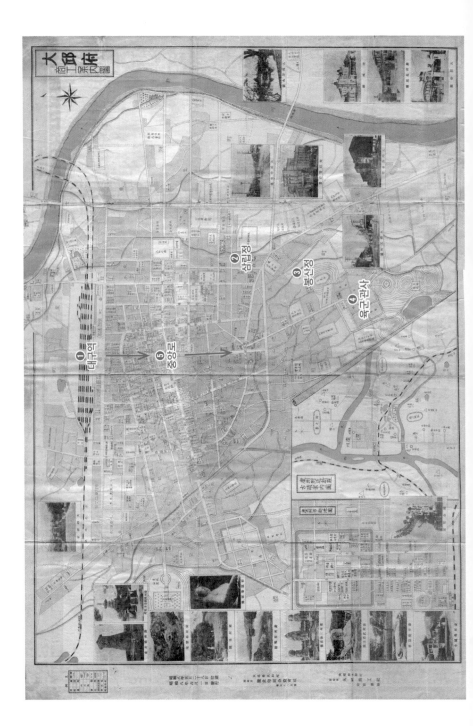

⑨ 수성교

⑧ 신천(대구천)

大 邱 中 央 通

大邱警察署

大邱公會堂

⑧ 대구공립고등 보통학교

⑥ 가톨릭교회 제사방직공사

④ 보병제80연대

⑤ 대구사범학교

⑦ 대구공립상업학교

② 성산정심상소학교

大 邱 元 町 通

① 육군관사

1947년 무렵의 모리사키 가즈에

1944년 8월 후쿠오카현립여자전문학교 시절. 집에서 가진 즐일 때 찍은 사진.
왼쪽부터 여동생 세쓰코, 저자, 남동생 겐이치, 아버지 구라지

1938년 4월. 뒷줄 왼쪽부터 아버지 구라지, 어머니 아이코,
앞줄 왼쪽부터 남동생 겐이치, 여동생 세쓰코, 저자

경주 천군리(千軍里) 동·서 삼층석탑.
1938년 5월 10일에 촬영한 것으로 둘째줄 오른쪽에서 네 번째가 구라지

1938년 9월 24일 경주중학교 가을소풍
세째줄 왼쪽에서 일곱 번째가 구라지. 석굴암 앞

1939년 6월14일 미나미 지로南次郎 제7대 총독 시찰 기념.
삽으로 흙을 퍼내고 있는 사람이 미나미 총독.
가장 오른쪽에 서 있는 사람이 모리사키 구라지

옥산서원(연도 불명). 경주중학교 소풍,
맨 뒷줄 오른쪽에서 일곱 번째가 구라지

1942년 10월 18일 경주중학교 체육대회

한국 독자들께

본문에 들어가기 전에 이 작품을 읽는 데 도움이 될 만한 사전 지식으로, 당시의 시대적 배경과 작자 모리사키 가즈에森崎和江(1927~)의 일본어 표현에 대해 독자들께 약간 설명 드리고자 한다.

일제강점기 당시의 지명에 대해

1890년대 말에서 1900년대 초반에 한반도로 건너온 일본인들은 우선 지명을 일본식으로 변경했다. '대구'라는 지명을 '다이큐'라고 발음했듯이 원래 있던 지명의 한자를 일본식으로 발음하거나 '미카사마치三笠町'처럼 일본에서 흔히 쓰는 지명을 그대로 갖다 붙이는 식이었다.

　이 책에서도 모리사키는 주로 일본식 지명을 사용하고 있다. 일제강점기에 대한 향수 때문에 그렇게 한 것은 아니다. 그저 조선 사람들의 땅을 빼앗고 지명까지 빼앗아 성립된 일본인의 삶을 직시直視하기 위해서 일본식 지명을 썼다. 바꿔 말하면 자기 경험을 통해 식민지주의의 본질을 찾겠다는 의도가 있었기 때문에 그녀는 일본식 지명을 사용했다고 볼 수 있다.

그러나 이번 번역 작업에서는 한국 독자들의 이해를 돕기 위해 지명은 한국식 발음으로 표기하기로 했고, 일본식 발음으로 표기한 모리사키의 의도만 소개하는 데에 그치려고 한다.

일본어로 표현된 조선어(한국어)

한편 이 작품에서는 조선의 풍물이나 풍습을 설명하고 조선 사람들과의 일상적인 교류를 표현하기 위해 일본인 독자들에게는 생소한 조선어 낱말과 문장을 군데군데 적고 있다. 우선 조선어 발음을 가타카나(주로 외래어나 외국어를 쓸 때 사용하는 일본 문자)로 표기한 다음 그의미를 재차 설명하는 방식이다. 그렇다면 모리사키는 왜 특정한 단어를 일부러 조선어로 표기했을까?

실제로는 조선인과의 교류가 거의 없었고, 있었다고 해도 일본어로 대화를 나눴던 모리사키는 조선어를 못 했고 아는 단어도 그리 많지 않았다. 그러나 그녀가 일부러 가타가나로 조선어를 표기한 부분은 당시의 일본인의 삶을 알 수 있는 중요한 단서가 된다. 또 본문을 읽으면 그녀가 가타카나로 표기한 조선어에는 복잡한 감정이 담겨 있다는 걸 알 수 있다. 특히 조선어 '어머니'의 가타가타 표기인 '오모니'라는 낱말에는 조선에서 만난 여성들에 대한 감사, 그리움, 죄스러운 마음 그리고 사랑 같은 수많은 감정이 담겨 있는 걸 알 수 있다. 그러나 작가가 한국어를 모르는 일본 독자들을 위해 같은 의미의 낱말이나 문장을 중복해서 쓰고 있는 것을 원저 내용 그대로 번역하는 것은 한국인 독자들에게는 오히려 독서를 방해하는 요인으로 작용할 것 같아서 이 번역에서는 한국어 문맥에 맞게 일부 단어나 문장은 생략하기도 했다. 또 식민지 조선에서의 삶과 그곳에서 만난 사람들과의 정감 등을 표현하고자 한 작가의 의도는 최대한 살리기 위해, 일부 단어는 일본식 발음 그대로 번역을 했다. 예를 들면, '오모니'와 '아부지'라는 단어다. 모리사키는 조선의 중년 여성이나 남성을 조선어로 어머니와 아버지로 부르고 있는데, 일본 독자들에게는 가타가나 표기만으로도 낯선 조선어의 느낌이 살아나지만, 한국어 번역에서는 어머니와 아버지라는 단어가 자칫하면 모리사키의 부모님과 혼동될 우려가 있어 조선인을 지칭할 경우에는 일본식 발음 그대로, '오모니'와 '아부지'로 번역했다. 그러나 이 단어는 작품 전체에 걸쳐 수없이 등장하기 때문에, 문맥에 따라서는 '아주머니'와 '아저씨'로 번역하는 것이 훨씬 이해하기 편할 것 같았다. 그래서 서장과 후기를 제외한 본문의 지문에서는 '아주머니'와 '아저씨'로, 대화체에서는 모리사키의 의도를 살려 '오모니'와 '아부지'로 번역했다. 또 '아주머니'라는 단어도 일본인과 조선인을 구분하기 위해 일본인의 경우에는 '아줌마'라고 옮겨 차별을 두고자 했다. 이 점을 미리 양해해주시길 바란다.

박승주·마쓰이 리에

서장

15년쯤 전에 나는 다음과 같은 글을 썼다.

조선에 대해 이야기를 하는 것은 마음이 무겁다. 나는 식민지 시절 조선 경상북도 대구부大邱府 삼립정三笠町[1]에서 태어났다. 태어나서 17년 동안 조선에서 살았다. 대구, 경주, 김천에서······.

나의 원형은 조선이 만들었다. 조선의 마음, 조선의 풍물과 풍습, 조선의 자연이. 내가 철들 무렵, 길가에 돌멩이가 굴러다니듯 조선인의 생활이 주변에 있었다. 그것은 사람들이 그 돌멩이의 존재를 인식하든 말든 돌멩이는 그곳에 존재하는 것과 같았다. 그리고 돌멩이가 사람들의 감각에 얼마간 영향을 끼치고 있듯이 나와 관계되었다. 아니, 그렇지 않다. 그런 관계에 그쳤다면 가해자와 피해자라는 단순한 대응도식을 그릴 수 있을 뿐이다.

---

1 삼립정의 일본식 발음은 미카사마치다. 현재 대구광역시 중구 삼덕동 일대.

나는 조선에서 일본인이었다. 내지인內地人[2]으로 불리는 부류였다. 그렇지만 나는 내지를 모르는 내지인이다. 내지인이 식민지에서 낳은 계집아이다. 그런 내가 어떻게 자랐고, 어떤 사람이 되었는지. 나는 식민지에서 어떤 존재였고, 또 패전 후 모국이라는 곳에서 나는 어떤 존재였던지.(아니, 어떤 존재가 되려고 뼈를 깎는 노력을 했는지. 나는 여기서, 이 나라에서, 태생적인 어떤 존재라는 자연스러움을 주관적으로 갖고 있지 않았다. 나는 그 본연을 되찾고자 스스로의 힘으로 최선을 다해 살아왔다. 마치 잃어버린 뭔가를 다시 되찾아오려는 것처럼.)

나는 얼굴이 없었다.

그러나 나의 얼굴이 없다는 것은 내지적 기준에 따른 이야기다.

나에게는 내가 만질 수 있는 나의 얼굴이 있다. 그것은 조선(그리고 식민지 조선)이 만든 것이다. 나는 내 얼굴을 만지면 그 주형鑄型이 된 조선의 마음을 밖에서 느끼고 있는 기분이 든다. 밖에서 만질 수 있을 뿐이다.

조선에 대한 나의 마음은 나라는 사람을 만든 그 실체에 대한 그리움과 비슷하다. 너무나도 알고 싶다. 만들어진 존재가 만든 손과 연결되는 그 본체를 그리워할 때 나는 절망하게 된다. 나는 알 수 있는 방도를 만드는 것부터 시작할 수밖에 없다.

패전 후 20여 년, 나는 나의 주형인 조선을 생각할 때마다 쓸데없이 계속 울었다. 이 짧은 글도 어이없게도 울며불며 쓰고 있다. 어쩔 수가 없다. 눈물에서 벗어나기 위해 나는 오랫동안 일기를 써왔다. 내 출생 이후의 연월일과 중첩시켜 조선의 사건, 출판물, 속담, 민요, 생활법 등을 적어가는 것이다. 출생과 성장을 생각할 때마다 떠오르는 조선인 오모니의 마음을

---

2 이전의 일본제국헌법에서는 식민지 영토와 일본 본토를 구분하기 위해 본토 지역은 내지라 칭하고 기타 식민지 영토는 외지라 불렀다.

1920년대 대구역 정거장 풍경

알고 싶어서 꿈과 환상을 쫓는 것이다. 어린 아이가 세상에 대해 감동하고 반응하기 시작할 서너 살 무렵, 가장 강렬하게 기억되는 건 뭘까? 나는 마치 역사의 오솔길을 되밟아가는 것처럼 짙은 구름 속으로 들어간다. 계속 되풀이하며 그렇게 해왔다. 더구나 나에게는, 나 개인의 역사는 차치하고, 머릿속으로 그릴 수 있는 아시아사와 세계사가 더 선명하다. 또 조선 민중이 겪은 식민지 투쟁에 대한 책 위의 역사가 더 명확하다.

나는 그래도 되는 걸까? 그런 걸로 발뺌을 하려는 건가? 17년 동안이나 그곳을 침범하고서. 오모니! 라는 신음소리가 속에서 터져나온다.

오모니들의 생활을 모르고 그들의 말도 모르지만, 그 향기와 피부 감촉은 알고 있다. 등에 업혀서 머리카락에 입술을 갖다 댄 채, 오모니가 사주는 군고구마를 얻어먹고 잠을 잤다. 또 오모니가 들려주는 옛날이야기를 들었다. 나는 나의 기본적인 미감美感을 내 오모니와 많은 이름 없는 사람으로부터 얻었다. 잠자코 나에게 준 게 아니다. 그들은 의식하며 일본인 2세를 키운 것이다. 이제야 겨우 안다. 나는 이제 오모니들의 이름조차 기억하고 있지 않다. 딱 한 사람, 60대가 된 사람의 거처를 알고 있고 그분 아들한테 조선 글씨로 쓴 편지를 받았다. 반나절 걸려 한글로 답장을 썼다.[3]

오랜 세월이 지난 후, 나는 자신의 식민지 체험을 객관화해두고 싶어서 어렵사리 글을 쓰게 되었는데, 그것은 나 자신에 관한 게 아니라 나와 대조적인 인생인 가라유키[4]에 관한 내용이었다. 나와 마찬가지로 아시아의 타민족과 접촉하며 일상적으로 남을 침범한 가련한 일본인을 바라보는 일은 나에게는 마치 등 뒤에서 자신을 찌르는 기분이었다. 그렇게 함으로써 나는 보통의 일본인이 되고 싶었다.

그러나 잔영은 사라지지 않을 것이다. 이에 무거운 펜을 들어 마찬가지로 이름 없는, 그렇지만 훨씬 죄 많은 보통사람의 나날을 기록하기로 한다. 내가 태어난 대구는 오늘날의 한국 경상북도 대구시(현재는 대구광역시―옮긴이)다. 동네 이름인 삼립정은 일본인이 지었을 것이다. 구시가지 안의 일본인 주택지의 일각으로, 여기에 산과의원을 차렸던 일본인 의사의 산실에서 조산사가 나를 받았다.

삼립정이라는 동네 이름이 생겼다가 사라진 것처럼 타민족을 침범

---

3 여기에 나오는 '오모니'는 모리사키 가즈에의 아버지인 모리사키 구라지의 제자의 아내다. 아버지의 제자는 모리사키가 어릴 때 일찍 세상을 떴기 때문에 모리사키는 제자의 남동생, 즉 '오모니'의 시동생에게 편지를 보냈다. 그러나 낯선 사람으로부터 '오모니의 아들이 성인이 되었다'는 일본어로 쓴 답장을 받는다. 그래서 모리사키가 한글로 아들에게 직접 편지를 썼더니 아들에게서 가족의 근황을 알리는 답장이 왔다. 1968년 방한했을 때, 모리사키는 이 '오모니'를 찾아가 재회했다. 이 편지의 왕래와 재회에 관해서는 1969년에 쓴 「토담」이라는 글에 자세히 나온다.(『모리사키 가즈에 컬렉션: 정신사 여행5 회귀』, 2009, 79~98쪽 참조)
4 근대 이후 규슈의 아마쿠사天草 지방 등지에서 돈을 벌기 위해 외국으로 나갔던 여성들이다. 그런데 주로 매춘 행위를 하는 경우가 많아서 나중에는 매춘부라는 이미지가 강해졌다.

하며 살았던 일본인 동네는, 아니, 지난날의 나의 동네는 지금은 지상
에 없다.

일러두기
• 이 책은 모리사키 가즈에의 『慶州は母の呼び聲: わが原鄉』을 완역한 것이다.
• 한국어판의 부제는 원서의 "나의 원향" 대신 "식민지 조선에서 성장한 한 일본인의 수기"로 바꾸어 붙였다.

1
장

은하수

1

아버지의 유카타(여름철에 주로 입는 홑겹의 일본 전통 의복—옮긴이) 소
매 속에서 담뱃갑이 서걱서걱 소리를 냈다.

해질녘 부산한 어머니 곁에서 떼어놓으려고 집 밖으로 데려나온 것
이겠지만, 나는 아버지와 동요를 부르며 걷고 있었다. 네다섯 살 무렵
으로, 지평선까지 하늘이 이어져 있었다. 어렴풋이 산이 보였다.

"저 너머에 강이 있어."

밭에는 전에 산책할 때 본 괭이를 든 사람도 없다.

아버지는 담배를 피웠다.

"슬슬 되돌아갈까?"

"강은?"

"집에서 엄마가 기다려."

"지금 온 이 길 돌아가세, 돌아가"[1] 하며 나는 아버지와 입을 맞춰

---

1 「이 마을 저 마을」이라는 노래의 가사 일부. 노구치 우조 작사, 나카야마 신페이 작곡,
1924.

노래를 불렀다. 석양을 향해 걷는다. 하늘은 황금빛으로 물들고 지붕들이 까맣게 보였다.

그로부터 며칠 아니 몇 달인가 지났을 때, 어머니도 같이 산책하러 나갔다. 어머니는 나보다 세 살 어린 여동생을 안고 있었다.

밭길로 나왔다. 부모님이 이야기하며 걸었기 때문에 나는 앞서거니 뒤서거니 했다. 집 창문에서 보이던 작은 헛간이 사라져버렸다. 헛간은 누구네 집 담벼락에 다 쓰러질듯 딱 들러붙어 있었다. 헛간은 가끔 생겼다가 사라지는 모양이다.[2]

"밖에서 놀면 안 돼. 낯선 사람한테 끌려가."

'저건 뭐야?' 하고 물어봤을 때 어머니는 그렇게만 대답한 채 설명해주지 않았던 헛간이다. 그때 집 안에 아침 햇살이 비치고 김 굽는 냄새가 났다. 어디론가 갈 때는 어머니와 함께 가지만, 어머니는 그다지 멀리는 가지 않는다. 아버지와 동행해 산책하면 낯선 곳으로 가니까 가슴이 두근거린다.

나는 "집이 점점 멀어진다, 멀어져"[3]라고 기운차게 노래했다. 혼자 가면 보리문둥이[4]에게 납치되는 곳으로 나는 이미 들어와 있는 건지도 몰랐다. 아버지가 슬슬 돌아가자는 말을 하지 않으셔서 부모님을 돌아보고는 조금 앞서 걷는다.

밭길은 둑으로 이어져 있었다.

---

2 이런 헛간에는 당시 한센병 환자들이 종종 기거한 것 같다. 모리사키 가즈에의 『이족의 원기』(야마토쇼보大和書房, 1971) 82~83쪽에 그와 같은 이야기가 나온다.
3 「이 마을 저 마을」 가사의 일부.
4 예전에는 한센병 환자를 '문둥이'라 불렀다. 어린아이의 생간이 한센병 치료에 좋다는 이유로 간혹 보리밭에 숨어 있다가 지나가는 사람을 잡아간다는 속설도 있었다. 그래서 이들을 '보리문둥이'라고 부르기도 했다. 원문에서는 '납치범'이라는 의미의 일본어를 쓰고 있지만, 당시의 정서를 살리기 위해 번역문에서는 '보리문둥이'라는 표현을 썼다.

신천을 가로지르는 신천대교로
시내와 동촌유원지를 잇는 현재의 칠성교에 해당한다.

"저 앞이 대구천大邱川이에요?"

멈춰 서서 기다리고 있는 나를 보며 어머니가 말했다.

"조선인은 신천新川이라고 해. 대구천이라고는 하지 않는 모양이야."

"이 위에 올라가도 돼?"

나는 물었다.

"그래."

나는 풀밭 비탈길을 올라갔다.

멀리까지 자갈밭이었다.

"빨리 와! 은하수야!"

아버지가 올라왔다.

"봐, 은하수."

"강변이라고 해."

어머니도 강둑에 올라섰다.

"어머나, 돌뿐이네요."

"올해는 비가 안 와서 그래."

"하지만, 봐요 반짝이고 있어요! 가즈야, 잘 보렴, 저쪽에 큰 돌이 있지, 그 밑을 봐. 반짝이고 있지? 강이야. 강물이야."

"신천은 낙동강 상류야. 삼랑진 부근 지날 때 기차에서 큰 강 봤지? 그 낙동강이야."

"돛단배가 여러 척 다니던 그 큰 강 말이에요?"

"그래."

"그 강의 상류인데도 물이 이렇게 적은 걸까?"

"올해는 특별한 거야. 겨울에는 이 강에서 스케이트도 타는 걸."

강변 돌은 새하얬다. 땅거미가 지고 있었다.

"아빠, 비가 오면 칠석님(견우직녀—옮긴이)이 못 만나게 되겠네?"

"그렇구나."

"강 너머는 조선인 마을인가? 밭인 것 같네요" 하고 어머니가 말했다.

"이 강은 자주 홍수가 난대. 이러면 올해는 물이 부족하겠군."

"축제인가? 뭘 하고 있어요. 저기 봐요."

희미한 소리가 들려왔다. 노랫소리였다. 사람들이 둘러멘 흰 깃발이 집들 사이로 나타났다. 거기에 둥근 초가집이 모여 있는 걸 겨우 알아챘다.

"엄마, 춤이야, 춤추고 있어. 보여? 아빠, 춤추고 있어."

"진짜네, 즐거워 보이는구나."

사람들의 흰 옷이 떠오른다. 줄줄이 나온다. 빙글 빙글 춤추며 행

1910년(메이지 43) 이전에 촬영한 대구의 전경

렬이 되었다. 아이들이 주위를 뛰어다닌다. 행렬은 밭 속으로 들어갔다. 양손을 벌리고 가볍게 뛰어오르면서.

강 너머로 펼쳐진 풍광 속에 자그마한 사람들의 모습이 가느다란 행렬이 되어 밭 속으로 춤을 추며 들어간다.

"모두 술을 마신 것 같네, 커다란 목소리야. 오모니도 춤추고 있네."

"엄마, 맨 앞 사람이 선생님이야. 다들 따라하고 있어. 북 치고 있는 사람이야."

그 사람은 빙글 뛰어오르더니 행렬을 향해 가슴께에 메고 있는 북을 두드렸다. 가늘고 긴, 몸보다 큰 북을. 그 사람이 노래했다.

"칭칭 나네."

다 같이 이어서 불렀다.

"칭칭 나네."

노래 소리는 느리고 길게 거칠 것 없이 강변을 넘어온다.

"좋다, 좋다."

"좋다, 좋다."

빙글 빙글 제멋대로 춤추는데도 행렬은 흐트러짐이 없다. 땅거미가 짙어진다. 노랫소리가 커진다.

아버지의 소맷자락을 붙잡았다.

"소원을 빌며 춤추고 있어. 쌀이 잘 여물라고 말이야. 쌀이 잘 여물지 않으면 우리 가즈에도 밥을 먹을 수 없어."

나는 보리문둥이가 잡아간다는 넓은 밭, 그 너머가 저녁 하늘로 이어지는 강변이며 노래하고 춤추는 사람들의 마을이었다는 사실에 마음이 흡족해졌다.

"내지에도 마을 축제가 있어."

아버지에게 안겨서 둑을 내려왔다. 노랫소리는 더욱 커져 어둑어둑해진 하늘에 메아리쳐 온다. 돌아가는 길은 좁은 농로農路였다. 전에 이웃 사람들이 보리문둥이에게 간을 빼앗긴 채 여자애가 죽었다며 멀리 뛰어가던 곳이 이 근처인가? 조선인 여자애가 생간을 빼앗겼다는 얘기를 들었다. 어머니가 말했다.

"대구천 쪽으로 가면 안 돼. 잡혀 가. 보리밭 속으로 들어가면 아무도 못 찾아. 알겠니? 대답은?"

"알았어. 멀리 안 가."

"그래, 착하지. 집 근처에서 놀아."

어둑어둑해진 그 밭을 지나 집 근처에서 아버지가 나를 내려줬다. 나는 들려오는 희미한 노랫소리에 맞춰 춤을 췄다.

"칭칭 나네, 좋다, 좋다."

VIEW OF THE FAMOUS PLACE, TAIKYU.
校學中立公邱大 【所名邱大】

대구공립중학교로 80연대 병영과 붙어 있어 군인학교라는 별칭으로 불렸다.

그건 느린 장단이라서 걸어가며 춤을 출 수는 없었다. 뛰어가 부모
님 앞에 멈춰 서서 노래에 맞춰 춤을 췄다.

그 후 아버지와 함께 다른 방향으로 산책하러 갔을 때, 또 춤추는
사람들을 만났다. 집에 있어도 노랫소리는 저녁 바람을 타고 종종 흘
러들어왔다.

내 기억 속에 있는 당시의 집은 대구부大邱府 남쪽 교외에 있는 일본
인 주택지로 버스길에서 약간 후미져 있었다. 문설주는 거무스름한
나무 기둥이었다. 담 안쪽에 꽈리가 물들어 있었다. 마당에는 수레국
화가 피어 있었다.

더 어릴 적 일인데, 다리 옆에서 포대기[5]로 누군가에게 업혀 군고
구마 장수의 솥을 내려다본 기억이 있다. 사달라는 소리도 하지 못한

---

5 원서에는 어린아이를 업기 위한 두루마기 형태의 일본식 포대기를 의미하는 '넨네코한텐'으
로 표현되어 있다.

채 쳐다본 솥 안에는 갈색 자갈이 잔뜩 깔려 있었다. 작은 자갈 위에 고구마가 뒹굴고 있었다. 고요하고 추웠다.

그 다리는 대구중학교가 있는 버스길 바로 앞에 있다는 것을 아버지와 산책할 나이쯤엔 알고 있었다. 그런데 그 작은 돌다리를 건너 더 멀리 간 적은 없다. 시내 쪽에서 오는 버스는 중학교 정문 앞을 지나 중학교와 이어진 80연대의 병영 앞을 통과해 더 멀리 산기슭까지 간 듯하다. 그런데 버스의 행방은 모른다. 아침에는 80연대의 병영에서 기상나팔이 바람을 타고 주택가까지 들려왔다.

나팔소리의 리듬에 맞춰 아이들이 노래했다.

일어나라 일어나 모두 일어나.
안 일어나면 대장님께 야단 맞아.

소등나팔도 들린다. 아이들은 그 소리도 따라했다.

신병은 불쌍해.
얻어맞고 울어.

나팔소리는 강약과 높낮이가 있어서 아이들이 따라하는 것처럼 들렸다. 소리가 들리기는 하지만, 나팔 부는 군인을 본 적은 없다. 초봄에 군기제軍旗祭가 있을 때는 만원버스가 80연대로 손님을 실어 날랐는데, 나는 가지 않아서 병영을 본 적이 없었다. 때때로 버스길을 네다섯 명의 군인이 말을 타고 지나갔다. 중학교 5학년도 대여섯 명 말을 타고 지나갔다. 나는 아직 군인과 중학생을 구분할 수 없었다.

위 일본군 보병 80연대 막사 풍경으로,
지금은 미군 부대 캠프 헨리Camp Henry가 위치해 있다.
가운데 일본군 보병 80연대 훈련 장면
아래 일본군 보병 80연대의 병사들

당시는 소학교[6] 6학년까지가 의무교육이라서 중학교에 진학하는 사람이 많다고는 할 수 없었다. 그리고 그 중학교도 5년제라서 학생들은 어른스러웠다.

80연대가 있는 고장. 사과 과수원이 있는 고장. 대구는 그렇게 불리고 있었다. 내가 태어난 것은 1927년(쇼와 2)이다. 부모님이 「쇼와의 어린이」[7]라는 동요 레코드를 소학교 입학 전에 사주셨다. "쇼와의 어린이여, 우리는…… 가자, 가, 발 맞춰, 타랄랄라……"라는 식의 노래였다. 역시 그 시절의 동요 속에 '스크럼을 짜고'라는 말이 있어서 "스크럼이 뭐야?" 하고 아버지에게 물었던 기억이 있다. 쇼와의 어린이는 어깨를 단단히 걸고 군대식으로 행진하는 이미지가 태어날 때부터 있었다. 남자 아이들은 크면 군인이 될 거라고 대답했다. 그것은 요즘 아이들이 어른이 되면 담배를 피운다고 생각하는 것과 비슷한, 지극히 자연스러운 발상이었다. 나도 군인이나 군대는 사람들의 생활이 있는 한 존재하는 것이라고 생각했다.

그래도 왠지 군대는 무서웠다. 본 적도 없는 80연대가 왜 무서울까? "신병은 불쌍해, 얻어맞고 울어"라고 노래하는 남자 아이들 탓일까? 아니면 그것이 먼 곳에 있기 때문일까?

80연대 쪽은 인가도 드물다고 들었다. 일상생활 속에서 무서운 곳이 있는 느낌을 유아들은 누구나 가질 것이다. 아직 경험하지 못한 어둠이다. 나는 아버지와 어머니가 젊고 주변의 일본인도 모두 한창 일할 나이였기 때문에 노인이나 죽은 사람을 몰랐다. 죽은 사람들이 남긴 슬픔의 흔적이 없는 생활. 그것은 요즘의 일본 신흥 주택지와 비

---

6 일본은 초등학교를 소학교라 부른다.
7 구보타 쇼지 작사, 사사키 스구루 작곡, 1927.

대구의 사과를 지역 특산물 일러스트
로 쓴 당시의 엽서

숫하다. 그런데 신흥 주택지에는 베어 쓰러진 나무숲에 대한 누군가의 추억이 있다. 깎인 산에 대한 공통된 감정이 있다. 그렇지만 식민지에는 일본인의 공통 감정이 산하山河에 새겨져 있지는 않다. 나는 이세상은 아득한 옛날부터 일본인과 조선인이 서로 어우러져 살고 있었다고 생각했다. 그 안에는 왠지 모르게 무서운 병영과 생간을 빼앗아가는 사람이 숨어 있는 밭이 있다는 생각을 했지만, 자신이 살고 있는 땅이 사실은 조선인의 것으로, 피를 흘리고 있다는 생각은 하지도 못했다. 사망자들은 모두 내지에 있었다. 대구천은 조선인이 노래하고 춤추는 은하수가 되었다. 하늘의 신이 다니는 강처럼 여겨졌다. 80연대 너머로 푸르게 보이는 사언저리에서 조선인 할아버지가 흰저고리에 흰 바지를 입고 느긋하게 걸어온다. 조선인 아주머니도 야채를 팔러 온다.

"얼마?"

어머니가 조선말로 묻는다.

나는 "이쿠라데스까(얼마예요)"라는 일본어보다 조선말로 얼마? 라는 질문을 먼저 배운 건지도 모른다.

툇마루에서 나는 흰 종이에 가타가나를 썼다.

다다미에 앉아서 뭔가를 하는 어머니가 손을 움직이며,

"야구르마소(수레국화)라고 썼어? 그럼 이번에는 콤비네이션이라고 써보렴"이라고 했다.

여동생의 모습은 보이지 않았다. 누군가에게 안겨 있었는지 잠들어 있었는지, 오전 내내 마당이 썰렁했다. 어머니의 기색이 어딘가 임신한 느낌이 드는 것은 그해 남동생이 태어나서 그런가? 그 무렵의 기억에 뛰어다니는 나의 모습은 없다. 미소시루(일본식 된장국—옮긴이) 건더기인 모시조개인지 가막조개인지, 그 조개껍질에 매료되어 껍데기를 모아 보물 다루듯 했다. 보물을 하나 둘 근방에 사는 여자애에게 나눠주었다.

버스길을 걸어 시내 쪽으로 불과 몇 분 정도 간 곳에 지나 요리집이 있었다. 지나 우동도 맛있지만, 지나 만두는 삼각형으로 내 얼굴 정도 크기에 한가운데에 삼각형의 틈이 벌어져 잔뜩 넣은 팥소나 고기 소 같은 게 엿보였다. 언젠가 이 가게에서 지나인 아저씨가 우동 뽑는 걸 봤다. 그 후로 가끔 가게 앞까지 놀러가게 되었다. 놀면서 우동뽑기가 시작되는 걸 기다렸다.

지나인 아저씨가 두 명 있었다.

한 명이 어른 배만한 누르스름한 반죽 덩어리를 넓은 판 위에 툭

중국 화교들은 1905년부터 대구에 정착했으며 한국전쟁 이후 화교 사회가
폭발적으로 증가했다. 사진은 한국전쟁 이후인 1956년(민국 45)에 촬영한 것이다.

놓아두면 나는 창문 밑으로 다가가 창틀을 붙잡고 발끝을 세우고 바라본다. 길쭉한 막대기로 사방팔방으로 반죽 덩어리를 편다. 반죽은 얇고 넓게 펴져 판 한 가득이 된다. 아저씨는 발끝을 세워 그 위에 솔로 뭔가를 바른다. 나중에 저건 참기름인 것 같다는 생각을 하게 되었다. 그것을 접고 펴고 솔질을 한다. 같은 동작을 수차례 반복하고 나서 가늘고 길게 접은 그것을 아저씨는 양손으로 들었다가 판에 탁 내려쳤다. 탁, 탁, 힘껏 판을 친다. 아저씨의 손가락 사이로 길고 둥근 파이프 같은 우동이 하늘하늘 나타나서 참으로 꿈만 같았다.

나는 호오하며 숨을 내쉰다. 아저씨는 가루를 묻혀 높이 들어 올리더니 김이 나는 큰 솥에 그것을 원을 그리듯이 넣었다. 긴 섯가락으로 휘저었다.

"돈 얻어와."

넋을 잃고 보던 나는 흠칫 놀라 제정신이 들었다.

"엄마, 지나 우동 아저씨가 돈 얻어오라고 하셨어."

집으로 달려가 숨을 헐떡이며 말했다.

어머니와 우동을 먹으러 갔을 때 지나인은 의자에 걸터앉아 있었다.

우리가 지나라고 부르던 것은 오늘날의 중국으로 당시의 중화민국이다. 지나라는 호칭밖에 모르고 자랐다. 그 사람들은 친근했다. 지나인 아줌마는 전족을 하고 있었다. 작은 헝겊신을 신고 헤엄치듯이 걷는다. 내 발보다도 작다. 아플 것 같아 가여워서 빤히 쳐다볼 수가 없다. 그래도 아줌마는 지나 옷인 긴 드레스를 입고 버스길을 아장아장 걸어갔다.

지나인은 그 외에도 있었다. 주로 둥근 모자를 쓰고 자전거를 타고 다녔다. 시내에는 요리사도 있었다. 설날 명절요리[8]에 질릴 무렵, 지나인 요리사를 불러와 부엌에서 잉어 튀김이나 탕수육, 팔보채 같은 음식을 여러 가지로 만들어 손님을 초대했다. 지나 요리는 걸쭉하고 맛있어서 어머니가 가족의 저녁식사로도 가끔 만들었다.

지나인 남자 중에는 가늘게 땋은 머리를 늘어뜨린 사람이 있었다. 아이들은 노래했다.

니야 마아냐 촛삐야.[9]

---

8 일본은 설 명절 연휴에는 가급적 불을 사용하지 않도록 설탕이나 간장을 넣어 조리는 음식을 만들어 먹는다.
9 '니야 마아냐 촛삐야'는 중국어 你呀, 媽呀, 操逼呀로 추정되며, 니야는 너 말이야, 마아냐는 damn it, 촛삐야는 fuck it의 의미를 지닌 구어라고 한다.

비싸다 비싸 30전.[10]

　어머니가 나에게 레코드를 사줬다. "지나인 사탕가게 할아버지는 우스꽝스러운 모자에 빨간 구두. 빠아빠아빠아리아, 빠아리아빠."[11] 지나인 사탕가게 할아버지는 바다를 건너왔다고 생각했다. 요리사들도⋯⋯. 그것은 어딘가 큐피 인형[12]과도 비슷하다. 큐피 인형 동요는 "큐피의 나라는 바다 건너, 첨벙 첨벙 큐피"라고 노래한다.[13] 큐피는 셀룰로이드 인형이지만, 빠아리야빠 할아버지와 마찬가지로 바다를 건너왔다.

　지나 요리점에서 시내 쪽으로 조금 더 가면, 집들 가운데 녹색 페인트칠을 한 지붕이 뾰족한 집이 있었다. 루버 창 페인트는 듬성듬성 벗겨져 있었는데, 여기에 러시아인 부부가 산다고 생각했다. 러시아인은 혁명으로 인해 시베리아에서 쫓겨왔다. 키가 크고 갈색머리가 찰랑거렸다. 여자는 피부가 희고 아름답다. 부부가 버스길을 어슬렁어슬렁 걸어 다닌다. 러시아인 소년도 있었다. 내가 다니는 성당 일요학교 선생님도 서양인이었다. 눈이 파란 커다란 남자 선생님인데 검은 봉지 같은 옷을 입고 크리스마스 연극을 가르쳐줬다. 성탄절이 가까워지고 나는 감기에 걸렸다. 옷도 만들어줬는데 갈 수 없게 되었다. 눈물을 흘리는 나에게 가슴에 에키호스Exihos(소염, 진통, 해열을 위해

---

10 전錢은 1953년 이전까지의 일본의 화폐 단위로 엔圓의 100분의 1에 해당한다.
11 빠아빠아빠아는 중국어로 어버지나 노인을 뜻하는 爸爸爸로 추정된다. 여기서는 단어의 의미보다는 일본인들이 자주 듣는 중국어를 그저 따라서 적어놓은 것 같다.
12 큐피는 1909년 미국인 로즈 오닐이라는 사람이 셀룰로이드로 만든 인형이다. 큐피라는 명칭은 그리스 신화에 나오는 큐피드에서 따왔다.
13 「큐피, 피짱」, 노구치 우조 작사, 나카야마 신페이 작곡, 1930.

큐피 인형

사용하는 약의 상표명—옮긴이) 파스를 붙이고 새 옷을 입혀 어머니의
숄로 둘둘 싸고 아버지가 성당[14]으로 안고 가주셨다. 많은 사람이 빨
간 등불 아래에서 기도를 했다. 나는 아버지에게 안긴 채 그 속에 섞
여 기침을 콜록거렸다. 서양인 신부님이 부드러운 부채 같은 손을 내
머리에 얹고 선물을 건네주었다.

지나인도 러시아인도 서양인도 바다를 건너와 조선인과 일본인과
함께 이곳에 살고 있다고 생각했다. 쓰는 말은 다들 가지각색이고, 모
르는 말을 쓰는 사람들이 있는 건 꽃이 여러 종류 같이 피듯 자연스
러운 일로 받아들이고 있었다. 그런 생활밖에 몰랐다. 러시아인이 잡

---

14 삼덕성당의 전신. 1933년 6월 일본인 신자들을 위해 만들어진 성당. 당시에는 대구 성녀
소화데레사성당으로 불렸다. 당시 이 성당에는 일본 가톨릭교회에서 파견된 프랑스인 앙상
피에르 힐라리오 신부가 부임해 와 있었고, 일본인들은 이 신부를 '안쩬'신부라 불렀다고 한
다. 성당은 일본인 주거지이며 관사와 기관의 사택이 많이 밀집해 있는 삼립정 64번지에 세워
졌다.

대구 삼덕성당. 1933년 6월 11일에 촬영한 것으로 「드망즈 주교 일기」에는 다음과 같이 적혀 있다. "6월 11일 일요일 아침에 일본인 본당을 위해 지은 성녀 소화데레사소성당을 강복했고, 3시에 그곳에서 몇 명의 일본인들에게 견진성사를 주었으며, 성체강복을 했다. 시내의 성직자들이 다 참석했다. 이어 간식과 담화를 겸한 교우들의 모임이 있었다. 모든 일본 신자들이 만족해했고 양상 신부와 나도 그러했다."(「드망즈 주교 일기」 수록 사진)

담하며 지나가는 것을 신기하게 여기지도 않았다.

번화가에는 좀처럼 가지 않았다.

언젠가 어머니를 따라 시내에 갔다가 돌아오는 버스 안에서 밖을 보던 나는 창문을 향한 채 어머니에게 물었다.

"카·페가 뭐야?"

대답이 없었다.

뒤돌아보니 차 안의 몇 안 되는 승객이 이쪽을 보고 있었다. 어머니가 고개를 숙이고 있다.

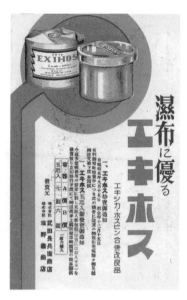

에키호스 광고

"엄마 카페라고 적혀 있어, 뭐야?"

"저기, 이쪽보고 신발 신어."

빰을 붉히던 어머니는 그때 스물 대여섯이었다.[15] 카페에 대해서도 잘 몰랐을 것이다. 카페, 카바레, 살롱 등의 간판이 걸려 있는 곳이 있고, 기생이 있는 일본요릿집도 적지 않다는 것을 나는 나중에야 알았다.

번화가를 빠져나와서 삼립정을 지나 내 기억의 시작인 대봉정大鳳町까지 부영버스는 유유히 달렸다. 도중에 올라탄 조선인 아주머니가 내 앞까지 오자 "아이고!" 하며 멈춰 섰다. 조선말로 뭐라 하며 흔들리는 버스 안에서 내 머리를 쓰다듬고 봉곳한 흰색 치마를 걷어 올

---

15 모리사키가 태어난 1920년대 후반부터 카페는 단순히 차만 마시는 곳이 아니라 여급을 고용하여 때로는 성매매도 이루어지는 곳이었던 듯하다. 아마도 모리사키의 어머니도 카페의 이런 기능을 알고 있어 얼굴을 붉힌 것으로 추측된다.

일제강점기에는 대구역 앞에서 남성로까지 관통하는 중앙로가 가장 번화한 시내였다.

렸다. 아랫단까지 있는 치마 속에서 속바지가 나타났다. 조선인 아저씨들의 바지와 비슷했다. 나는 조선인 아이들처럼 그 아주머니를 오모니, 아저씨를 아부지라고 한다. 눈앞에서 속바지를 봤다. 낙낙한 자루 모양으로, 무릎 언저리에서 갈라져 발목을 묶고 있다. 아주머니는 속바지 하복부에 색깔이 선명한 작은 줄무늬 주머니를 매달고 있었다. 빨강, 노랑, 초록, 핑크 등의 가는 줄무늬의 작은 주머니는 수술이 달린 끈으로 묶여 있었다. 이상한 곳에 지갑을 매달고 있구나 싶었다.

아주머니는 그 돈주머니에서 잔돈을 꺼내 내 머리를 쓰다듬으며 손에 쥐어주려고 했다. 돈을 가져본 적이 없는 나는 어머니에게 바짝 다가섰다.

"됐어요, 오모니, 됐어요."

어머니가 얼굴이 빨개져서 거절한다. 아주머니가 자꾸만 조신밀로 뭐라 했다. 치마를 원래대로 되돌릴 때 바삭바삭 메마른 소리가 났다. 아주머니는 머리카락을 한가운데서 갈라 목덜미에 작게 머리를 틀어 올리고 있었다. 어머니와 함께 아주머니에게 목례를 하고 버스를 내렸다.

버스는 먼지를 일으키며 80연대 쪽으로 달려갔다. 나는 아주머니의 집은 앞산 기슭일 것이라 생각했다. 남쪽에 보이는 산을 우리는 앞산이라고 했다. 그것은 일본인이 붙인 통칭이다. 대구부는 경상북도 도청 소재지로 현재의 대구시다. 이미 강산도 변해 근대적 시가지가 펼쳐져 있는 대구시다.

1910년 8월 한일합방조약 조인으로 한국의 통치권을 완전하고 영원히 일본에 양도한다는 내용 등을 정하여 경성에 총독부를 두고 식민지 통치가 시작되었는데, 대구는 옛 대구 성내城內를 부府로 하고 대구부청을 두었다. 또 경상북도 도청도 설치되어 일본의 통치는 그 지역에 세세하게 이뤄졌다.

조선은 합방 직전인 구한말에 국호를 한국(1896년 광무개혁 이후 대한제국을 지칭함―옮긴이)으로 해, 국내는 경상북도·경상남도·충청북도·충청남도라는 식으로 13도로 나뉘어 있었다. 대구는 그 무렵부터 3대 시장 중 하나로, 경성·평양과 함께 상업의 중심지였다. 일본인도 틀림없이 모이기 쉬웠을 것이다. 시내에는 큰 장이 서는데, 서문시장이라고 했다. 조선 인삼을 비롯한 약초시장(대구약령시―옮긴이)은 전통이 오래됐는데, 청나라와 에도시대(1603~1867)의 일본과도 쓰시마번対馬藩(대마도)을 거쳐 교역을 했다. 식민지시대에도 서문시장은 북적거렸다.

그런데 조선에 들어온 일본인들은 시장에서는 장사를 하지 않고 시가지를 만들었는데, 순식간에 성벽도 철거되어 신시가지가 펼쳐졌

育民生活の繁利を圖る大邱府廳の外観　（大邱）

KEISHOHOKUDOCHO AT TAIKIU

慶尚北道廳　（大邱在）

위 대구부청
아래 현재 경상감영공원 자리의 경북도청

다. 신사도 세워졌다. 절도 생겼다. 제 80보병연대, 헌병대가 설치되었다. 도청 외에 인접한 달성군의 군청도 설치됐다. 지방법원, 복심법원이 재판을 관장하고 경찰서가 설치되고 상공회의소, 미곡거래소, 원잠종제조소, 제사공장, 잠업감독소 등이 속속 생겼다. 내가 태어났을 무렵은 합방 후 20년이 가까웠다. 도시는 정돈되고 주택지도 한적하여 아이들이 급격한 변화를 느끼지 못할 만큼 정치적으로 안정된 상황하에 놓여 있었다. 사과 과수원에는 하얀 꽃이 피었다. 공원은 잔디가 덮여 있었고, 아이들은 운동장과 수영장에서 놀았다. 골프장도 있고, 수도, 전기, 전화 등으로 근대화된 생활을 대부분의 일본인이 누리고 있었다. 인구는 해를 거듭할수록 증가했는데, 쇼와 초기 (1926년이 원년—옮긴이)의 대구는 조선인 약 15만, 일본인 3만, 그 외의 사람들이 소수 있었다.

시가지는 물론이고 버스길은 일본인의 집이 즐비했다. 그런데 또 마치야町家(상가 주택—옮긴이)풍의 조선인 기와집도 많았고, 양반집 저택은 기와를 얹은 높은 담을 치고 유난히 크게 솟아 있었다. 양반이란 부자를 말하는 것이라고 생각했다. 아주 큰 집이었기 때문이다. 조선인은 일본인을 일본 사람이라고 하고 우리는 조선인을 조센 사람[16]이라고 했다. 우리 가족은 조선어를 쓸 수 없었다. 접할 기회도 적다.

"조센말, 모르겠어요."

조선인 아주머니가 말을 걸어오면 귀동냥으로 배운 서툰 조선말로

---

16 '조센'은 조선의 일본식 발음. 조선인朝鮮人의 일본식 발음은 조센징인데, 일제강점기를 거치면서 이 말은 한국인을 멸시하는 단어로 인식되기 시작했다. 그것을 의식한 모리사키는 이 작품에서 당시에 일본인들이 사용한 조센징이라는 표현을 쓰지 않고 조센 다음의 '인人' 대신에 한국식 발음 '사람'에 해당하는 가타카나를 적고 있다.

약령시

어머니는 그렇게 말했다. 그리고 아주머니에게 조선말로 다시 묻는다.

"일본말, 오모니, 안돼?"

"안돼요."

그게 대화가 되고 있는 건지 어떤지 "일본어, 어머니 못해요?" 되물어보면, 아주머니는 "안 돼, 안 돼" 하고 웃으며 고개를 흔드는 것이다.

"우리 집은 가난하단다."

아버지는 수시로 그렇게 말했다. 나도 그렇다고 생각했다. 어머니가 여학생 시절에 입었던 하카마[17]를 뜯어서 내 옷을 만들어주셨다. "이쪽으로 돌아, 저쪽으로 돌아" 하며 찬찬히 바라봤다.

아버지는 대구공립고등보통학교에 근무하는 교원이었다. 그 당시 학교제도는 지금과 달라서 의무교육은 소학교 6학년까지였다. 내지, 외지를 불문하고 일본인은 소학교 교육을 의무화하고 있었다. 그러

---

17 일본 전통 의상 중 겉에 입는 주름 잡힌 하의.

위 일제강점기 번화한 동성로의 일본인 상점들
아래 대구법원

위 대구경찰서
아래 대구상업회의소

나 취학률이 백 퍼센트라는 건 아니고, 그 이전 학교제도에서 소학교가 4년제였던 탓도 있는지, 4학년까지 다니고 그다음은 일하러 나가는 아이도 있었다. 의무교육을 무사히 마치고 일하러 가는 아이도 있는가 하면, 고등소학교에 진학하는 아이도 있었다. 고등소학교는 2년제였다. 그것은 오늘날의 중학교에 해당한다고 할 수 있을 것이다. 그런데 고등소학교는 의무교육이 아니었기 때문에, 거기에 다니는 것은 소위 호강에 겹다는 뉘앙스를 풍기고 있었다. 이런 것은 가라유키의 행적을 추적하다가 알게 되었는데, 그만큼 식민지에서 태어난 사람은 일본의 실상에 어두웠다. 집에는 식모살이를 하는 조선인 언니가 있었다. 아버지가 수시로 "우리 집은 가난하단다"라고 타이른 것도 평온한 일상에 어리광 부리지 말라는 의미가 강했다.

대구에는 소학교, 고등소학교, 중학교, 고등여학교, 고등상업학교, 고등농림학교, 기예학교, 사범학교, 의학전문학교 등이 있었다. 소학교와 중학교, 고등여학교는 일본인이 통학하는 학교였고, 조선인이 통학하는 학교는 따로 있었다. 그리고 조선인 소학교를 보통학교라고 부르고, 중학교를 고등보통학교, 여학교를 고등보통여학교라고 했다. 우리 아버지는 대구공립고등보통학교, 즉 조선인 소년들이 다니는 5년제 중학교에 근무했다. 조선인은 가정에서는 조선어를 썼지만, 합방 후에는 일본어를 국어로 정했기에 학생들은 일본어를 국어로 학습했다. 보통학교의 입학률은 낮았지만, 학교에서는 조선어 외에 일본어를 배웠다.

그래서 고등보통학교 시험을 목표로 준비하는 아이는 일본인 아이들과 별반 다를 바 없는 일본어 이해력을 보였다. 진학하는 조선인 자제의 대부분은 엘리트 가정의 아이들로, 그 부모는 일본의 통치자와

대봉정의 대구고등보통학교로 구 대봉도서관 자리다.

는 또 다른 의도를 가지고 자식을 교육시켰을 것이다. 그들이 쓰는 일
본어는 나 같은 어린아이에게는 아버지의 일본어와 다를 바 없어 보
였다. 고등보통학교에서는 모든 대화가 일본어였다. 고등상업 등의 각
종 학교, 전문학교, 대학교는 내지인과 조선인 공학으로 되어 있었다.

　나는 산책을 할 때 아버지를 따라 고등보통학교에 갔다. 버스가 다
니는 길로 걸어서 지나 요리점과 러시아인 집을 지나서 시내 쪽으로
가면 그 학교가 있었다. 버스길에서는 학교 문까지 넉넉한 폭의 자갈
길이 있었고 양쪽에 버드나무 가로수가 흔들거리고 있었다. 중학생이
흰색 커버를 씌운 모자를 쓰고 걸어가고 있었다.[18]

---

18 1921년 7월 25일생 스기야마 도미의 구술 기록에 따르면, 당시 남학생들은 여름에는 학
생모에 전부 흰색 커버를 씌우고 다녔다. 20세기 민중생활사 연구단, 『스기야마 도미 1921년
7월 25일생』(한국민중구술열전 47 별권), 52쪽 참조.

위 대구공립소학교
아래 대구제일심상고등소학교

위 대구의학전문학교
아래 대구공립여자보통학교

PUBLIC TAIKYU PRIMARY SCHOOL. TAIKYU.
大邱公立尋常高等小學校 （大　邱）

대구공립심상고등소학교 앞의 중학생. 흰색 커버를 씌운 모자를 쓰고 있다.

버스길에 인접해 있는 교정을 커다란 포플러나무가 둘러싸고 있었다. 곁에 다가가 올려다보니 바다 같았다.

"아빠, 해수욕하는 바다 같아."

나부끼는 잎은 새까맣게 하늘을 뒤덮어 파도소리가 나고 있었다.

2

언덕을 올라가면 넓은 대지가 있고, 안쪽으로 향해 울타리를 친 집들
이 늘어서 있었다. 나무숲이 많고 아무 소리가 나지 않는다. 그것은
육군 장교 관사였다. 이 관사의 언덕 끝에 약간 모던한 구조의 민간
주택이 딱 세 채 있었다. 각각 좁은 전용 통로를 두고 늘어선 세 채의
뒤쪽은 공터로, 우리는 그 맨 안집에 이사를 했다. 남동생이 태어나고
얼마 안 됐을 무렵인 것 같다.
　우리 집과 육군 관사 사이의 통로는 안쪽으로 뻗어 있었다. 군복
을 입은 장교가 당번병이 끄는 말을 타고 아침저녁으로 다닌다. 언덕
아래의 육군 구매부에서 아침마다 주문을 받으러 온다. 민간인 집 세
곳에도 와주었다. 시가지의 과자가게, 서점, 레코드점에서 주문한 물
건을 배달하러 온다. 때로 도야마富山 약장수[19]가 찾아와 네모난 종이

---

19 도야마의 가정 약 행상. 에도 중기에 시작되었다고 하며 번藩의 보호와 통제를 빈으니 발전
했다. 진국 각시의 단골집에 약 상자를 놔두고 일 년에 한두 번 방문하여 사용한 만큼의 대가
를 정산하고 약을 보충했다.

당시 대봉정 보병 80연대 장교 관사이며, 현재의 남산동과 이천동 일대다.

풍선을 준다. 솔잎을 잔뜩 묶어서 머리에 이고 아주머니가 '난로의 불쏘시개는 필요 없냐?'며 찾아온다. 그리고 아이가 세발자전거를 타고 다녔다. 그러나 그 아이들 수는 많지 않다. 모두 각자 자기 집 마당에서 놀았다.

언덕 밑에도 몇 갈래의 길을 두고 육군 관사가 늘어서 있었다. 언덕 위는 대위 이상의 군인이 사는데, 소좌·중좌·대좌·소장[20] 등 계급이 올라갈수록 안쪽으로 들어가고 집도 커졌다. 맨 안쪽에는 보병 제80연대의 연대장 집이 있었다. 그 마당은 부드럽게 넘실대는 넓은 잔디밭으로, 소나무가 굵은 뿌리를 울퉁불퉁 드러내고 있었다. 몇 년 후에야 그 안쪽까지 놀러갈 수 있었는데, 연대장의 아이가 소학교 동급생으로 전학해왔기 때문이다. 학교에 들어갈 때까지는 우리 가족

20 구 일본군 계급으로 소좌는 소령, 중좌는 중령, 대좌는 대령, 소장은 준장 혹은 소장에 해당한다.

끼리 지냈다.

어느 날 식모 언니가 "가즈야, 빨리 빨리, 와봐" 하고 불렀다. 집을 뛰쳐나와 둘이서 달려갔다.

"새색시야."

언덕을 뛰어내려갔다. 사람들이 뛰어가는 방향으로 달렸다.

이미 많은 사람이 모여 있었다. 오색 깃발이 하늘하늘 펄럭이고 있다. 그녀가 사람들을 비집고 나를 앞쪽으로 밀어 넣어주었다. 금색 족두리를 쓴 새색시가 빨간 작은 궁전 같은 가마를 타고 있었다. 오색 줄무늬 저고리를 입고 빨간 부채를 가슴께에 펼친 채 꼼짝 않고 있다. 아주머니들도 그 주변에 많았는데, 나는 새색시 머리 위에서 반짝반짝 흔들리는 족두리만 보고 있었다. 마당에도 집 안의 넓은 마루방에도 과일과 요리상이 차려져 있었다.

구경꾼은 문 쪽에 가득 몰려와 있다. 평소 닫혀 있던 문이 이날 열린 것이다.

"저 새색시, 조선 사람이야?"

"그래. 일본 새색시도 저렇게 해?"

"몰라."

식이 시작되고 구경꾼들은 쫓겨났다. 인파를 뚫고 되돌아올 때, 살아 있는 닭이 양다리를 묶인 채 상 위에 올라 있는 것을 힐끔 쳐다봤다.

"언니도 새색시가 돼?"

"그래."

우리는 한동안 흥분되어 있었다. 그녀는 부드러운 검은 천 치마를 가슴께까지 끌어올려 입고 개나리꽃처럼 노란 저고리를 그 검정 히늘하늘한 치마 위 상반신에 입고 있었다. 행동거지가 우아하다. 나는

위 가마

아래 새색시

그녀의 등에 기대어 등 위로 늘어뜨린 세 갈래로 땋은 머리를 만진다. 머리끝에는 빨간 리본을 매고 있다.

"이 리본, 댕기라고 해."

댕기는 아버지 넥타이보다 길다.

이따금 그녀는 이야기를 해주었다.

하늘로 올라간 호랑이 이야기[21]가 있었다. 가슴이 미어질 듯 슬픈 이야기였다. 호랑이가 가엾어서 눈물을 훔치며 들었다. 슬픔의 자국이 움푹 파인 채로 가슴에 남아 있다.

우리는 어머니가 저녁식사 준비를 하고 있을 때, 남동생을 안은 그녀와 늘 나를 따라다니는 여동생과 넷이서 논다. 언덕을 내려가 위아래 육군 관사 사이의 넓은 길을 건너 연못가에 갔다. 남동생이 풀 위를 기어다닌다. 나는 여동생과 뽕나무 열매를 땄다. 귀가를 서두르는 조선인 아저씨와 아주머니가 넓은 길을 지나다닌다.

"밥 무긋나?"

한 아주머니가 말을 걸었다. 웃으며 그녀가 뭐라 대답한다.

"저 오모니, 뭐라고 했어?"

"밥 먹었냐고 했어."

"아직 안 먹었잖아."

"하지만 사모님도 옆집 사모님께 '밥 먹었어요?' 하지? '안녕하세요'라는 말과 같잖아. 그거랑 같아."

"뭐라고 해?"

"밥 무긋나."

---

21 우리나라 전래동화 「해와 달이 된 오누이」(「해님 달님」이라고도 불림)로 추측된다.

처음으로 수도시설이 들어왔다고 해서 '수도산'으로 불린 대봉배수지

"밥 무긋나?"

"그래, '무긋어요' 하고 대답해."

남동생을 안아 올리며 그녀는 말한다.

그녀에게 남동생을 업혀 달라고 했다. 위험해서 바로 그만두었다.

집으로 되돌아가기 위해 길에 막 당도했을 때 달려오는 소를 봤다.

"위험해!"

그녀가 소리쳤다. 여동생이 넘어졌다. 소는 넘어진 여동생 옆을 쏜살같이 달려갔다. 뿔을 세우고 콧김도 거칠게⋯⋯. 여동생은 너무 놀랐는지 울지도 않고 일어섰다. 소는 남쪽 수도산 쪽으로 사라지고 큰소리를 지르며 아저씨가 한 손을 휘두르며 쫓아갔다.

위쪽 관사와 아래쪽 관사 사이의 그 넓은 길을 따라 시내 쪽으로 가면 향교가 있고, 그 앞을 내려가면 조선인 주택이 빼곡히 들어선 옛 시가지가 있다. 소는 상품을 실은 짐수레를 푼 틈에 도망쳤는지,

쫓아가는 아저씨는 들에서 일하는 사람처럼 보이지 않았다.

식모 언니는 가끔 외출용 치마저고리로 갈아입는다. 휴일에 자기 집으로 돌아갔던 것이다. 그녀가 싱글벙글 웃으며 그 방에서 외출복 차림으로 나오면 나는 섭섭해서 견딜 수 없어진다. "빨리 와, 금방 와" 하며 달라붙었다. 아버지가 "가즈에, 아빠 숙직하는 데 데려갈까?" 하고 말했다.

"어머나, 가즈야, 잘 됐네."

식모 언니가 안심하는 목소리로 말한다.

나는 희희낙락하며 도화지와 크레파스를 손가방에 넣었다. 애용품으로 늘 뭔가 그리며 놀았다. 그렇다고 해도 착실하게 그리기만 한 건 아니었다. 어떤 날에는 황토색을 똥색이라고 하며 까분 적도 있었다. "까부는구나, 가즈에는" 어머니가 탄식했지만, 이때도 "방금 울던 까마귀가 이제 웃었다"[22]라는 소릴 들으면서도 야단법석을 떨었다. 식모 언니가 조용히 "다녀오겠습니다, 사모님" 하고 말했다. 어머니가 눈짓으로 '빨리 빨리 지금 이때야'라고 하는 걸 얼핏 보았다.

아버지 학교가 보이기 시작할 때까지 나는 끊임없이 재잘대고 있었다. 학교의 버드나무 가로수가 버스길 너머로 보이는 곳까지 막 왔을 때, 아버지가 "그래도 가즈에는 글 쓰는 사람은 되지 마라. 아빠도 동화를 쓰긴 했지만" 하고 말했다. 무슨 얘기를 했는지, 아버지의 그 말만이 그때 다니던 오솔길 판자 울타리의 콜타르 냄새와 함께 기억에 남아 있다.

버스길을 가로질러 학교로 들어갔다.

---

22 한국식으로 표현하자면 '울다가 웃으면 똥구멍에 털 난다' 식의 어린애들의 변하기 쉬운 감정을 비유하는 말.

대구 향교

숙직실은 사환실 안쪽에 있었다. 네모난 다다미가 깔린 방이었다. 아버지가 볼일을 끝내고 해 저물어가는 교정으로 나왔다.

"여기서 오빠들이 체조를 한단다. 다음엔 운동회 때 오자."

학생 세 명이 교정을 가로질러가다 모자를 벗고 인사를 하고 갔다.

"어, 잘 가거라."

아버지가 대답했다. 학생들은 어깨에 가방을 메고 있었다.

교정은 넓다. 포플러 울타리가 있는 곳까지 거리가 꽤 된다. 옆에 다가가니 나무줄기는 어른이 양손으로 안을 만큼이나 되었고, 아래쪽에서 하늘을 향해 가지들이 우거지고 이파리는 이웃하고 있는 나뭇가지들과도 겹쳐져 불룩해져 있었다. 그 속에서 몇 천 마리인지도 모를 참새의 지저귀는 소리가 난다.

"참새 둥지네."

"밭에서 돌아와 '졸린다, 졸려' 하고 말하는 거야."

"싸우는 것 같아."

올려다봐도 참새는 보이지 않는다. 시끌벅적하면서도 쓸쓸하다. 점점 소리가 가늘어지다가 이윽고 거짓말처럼 멎었다. 바람이 높은 가지 끝 이파리를 스쳐 지나간다.

"이제 방으로 들어가자. 이야기해줄게."

땅거미가 진 교정에 횟가루로 그린 흰 선이 붕 떠 보이고, 숙직실로 걸어가는 아버지가 쓸쓸해 보였다. 학교 건물로 들어가는 복도가 약간 어둡다.

노란 전등 빛이 비추는 방 안의 책상 옆에서 책상다리를 하고 앉은 아버지 무릎에 앉았다. 이야기를 듣는 사이에 잠이 들었다. 돌아오는 길의 기억은 없다.

광주 항일 학생사건은 반도의 남쪽 도시 광주에서 고등보통학교 학생과 일본인 중학생이 난투를 벌여 조선 각지의 항일 학생운동으로 발전한 사건이다. 나는 패전 후에 그 일을 알게 되었다. 일본인 중학생이 기차 통학 도중에 고등보통여학교 학생, 즉 조선인 여학생을 놀린 게 발단이 된 사건인데, 나는 당시의 총독부 자료를 읽으면서 1929년이라는 그해를 생각했다. 합방 후 19년으로, 나는 두 살이었다.

아버지는 내가 태어나기 1년 전에 대구고등보통학교의 에가시라江頭 교장선생님께 초빙되어 조선에 건너와 있었다. 광주 사건은 아버지 학교에도 파급되었을 것이다. 패전 후 10여 년이 지났을 무렵, 나는 총독부 경무국 발표 자료를 찾아봤다. 거기에는 사건 바로 전해에 공산주의 비밀결사 조직이 있다는 걸 알고 전원 검거했기 때문에 이 사건에 관한 움직임은 보이지 않는다고 기록되어 있었다. 다만 학생 두 명이 백망회白望會라는 것을 결성했다는 걸 알고 한 명을 퇴학시키고 '아직까지 구체적인 행동으로 나오지는 않았기 때문에 엄히 꾸짖고 해산시켰다'고 한다. 백망회란 흰 민족 의상을 즐겨 입는 동포들의 단결을 바라는 마음에서 조직된 단체다. 1919년 3월 1일에 경성에서 조선 독립운동이 데모 행진 형태로 나타나 각지로 확대된 그 만세 사건 10년 후의 일이다. 광주 사건 이듬해에 대구에서도 대구 부내府內의 항일그룹인 청년동맹이 고등보통학교 학생 6명을 부추겨서 타교생에게 전단지를 살포하며 데모를 시도하려는 게 발각되었다. '이것이 범인을 검거하기에 이르렀다'라고 쓰여 있다.

아버지와 걸었던 해질녘 교정이 나의 뇌리에 떠올랐다. 패전 후의 초토焦土(불에 타서 검게 그을린 땅―옮긴이)와 같은 심경으로 숨어서 읽은 자료였다. 눈물이 번지는 걸 참았다. 우리의 생활이 그냥 침략이었다. 조선에 있었을 때는 만세사건도 몰랐다. 친구들 중에 그걸 알고 있었던 사람이 있었을까?

내 기억 속에는 부모님의 작은 말다툼이 있다. 잠들었던 내가 눈을 뜨니, 어머니가 울먹이는 소리로 "안 가도 되잖아요" 하고 말하고 있었다. 아버지가 꾸짖으며 나갔다.

"엄마……."

불안해서 말을 걸었다.

"아빠는?"

"깼어? 숙직 선생님한테서 심부름꾼이 와서 학교에 갔어. 자, 엄마도 자자. 가즈에도 자거라."

어머니는 평소의 어머니 말투로 말했다.

다음날 아침, 아버지가 양말을 신으며 어머니와 담소를 나누는 걸

위 닭서골 인에서 밀신 악생보능회 풍싱
아래 학생운동회

봤다.

기억 속의 이상한 일은 그것뿐이다.

고등보통학교는 앞서도 언급했듯이 5년제 중학교였다. 일본인 중학생도 같은 제도였는데, 어린 마음에는 완전히 어른처럼 보였다. 중학교에 진학하는 사람이 많지는 않은 당시, 조선에서는 유독 사학풍의 서원에서 여전히 유학을 가르치는 전통이 깨지지 않고 이어지고 있어서 보통학교의 취학률도 낮았다. 고등보통학교 학생은 그러한, 소위 전근대적 상황 속에서 진학을 한 깨인 사람들이었다. 연령 폭도 넓었다. 당시에는 보통학교 학생 중에도 조혼 풍습을 반영해 누나 같은 아내를 둔 사람이 있었다. 우리 집에 놀러오는 학생 중에도 아내를 둔 사람이 있었다. 아버지는 그 학생들과 젊은 동료처럼 식탁에 둘러앉곤 했다.

나는 소학교 입학 전에 어머니와 동생들, 식모 언니와 함께 고등보통학교 운동회를 보러 갔다. 조선인 아저씨와 아주머니가 도시락을 들고 많이 와 있었다. 어린 아이들도 공터를 뛰어다니고 있었고 운동장에는 만국기가 펄럭였다. 나는 일본, 미국, 영국, 스위스, 스웨덴 등의 국기를 알고 있었다. 내가 살고 있는 조선은 물론 일본이었다. 그래서 여기에는 일본 국기밖에 없었다. 나는 그것을 이상하게 여기지는 않았다. 학생들은 새하얀 러닝셔츠와 흰 트레이닝 팬츠 차림으로 기계체조를 하거나 릴레이 경주를 했다. 기마전, 줄다리기 등도 재미있었다. 아버지는 다른 선생님들과 함께 흰 바지에 흰 운동화 차림으로 여기저기 뛰어다니고 있었다. 횟가루로 그린 경기장의 흰 선이 환하고, 관전하는 소리가 호각 신호를 지웠다.

아저씨들은 조선말로 아들을 성원했다. 아주머니가 앉아 있는 돗

자리를 치며 소리친다.

"아이고 좋겠다."

최고야 최고 하며 외치고 있는 것이다.

"아이고."

우는 시늉을 하며 하늘을 쳐다보는 아주머니도 있다. 아들이 추월 당한 것이다. 흰 치마저고리에 트레머리를 한 아주머니는 틀어 올린 머리에 하늘색 비녀를 한일자로 꽂고 있다.

선생님은 대부분 일본인이고, 일본어로 구령을 붙인다. 학생들의 구호도 일본어다. 보통학교 시절에 습득했기 때문에 우리와 다르지 않다. 우리 일본인 아이들은 조선인 아이들이 학교에서 배우는 일본 어와 같은 말을 썼다. 그것은 방언이 없는 학습 용어로 표준어라고 했 다. 집에서도 그걸 썼다.

여담 같지만, 패전 후 20여 년 만에 한국에서 옛 친구를 만났을 때, 그가 쓰는 일본어가 옛날 그대로 어떤 사투리 느낌도 없다는 것에 심 한 현기증을 느꼈다. 일본에 돌아온 후에는 그런 일본어를 듣지 않고 지냈다. 지방은 물론이고 도쿄의 말과 공통어에도 지역마다 사투리 가 있었기 때문에 나는 망령亡靈이 된 자신을 만난 기분이 들었다.

우리 아버지는 다른 일본인 교사와 마찬가지로 조선어를 할 수 없 었다. 총독부에서는 관청 직원에게 조선어 습득을 장려했다. 그 시험 합격자에게는 수당을 지급했다. 공용어는 일본어였지만, 도시부야 어 떻든 촌에 들어가면 필요했기 때문에 조선어를 하는 관리와 경찰관 은 적지 않았다. 말을 못하는 척하며 귀를 쫑긋하고 듣는다는 소리를 듣기도 했다.

패전 직후의 일로, 조선에 관한 서적은 아직 눈에 띄지 않았고, 대학 도서관에서 식민지 당시의 자료를 읽고 있을 때 조선 글씨에 일본어 번역이 있는 민요를 보았다. 그 대부분은 문학박사 다카하시 도루高橋亨 (1878~1967, 조선학 연구자—옮긴이)의 연구였다. 가슴이 철렁했다. 그 이름은 아버지 입으로 종종 듣곤 했다. 아버지는 호의를 갖고 있는 것 같지는 않았다.

내가 아는 그 사람은 대구고등보통학교장을 하다가 총독부 학무국에 들어간 사람이었다. 얼마 안 가 시학관[23]이 되었다. 아버지는 그 사람이 대구에서 경성의 총독부로 전근을 간 후에 같은 학교로 부임을 한 셈인데, 하여간 그는 교육 행정의 최고 지위를 차지한 사람이다. 매사에 아버지의 일과 관련이 있어 부모님의 대화에도 자주 등장했다. "다카하시 도루와는 생각이 달라, 나는……" 하고, 아버지는 어머니에게 이야기했다. 미시나三品 박사의 이름도 들었다. 그의 연구에는 존경을 표하고 있는 모습이었다. 나중에 미시나 아키히데三品彰英 (1902~1971, 역사학자이자 신화학자—옮긴이) 박사의 여러 논문을 접하고 아버지의 심중을 이해하게 되었다. 그 『일선日鮮 신화전설 연구』는 전쟁 중에 나온 저술이지만, 전후에도 여전히 계승할만한 아시아 사관에 입각한 것이었다.

하여간 조선에서의 중등학교 교육의 대강大綱은, 일본인과 조선인 구별할 것 없이 「중등학교에서의 각 학과 교수법 요강」으로서, 1924년에 총독부 시학관 다카하시 도루가 제정했다.

그것은 그가 총독부로 옮기고, 1921년부터 1년 반에 걸쳐 서구의 학교를 시찰한 뒤, 귀국 후 교수법 연구위원회를 조직해 세월을 거듭

---

23 문부성(우리나라 교육부와 비슷한 역할을 하는 행정 관청) 내 학사 시찰 업무를 하던 행정관.

하며 토의를 한 뒤 제정한 것이다. 사범학교, 중학교, 여학교, 각종 실업학교 등의 일본인과 조선인 학생은 모두 이 교수법 요강에 따라 배웠다. 세세한 규정도 만들어졌다. 학과별 기본 방침이다. 교육, 국어, 한문, 수학, 지리, 역사, 물리, 화학, 박물, 영어, 재봉, 체조, 도화圖畵(구제도하의 소학교 미술 교과명—옮긴이) 13학과목 전부에 걸쳐 있었다. 새로운 방법을 도입한 것이었다. 그것은 기본적으로는 교사가 이야기하고 학생이 듣는 기존의 교수법을 서구에서 하고 있는 문답식 교수법으로 그 방식을 이행한 것으로, '이 방법은 상급학교 입시 합격률을 저하시킨다고도 하지만, 그러한 일은 없다'고 교수법 요강에 적혀 있다. 일본의 교육이나 조선의 교육도 소독素讀(글의 의미는 도외시하고 소리 내서 읽는 방식—옮긴이)에서 출발하고 있기 때문에 그런 잔재가 많아서 문답식 학습법에는 반발이 있었을 것이다.

그런데 문답식이라고는 해도 그것은 교과서를 중심으로 한 것으로, 교사가 교과서 이외의 것을 수업 내용에 추가하는 것을 금했다. 당시 우리 아버지는 역사와 지리를 가르쳤을 텐데, 국사國史 교수법의 주의사항에도 그것은 명기되어 있다. 또한 '국체의 존엄, 열성의 위덕, 충양현철忠良賢哲의 언행 등 특히 국민적 정신 함양에 이바지하는 사항은 이것을 역설力說할 것'이라고 쓰여 있다. '각별히 근세사, 현대사는 한층 더 유념해서 다룰 것'이라고 되어 있다. 그것은 식민지가 부국강병의 국정 일부분임을 일본 국민으로서 인식하도록 문답식으로 가르치는 것이다.

당시 대부분의 일본인이 러일전쟁(1904~1905) 이후 이어진 조선 합방을 국위의 앙양昂揚으로 느끼고 있었다는 것을 그 무렵의 신문이나 서적을 통해 알 수 있다. 식민지를 획득함으로써 일본은 점차 열강

제국을 따라잡으며 후진국을 넘어서기 시작했다. 조선과는 전쟁을 해 그 나라를 우리 영토로 만든 게 아니라 내분으로 약체화되어 가는 것을 합방을 통해 구해주었다는 생각을 하고 있었다. 그런 논조는 신문지상뿐만이 아니라, 합방 전에 조선을 염려하며 도항해온 민간인의 의식에도 흐르고 있었다. 또 조선에서 나고 자란 우리도 그렇게 생각했다. 그렇다기보다도 그건 의식하기에도 아련한 옛일로 느꼈다. 태어나기 전의 사건은 한일합방이나 메이지유신[24]이나 겐페이 전쟁[25]이나 별반 다르지 않을 만큼 아득한 과거의 일이었다.

그런 나로서는 조선인과 함께 즐기는 운동회는 신들의 시대부터 이어져온 것 같은 느낌이라서 끝나면 감상感傷이 일었다. 포플러 뒤로 저녁노을도 지고 있다. 아주머니들도 꿈에서 깨어 일어서듯 모래 같은 게 들어간 고무신을 발끝으로 탈탈 털며 줄줄이 돌아간다.

"빨랑빨랑 해. 놔두고 갈 거야."

어머니가 재촉했다.

횟가루로 그린 흰 선이 다 지워져 간다. 신문지가 바람에 나뒹군다. 밤 껍질이 흩어져 있다. 학생들이 잽싸게 텐트를 접는다.

그 교사校舍는 일본 패전 후 경북대학교가 되었다.[26] 그리고 그 학교는 나중에 교외로 이전해 큰 종합대학교가 되었다. 나는 일전에 새로 생긴 대학교 건물 안을 안내를 받으며 걸었다. 일본 침략의 흔적 따윈 없는 훌륭한 대학이었는데, 나는 그 사실에 구원을 받았다. 그런데

24 1868년 근세의 막번 체제를 무너뜨리고 왕정복고를 이뤄낸 정치 개혁.
25 헤이안平安 시대 말기인 1180년부터 1185년까지 겐지源氏와 헤이시平氏가 일으킨 6년간의 대규모 내란.
26 대구고등보통학교는 패전 후 경북중학교와 경북고등학교가 되었기 때문에 이 부분은 모리사키의 오해다.

예전의 대구고등보통학교는 내 안에서 지울 수 없는 시커먼 덩어리가
되어 가라앉아 있다. 자주 놀러오곤 했던 쾌활한 학생들. 나는 그 학
생들 중 몇 명의 무릎에 앉아 어리광을 부리곤 했다.

운동회 후, 약간 냉기가 도는 날이었다.

식모 언니를 따라가 낯선 집 온돌방에 앉았다. 누군가 자고 있었
다. 흰 머리에 보라색 머리띠를 두르고 눈을 감고 있었다. 고요한 얼
굴이었다. 흰 머리지만 상상할 정도의 늙은 여자는 아니다.

그 머리맡에 문종이를 바른 나무문이 있었고, 문종이를 통해 햇볕
이 이불 쪽으로 비스듬히 비치고 있었다. 짙은 녹색 공단 이불천이 반
짝이고 있었다.

나를 뒤에 앉히고 식모 언니는 공손하게 절을 했다. 누워 있는 사
람의 베개 근처에 흰 치마저고리를 입은 아주머니가 있었는데, 한쪽
무릎을 세우고 치마를 살짝 펴고 있었다. 30대 후반으로 차가운 시선
을 나에게 집중했다. 그 이쪽 편에 여자가 또 한 명 있었고 역시 한쪽
무릎을 세우고 앉아 있었는데, 시선을 침상에 둔 채로 움직이지 않았
다. 색깔 있는 치마를 입고 있었다. 그녀는 햇살이 들어오는 미닫이문
옆 그늘 속에 앉아 있었다.

병자의 맞은편에서 북을 치며 주문을 외고 있는 사람은 우리가 그
방에 들어가도 그것을 멈추지 않았다. 어두침침한 그늘 속에 있어서
상반신은 보이지 않지만, 양손가락으로 작은 북을 치며 뭔가 외고 있
다. 빛줄기 속에서 그 흰 무릎 언저리가 엿보였다.

병자는 필시 이 소리가 괴로울 거라는 생각을 했다. 나는 자주 아
팠는데, 몸져누워 있을 때는 옆방에서 남동생이 울어도 머리가 아프
다. 그런데 북은 멈추지 않았다. 식모 언니도 호리호리한 등을 보이며

약간 구부린 채로 움직이지 않았다.

흰 러닝셔츠와 팬츠 차림으로 운동회에 나왔던 학생들도 집에 돌아가면 이 주문이 들리는 집 안에서 작은 북과 함께 호흡을 하고 있겠지. 나는 식모 언니 뒤에서 얌전히 있었다.

3

겨울철 양지바른 곳에 우두커니 서서 조선 여자 아이들이 노는 걸 보고 있었다. 모두 나들이옷 차림이었다. 빨간 치마에 녹색 저고리를 입고 있거나 분홍색 치마에 빨간 저고리를 입고 쿵덕쿵덕하며 긴 널빤지 양쪽에서 시소처럼 교대로 하늘로 뛰어오른다. 분홍색 고무신 뒤창의 흰색이 귀엽다. 나는 빨려들어 웃는다. 뛰어오를 때마다 양 갈래로 딿은 머리의 빨간 댕기가 아이들의 머리를 넘어가며 나풀거렸다. 치마도 공중에서 부풀며 펄럭거린다. 속바지도 발밑의 흰 버선도 부풀었다가 한 순간에 떨어진다. 마치 트램펄린을 긴 널빤지 위에서 마주보고 하고 있는 것처럼······.

"이번에는 가즈 차례야."

식모 언니가 말해줬다. 그녀는 가늘고 긴 널빤지 중앙이 가마니에 잘 얹히도록 이따금 움직이며 상태를 봐주고 있었다.

"나는 됐어. 안 해."

"금방 할 수 있어. 뛰어봐."

그녀가 조선말로 지시를 하고 누군가가 짤막한 널빤지를 갖고 왔다. 언니가 한쪽에 나를 태우고 손을 잡았다. 맞은편에 여자 아이가 타고, 무릎을 굽혀 상공으로 폴짝 뛰어올랐다. 떨어지면 반동으로 내가 뛰어오르고 내가 떨어지면 상대가 탄력을 붙여 뛰어오른다. 시소게임의 요령은 금방 터득했다. 여자 아이들이 너도나도 뭐라 재잘대며 원래 있던 긴 널빤지로 되돌려놓고 나와 누군가가 3미터 정도의 긴 널빤지 양 끝에 올라서서 뛰었다. 나는 겁먹지 않고 놀 수 있었다.

한참 뛰고 나서 다음 아이와 교대했다. 나는 여자 아이가 뛰어올랐을 때 공중에서 색깔이 선명한 속바지 차림의 양 다리를 앞으로 가지런히 쭉 내밀고, 새우처럼 허리를 구부리거나 양 손을 벌리는 걸 봤다. 내려왔을 때는 무릎을 굽혀 쪼그리고 앉아 탄력을 붙여 다시 뛰어오른다. 내 차례가 왔을 때 그 흉내를 냈다. 그러자 새처럼 가볍게 하늘로 올라가 한순간 공중에 머무는 것 같았다. 두 팔을 벌리고 먼 곳을 바라보는 재주도 부릴 수 있었다. 그것은 그야말로 정말 새가 된 기분이었다.

다들 내 또래의 여섯, 일곱 살로 보였다. 조금 큰 아이도 가세했다. 큰 아이와 식모 언니가 뛸 때는 날개옷이라는 동요를 떠올렸다. 새파란 겨울 하늘로 뛰어드는 것 같았다. 식모 언니의 나들이옷 치마는 공중에서 펄럭거렸다.

날개옷 동요는 '꿈속의 선녀가 넋을 잃고 쳐다보는 하늘로 날아갔습니다'라는 내용이다. 나는 자신의 짧은 치마와 스웨터가 아쉬웠다. 여자 아이들이 하는 말은 알아듣지 못하지만 모두가 웃을 때는 나도 웃었다. 즐거워서 함께 웃었다.

그 시소는 널뛰기라고 했다. 널뛰기를 한 장소가 생각나지 않는다.

널뛰기

여러 명의 조선인 아이와 논 것은 처음 있는 일로, 평소 접할 기회는 없었다. 그 놀이는 설날 놀이라는 걸 일본으로 돌아가서 알게 되었다. 식모 언니가 자기 집에 나를 데려갔던 걸까?

"있잖아, 또 널뛰기 하자. 쿵덕 쿵덕 하자."

"다음에."

몇 번이나 부탁하는데도 언니는 좀처럼 해주지 않았다. 그리고 얼마 안 있다 시집을 갔다. 시집을 가면 이제 우리 집에는 안 온다는 얘길 듣고, 시집가도 꼭 와달라고 부탁했다. 어머니가 "무슨 소릴 하니, 축하한다고 해" 하고 꾸짖었다.

새 식모 언니가 오고 나서 아버지와 어머니가 결혼식에 갔다. 집을 보고 있었다. 부모님이 귀가하여 결혼 답례품을 받았다며 길쭉한 작은 상자를 내 손에 들려줬다. 안에는 은수저가 흰 비단 위에 니린히 들어 있었다. 조선 사람들은 숟가락과 젓가락을 쓰고 빛나는 놋 사발

조선 아이들

에 둥그렇게 쌓아올린 밥을 먹는다. 시집을 갔으니까 식모 언니는 이제 나처럼 사기로 된 작은 밥공기에 밥을 담아 먹는 일은 없을 거라며, 진심으로 남의 집 사람이 된 기분이 들었다. 나는 은젓가락을 쥐어봤다. 어설플 만큼 가늘고 길었다.

"무거우니까 필요 없어."

족두리를 쓴 신부는 남처럼 느껴진다.

"손님 오셨을 때 쓰자, 가즈에가 찻장에 잘 넣어둬."

아버지가 말했다.

흰 저고리와 검정 치마 차림의 새 식모 언니가 식탁 가장자리에서 남동생과 놀아주던 게 기억 한 구석에 있다.

은수저도 좀처럼 쓸 기회가 없었다. 이따금 어머니가 닦았다.

우리는 새 식모 언니와 친해지지 못했다. 그녀는 말수가 적고 동작이 둔하다. 우리는 어머니가 부엌에서 일하면 부엌으로 다가간다. 계란 노른자로 마요네즈를 만들고 있는 어머니가 참다못해 말한다.

"넌 이제 곧 1학년이지? 둘한테 책 읽어줘."

"아까 읽어줬어."

"얘, 그렇게 하면 마요네즈가 넘치잖아. 가즈야, 다른 책 있지? 그림책 새 거 읽어줘."

"하지만, 애기가 책을 구긴단 말이야."

"누나잖아, 너는? 얘 (식모)언니야, 어디 있니? 세발자전거에 애기 좀 태워줘."

식모 언니는 말없이 다가와 남동생을 데려 간다. 나는 한시름 놓고 "옆집에 놀러가도 돼?" 하고 묻는다. 여동생은 어머니 옆에서 놀고 싶은 모양으로 "나도 가도 돼?"라고 하지 않는다.

"저녁엔 안 돼."

"아저씨는 저녁에밖에 안 계셔. 아줌마 귀찮게 안 하면 돼?"

"안 돼."

어머니가 그릇에 있는 계란 노른자를 휘저으며 말한다.

"아저씨가 말이야, 담배 연기로 도넛 만들었어. 또 해준다고 하셨으니까 가도 돼?"

"안 돼."

옆집 김씨 아저씨는 호쾌했다. 도청인지 부청인지에 근무하고 있었다. 콧날이 선 미남으로, 남자 아이와 여자 아이 그리고 갓난아기가 있었다. 남자 아이는 나보다 한 살 어리고, 큰 눈이 야무진 영리한 애다. 놀러가면 책을 여러 권 빌려 읽고 나서 "잘 있어" 하고 인사를 한다.

어느 날 내가 아직 책을 읽고 있을 때 아저씨가 돌아왔다.

"어, 가즈 왔어?"

아저씨는 양복을 저고리와 바지로 갈아입자, "와 보렴" 하고 창가에서 말했다. 다가간 내 머리에 천천히 담배연기를 내뿜었다. 머릿속이 따뜻해졌다.

"봐, 머리가 탔어."

"안 타."

나는 허둥지둥 머리를 문질렀다.

"못된 아저씨네."

아기를 안고 있던 아줌마가 웃으며 나무랐다. 아줌마는 추운 겨울날인데도 양장 차림이었다. 눈이 남자 아이와 쏙 빼닮았다.

아버지는 어머니에게 김씨 아저씨는 김옥균이라는 조선의 높은 사람의 친척이라고 했다. 또 옛날 임금님의 친척이기도 하고, 부모님은 경성에 산다는 것이었다. 어머니는 김씨 아저씨 댁 아이들은 예의가 바르니까 본받으라고 했다. 여자 아이나 남자 아이나 부모님과 얘기할 때는 똑바로 앉아서 조선말로 이야기를 했다. 나와는 일본어로 이야기했다. 책은 일본어 책이었다. 나는 부모님의 대화를 통해, 옆집 아줌마는 아저씨가 도쿄에 있는 대학에 다닐 때 열렬한 연애를 해 내지에서 데려온 일본인이라는 걸 알았다. 아저씨의 부모님은 결혼에 반대했기 때문에 아저씨와 아줌마는 경성에 살지 않는 것이다. 이런 사실을 알았지만, 그 자식들을 일본인과 조선인 혼혈이라고 생각할 만큼의 민족의식도 차별관도 갖고 있지 않았다.

훨씬 훗날 내가 내지로 유학 갈 때 당시 부산으로 전근 가신 김씨 아저씨 댁에 들렀는데, 도시락을 싸 주셔서 나는 그걸 가지고 바다를 건넜다.

김옥균에 대해서는 패전 후에 책을 읽어보고 알게 되었다. 그는 합방 훨씬 전에 상하이에서 사살되었다. 친일파로 간주되어 친 청나라파 조선인에게 살해된 것이다. 그런데 내게는 양 파벌이 구국의 길을 찾아 이웃나라의 인맥을 구하는 괴로운 심경만이 느껴져서 후세의 논리로 운운할 기분은 들지 않았다.

하여튼 김씨 아저씨 댁은 내가 소학교 입학 전에 "책 보여줘" 하며 허물없이 들어갈 수 있는 유일한 남의 집이었다.

심씨 아저씨 댁 맞은편 옆집은 일본 전통의복이 어울리는 일본인 언니와 그 부모님이 사는 조용한 집이었다. 자수용 실로 언니는 감이나 인형 모양의 오자미를 떠주었다. 감 모양 오자미에는 녹색 이파리도 붙어 있었다. 인형은 서너 개나 짜주었다. 안에 팥이 들어 있었지만, 너무나 예쁜 솜씨라 오자미로 쓸 수 없어서 3월 3일 히나마쓰리의 히나단[27]에 올렸다.

입학식이 가까워져 시집간 식모 언니가 서양 인형을 들고 축하하러 왔다. 머리에 댕기가 없다. 그 빨갛고 길게 나풀나풀 등에 늘어뜨리고 있던 댕기머리 리본이……. 어느 집 오모니처럼 트레머리를 딱 틀어 올리고. 치마도 발목까지 오는 긴 것을 입고서…….

어머니와 그녀가 공손히 서로 인사한다. 어머니가 차를 내오고, 친구가 온 것처럼 뭘 여러 가지 물어보고 있다. 언니라고 하기도 거북하고, 오모니라고 부르기도 싫어서 눈을 치뜨고 본다.

"그렇게 구석에 있지 말고 와. 왜 그래?"

어머니는 나에게 그렇게 한마디 한 채 "그래……, 그럼 너도 손아래 시누이가 많아서 힘들겠구나. 일본에서도 시집살이라고 해" 하며

---

27 '히나마쓰리'는 여자 아이들의 건강과 행복을 빌어주는 명절로 '히나단'이라는 계단식 단상에 궁중 인형 등을 장식하는 풍습이 있다.

고개를 끄덕였다.

서양 인형은 눕히면 파란 눈을 감았다. 가느다란 리본으로 묶는 신발을 신고 있다. 내가 계속 안고 있어서 옆에서 세 살 터울의 여동생이 훌쩍훌쩍 울었다. 시집간 식모 언니가 "공부 열심히 해"라고 했을 때 나는 고개를 끄덕였다. 둘이서 아무런 얘기도 하지 않은 기분이 든다.

그 후에도 가끔 찾아와서 어머니와 이야기를 나누다 돌아갔다. 어머니는 아버지에게 식모 언니가 불쌍하다는 말을 몇 번이나 했다.

나는 1학년이 되었다. 봉산정鳳山町소학교[28]에 다닌다. 맞은편 집 육군 대위의 자식인 후미코와 같은 반이라서 아침에 같이 가려고 불렀다. 후미코를 기다리고 있을 때, 당번병이 멀리 병영에서 말을 끌고 찾아온다. 여기는 육군 관사 끄트머리라서, 말은 후미코 집과 그 양 옆에서 히잉 히잉 운다. 관사 안에는 종횡으로 길이 나 있어 책가방[29]을 메고 기다리고 있으면 타그닥 타그닥 말 발굽소리를 내며 마중 가는 말이 여기저기 다니는 것을 볼 수 있다. 소학생들이 말 옆에서 나와, 다들 아래 관사 안을 통과해 소학교로 간다. 저마다의 옷을 입고 모자를 쓰고서⋯⋯.

나도 벨벳으로 된 약간 큰 옷 위에 새하얀 에이프런을 걸치고, 뒤쪽으로 에이프런 끈을 꽃모양으로 묶고 파란 모자를 쓰고 있다. 교실에서 신는 실내화를 넣은 신발주머니는 안쪽에 얇은 고무를 댄 빨간 주머니로, 마리쓰키(테마리라는 방울 모양의 공을 가지고 노는 일본 전통 정

---

28 현재 대구광역시 중구 봉산동에 위치한 경북대학교 사대부속초등학교의 전신.
29 일본 초등학생들이 많이 드는 란도셀이라는 통가죽으로 된 책가방.

월 명절놀이—옮긴이)를 하고 있는 여자 아이가 수 놓여 있다.[30] 나는 신발주머니를 흔들며 현관에서 후미코를 기다린다. 당번병이 현관을 빗자루로 쓴다. 문 안팎도……. 말이 말뚝에 매여 긴 다리를 움직인다. 수술처럼 살랑살랑 늘어뜨린 꼬리로 빛나는 엉덩이를 후려친다. 당번병은 힐끔힐끔 말을 쳐다보며 청소를 한다. 말 다리를 손에 들고 발바닥을 본다. 말의 발바닥에는 반짝반짝 빛나는 쇠장식이 박혀 있었다. 후미코가 "가자" 하며 나온다. 녹색과 카키색이 섞인 어른스러운 색깔의 세일러 원피스 차림으로……. 후미코 어머니가 역시 하얀 에이프런을 그 위에 입혀놓았다. 두세 명씩 소학교로 향하는 길로 우리도 어엿하게 걸어갔다.

아래 관사 연못 주위를 빠져나와 경사진 길로 나오자, 그 앞에는 좌우로 펼쳐진 논밭 가운데로 직선도로가 뻗어 있다. 저 멀리 까마득히 보이는 전방 끝 지점에 가타쿠라제사片倉製絲의 문과 높은 굴뚝이 있는데, 아이의 눈에는 멀어서 관심이 없다. 여기서 아래 관사도 끝이 나므로 나나 후미코나 조금 긴장을 한다. 완만한 경사 길을 내려가 그 길을 벗어나자 상급생을 따라 논밭 가운데 길로 방향을 틀었다. 그것은 아마 예전의 큰길로, 대구의 성안과 성 밖 마을을 연결한 옛날 국도일 것이다. 가타쿠라제사와 80연대 앞을 지나 부산으로 이어지는 버스길과 육군관사 안을 통과해 80연대 뒤로 가는 연못 옆길 딱 한가운데를 완만하게 곡선을 그리며 국도가 뚫려 있었다.

우리는 후미코의 언니와 친구들이 삼삼오오 걸어가는 그 국도를 똑같이 따라간다. 논밭이라고는 해도 가타쿠라제사가 있는 부근은

---

30 '아플리케'라고 하는 바탕천 위에 다른 천이나 레이스, 가죽 따위를 여러 가지 모양으로 오려 붙이고 그 둘레를 실로 꿰매는 수예.

빽빽한 주택지다. 육군 관사를 빠져나가면 월견산[31] 위에는 고등소학
교도 있다. 국도는 그 작은 산 근처를 지나는 것이다. 오가는 사람 또
한 적지 않다.

그런데 나는 혼자서, 물론 후미코도 함께였지만, 논밭 사이를 걷는
건 처음이다. 국도는 짐수레 자국으로 두 줄기의 구덩이가 패여 있었
다. 한가운데 솟아오른 땅 위에는 소똥과 말똥이 있었다. "멀리 가면
안 돼"라는 어머니가 하시는 말 속 나오는 멀리를, 나는 논밭이 펼쳐
지는 광경을 떠올리며 생간을 빼앗긴 아이가 뉘여 있는 보리밭을 생
각했다. 그 이미지 속으로 들어가는 것 같아서 몸이 굳어졌다. 그런
데 며칠 후에는 여기도 먼 곳처럼 느껴지지 않았다. 아주머니와 아저
씨가 일하고 있었기 때문이다. 그 자식들도 논두렁길에서 놀고 있었
다. 그들의 모습이 보이면 길가의 꽃과 풀을 딸 수도 있었다. "겁재이
네, 가즈에는." 어머니는 고향 사투리 같은 말로 나의 소심함을 어이
없어 했다. 그런데 겁재이는 한동안 계속됐다. 소학교 변소가 으스스
해서 결국 오줌을 싸버렸다. 후미코의 어머니는 열심히 참관하러 학
교에 왔기 때문에 나의 젖은 속옷을 신문에 싸서 어머니에게 "자, 선
물이야" 하며 건네주었다. 나는 학교에 비치된 흰 속바지를 입고 풀
이 죽어 집으로 돌아왔다. 아침나절 두 시간 남짓 되는 학교는 "주먹
쥐고 손을 펴서"(동요, 문부성 창가—옮긴이)라는 노래를 하며 다 같이
원을 그리며 빙글빙글 돌다 끝난다.

---

31 달맞이를 하는 산이란 뜻을 지닌 월견산은 대구광역시 봉산동과 남산동의 경계에 있던
산이다. 자라(거북)가 있는 산이란 뜻을 지닌 자라바위산 혹은 연귀산으로 불렸고 일제강점
기에는 정오를 알리는 포를 쏘았던 포대가 있어서 오포산午砲山이라고 불렸다.

국정교과서(일본 국립교육정책연구소 교육도서관 웹사이트)

(行發館眞寫韓南邱大)　ENGINE HOUSE OF TAIKYU STATION, KOREA　庫關機ト驛邱大國韓

경부선 개설 직후 대구역

"피었다, 피었다, 사쿠라가 피었다"[32]라고 크게 적혀 있는 족자의 벚

꽃이 예뻤다.

이렇게 '피었다, 피었다'를 배우기 시작했는데, 국정교과서를 큰 소

리로 읽고 있는 우리 1학년은 세 학급으로 군인, 관리, 사법관계자,

의사, 상점 사장 등의 자녀가 많았다.

합방 직전의 대구에는 일본인 철도 인부와 매춘부가 얼쩡댄다고

당시의 규슈九州 신문에 나와 있었다. 1905년 5월의 후쿠오카福岡 일

일신문은 러일전쟁의 점령지 소견所見 부록처럼 합방 이전의 대구에

대해 '정도잡신征途雜信'으로 전했다. 타이틀은 '전도유망한 대구'다. 그

---

32 사쿠라는 벚꽃의 일본식 표현으로 일본을 대표하는 꽃이다. 이 글귀는 일본의 제4기 국정
교과서(1933~1940) 중 「소학국어독본小學國語讀本」 심상과용尋常科用 1권 제1에 수록된 것으로,
소학교 1학년 국어교과서 맨 첫 페이지에 나온다.

당시의 신문지상에는 오늘날의 택지 정보처럼 남쪽은 싱가포르, 자바에서 북쪽은 만주, 시베리아까지, 전도유망한 신천지가 소개되어 있다. 한일합방은 정치적인 드라마로, 구체적인 침략은 그보다 더 일찍 도처에서 일어나고 있었다. 러시아 함대를 무찔렀을 때 이미 성급한 일본인 마을들이 아시아 곳곳에 생겨나고 있었다. 오히려 조선은 늦은 편으로 일본인 마을은 정해진 왜관 등지 이상은 그다지 퍼져 있지 않았다. 조선 민중의 저항이 강했기 때문이다. 기자는 경성에서 '전도유망한 대구'라고 전했다. 반복하지만 이 기사는 한일합방 5년 전이다.

대구의 들녘은 동서 약 3리, 남북 약 2리, 게다가 영천을 중심으로 하는 금호강 유역 또한 여기에 속하므로 한국에서는 유수한 농업지다. (…) 수입화물은 철도편으로 대구에 모이는 게 자연스러워 대구는 마침내 화물의 집산 기점이 될 운명을 짊어진 곳이라 할 수 있을 것이다. 게다가 대구에서 멀지 않은 의성, 안동 부근에는 유망한 금광 사금이 적지 않아 우리나라 사람이 대구를 중심으로 하여 경영해야 할 사업은 결코 적지 않다. 대구는 마침내 가까운 장래에 일본인의 손으로 개척 발달시켜야 할 곳이라 믿는다.

그렇지만 대구 부근의 농업 경영은 세간의 신문잡지에서 선전하는 것처럼 굉장히 유리한 사업이라고 할 수 없다. 내가 대구에서 경험이 있는 모 씨에게 들은 바에 따르면, 중등 수전水田 한 마지기 10관문貫文을 현재 통상 시세로 한다. 세 마지기는 거의 우리의 1단보反步와 같고 10관은 현재 시세로 일화日貨 18엔이므로 중전中田은 1단보 54엔이리고 한다. 그리고 소작미는 절반이므로 두 가마니를 보통으로 한다. 미가米價 8엔 내외가 되므로 1단보의 수익은 8엔을 통상으로 한다.

보고는 계속 이어졌다. 토지세, 실수입, 매입 대금, 잡비 그리고 금융기관.

조선의 토지를 사서 부재지주不在地主처럼 일본에 거주한 채 소작을 주는 자가 많아지고 있는 것이다. 도항하는 자는 고리대금을 업으로 하는 게 두드러진다.

그 무렵 일본군 점령지인 청나라 다롄大連은 "러시아가 전체를 경영하게 되어 그 광대한 규모는 일견 놀라울 뿐"이었다. 그런데 일본이 그 러시아에 승리하고 2년 후에는 "일본의 만주 경영의 첫 번째 착수는 바로 마굴魔窟의 창설이다. 도처에 우리나라 사람이 경영하는 마굴을 보지 않는 일이 없을 지경이다. (⋯) 1500명의 남자가 500명의 매춘부를 먹여 살리는 형국으로, 남자 3명에 매춘부 1명의 비율에 해당한다"고 같은 신문은 전하고 있다. 조선반도를 건너뛰는 형태로 우선 조차지 다롄을 포함한 만주 경영에 착수하고, 다시 중국 본토에 대한 포석처럼 한국 합방이 이 보도가 나가고 3년 후에 시행된 것이다. 그 무렵에는 유망한 토지는 금융기관이나 국가가 파견한 군대뿐만 아니라, 일본에 거주하는 일본인 서민들의 수중에도 들어갔다. 식민지는 빈곤한 일본인들이 살아남는 땅으로 클로즈업되기도 했지만, 정한론征韓論[33]이래 식자층의 다양한 야망도 채워주는 대자연이었다. 그리고 그 자연과 함께 살아온 토착 민족은 틀림없이 자연의 부속물이었을 것이다.

"피었다, 피었다, 사쿠라가 피었다" 하며 입을 모아 배운 나는, 그다음에 나오는 "나아가라, 나아가, 군대여 나아가"라는 구절도 큰 소리

대구사범학교의 학생 기숙사로 현재의 경북대학교 사범대학 부속 중·고등학교

로 읽었다. 더 이상 오줌도 싸지 않고 변소도 으스스하게 여기지 않게 되었다.

소위 지배층 자제가 많이 통학하는 대구봉산정공립심상소학교는 구舊대구 시가지와 그 남쪽에 생긴 주택지역의 접점 부근에 세워져 있었던 게 아닐까? 지금까지 말한 지역은 모두 봉산정소학교 이남以南의 신 개척지다. 봉산정소학교는 통칭 제3소학교라고 했다. 제1소학교, 제2소학교는 성 내 시가지에 있었다. 그 학교 아이들은 "제3소학

---

33 에도 막부 말기에서 메이지 초기에 일본에서 등장한 조선 침략론을 가리키며 일본 정부에서 정한론이 급격히 제기되기 시작한 것은 1871년 말 이와쿠라 사절단이 서양 시찰을 떠난 이후다. 이때 사이고 다카모리, 이타가키 다이스케, 고토 쇼지로, 에토 심페이 등의 참의들이 강하게 정한론을 주장했고, 마침내 1873년 8월에 사이고 다카모리를 사절로 조선에 파견하여 국교 수립 교섭을 하노록 하고, 만약 요구가 받아들여지지 않으면 병력을 보내 전쟁으로 해결하겠다는 방침을 내정했다.

교 고물학교, 들어가면 똥물투성이"라고 노래하곤 했다.

제3소학교 앞 삼거리 모퉁이에 대구사범학교가 있었다. 시내 중앙로에서 연장되어 있는 버스도로는 사범학교와 소학교 사이를 통과해 남쪽으로 가서, 아버지가 근무하는 고등보통학교 앞을 지나 일본인 자제가 다니는 대구중학교 방향으로 가는 셈이다. 이 길은 부산으로 통하고 있었다는 것을 나중에 알게 되었다. 사범학교와 고등보통학교 사이에 고등상업학교와 가타쿠라제사가 있다.

한편 소학교 앞 삼거리를 동쪽으로 가면, 저 멀리 앞쪽에 신천이 있고 수성교가 놓여 있다. 이 도로는 경산에 다다른다. 수성교를 건너 고등농림학교[34]가 있고, 여기 교장 딸도 동급생이었다. 그 아이는 80연대 앞쪽 사과 과수원에 사는 아이와 함께 가장 멀리서 다니는 친구였다. 제3소학교는 제1·2소학교 아이들처럼 화려하지는 않다. 월급쟁이 가정이 중심인지라 미곡상이나 금융업 등에서 보이는 분방함도 없다. 우리는 우리 스스로도 '제3소학교 고물학교'라고 노래했다. 스스로 깎아내리고는 있었지만 아동들은 모두 말쑥했고 부모들은 교육에 냉담하지 않았다. 공직자의 봉급은 관리나 교원이나 내지보다 6할이 증가해 대부분의 가정에 식모가 있었다. 내가 3학년이 되었을 때 제4소학교가 신설되어 친구의 절반이 옮겨갔다. 인구가 계속 증가했던 것이다.

까불대는 나는 학교생활에 익숙해지자 통학이 너무나 즐겁다. 수업시간보다도 등하교가 즐겁다. 하교라도 하게 되면 터질 것 같은 해방감으로 인해 교문을 뛰쳐나와 삼거리에서 한바탕 떠든다.

---

34 대구농림고등학교의 전신. 현재는 대구광역시 신매동으로 이전.

고등상업학교

"잘 가, 세모, 또 와 네모"[35] 하며 친구의 책가방을 두드린다. 친구가
되받아친다. 또 쫓아가서 두드린다. 그것은 인사이기도 하고 학우의
확인이기도 했다. 그리고 이윽고 "내일 또 봐" 하며 각자의 길로 향한
다. 그리고 남자 아이도 여자 아이도 같이 뛰거나 쪼그려 앉는 등 딴
짓을 하며 놀다가 집으로 돌아갔다. 여러 가지 말장난도 한다.

"러시아, 야만국, 쿠로파트킨[36], 긴타마(불알)."[37]

다 같이 말하고 불알에서 아하하 하고 웃는다. 쿠로파트킨이 러일
전쟁 때의 적국 장군이라는 정도의 지식은 있다. '러시아'라는 말은

---

35 일본에서 즐겨하는 '연상되는 말잇기 놀이'의 하나로 놀이를 시작하는 첫 구절.
36 알렉세이 쿠로파트킨Aleksey Kuropatkin(1848~1905)으로 러일전쟁 당시 러시아의 극동 사령
관이다.
37 일본어 발음으로는 리시아가 러시야로 발음되기 때문에 그다음은 '야'만국, 국은 '고쿠'로
발음되므로 이어서 '쿠'로파트킨, '긴'타마(金玉, 불알)로 이어지는 식으로 끝말잇기가 된다.

위 대구농림학교
아래 과수원

생활감이 수반되고 있었다. 나는 러시아인도 자주 보았고 그 나라는 우리나라와 이웃하고 있는 나라라는 정도는 알고 있었기 때문이다.

"하얀 건 토끼, 토끼는 뛴다, 뛰는 건 개구리, 개구리는 파래, 파란 건 장꼬로, 장꼬로는 도망쳐."

그렇게 말하고는 쫓아가거나 도망치기 시작한다. 장꼬로란 청나라, 즉 창고쿠(淸國—옮긴이)의 사투리일 것이다. 그런데 "울면서 도망치는 건 찬찬보즈"[38]라며 우는 아이를 놀리기도 했다. 청일전쟁(1894~1895)의 승자가 된 기분이다. 그와 동시에 그것은 지나를 비하하는 말로도 사용되었다.

우리는 이구동성으로 노래하듯 놀리듯 말하고 나서 "안녕" 인사와 함께 헤어진다. 지금껏 들어본 적도 없는 전래동요의 세계는 리드미컬하고 공통 감정이 유쾌하게 공유되고 있다.

"달月밤에, 불火이 나서, 물水가져와, 모쿠木베씨, 불알金 떨어뜨려서, 흙土투성이."

그런 말장난도 있었다. 월·화·수·목·금·토요일로, 왜 일요일은 없는 거지, 학교가 쉬어서 그런가 생각했다. 나는 집으로 돌아가 동생들에게 큰소리로 부르며 들려주다 혼난 뒤에는 친구들끼리 있을 때만 즐기게 되었다. 귀가하면 후미코와 놀았다.

여름방학이 되었다.

후미코가 수영장에 간다고 해서 나도 수영복으로 갈아입고 튜브를 가지고 후미코를 따라갔다. 평소엔 아버지와 버스를 타고 부영수영장에 갔었지만, 후미코가 가는 수영장은 가깝다고 해서 따라붙어

---

38 중국인을 비하하는 말로 청국인의 변발을 놀리는 말.

서 간 것이다. 그러나 그것은 육군 관사 안에 있는 수영장으로 장교 자제 전용이었다. 아이들이 물보라를 튀기며 놀고 있었다. 나는 들어갈 수 없다.

어머니가 외출했을 때, 좋은 생각이 떠올라 "언니야, 현관 배수구를 수건으로 막아줘" 하고 부탁했다.

"호스로 물 받아줘."

식모 언니가 부엌에서 긴 호수를 객실을 지나 현관 시멘트 바닥까지 건네 물이 나오게 했다.

"더 확확 틀어."

수영복을 입고 시멘트 바닥 물웅덩이에서 논다.

"물장수 놀이 하자."

나와 여동생은 울타리의 나팔꽃을 잔뜩 따와 분홍색과 보라색, 기타 짙고 옅은 가지각색 물을 만들었다. 그것을 물약 병에 담았다. 남동생도 아주 기뻐하며 색깔 물을 사러 온다. 술잔을 쭉 늘어놓고 물감을 푼 듯 짙고 옅은 물을 담아 좋아하는 색깔은 비싼 가격을 매겼다. 현관 시멘트 바닥 물속에 앉았다 누웠다 하는 여행을 하며 손님은 색깔 물을 사러 왔다. 우리는 현관에서 위로 올라갔다 내려갔다 하며 떠들었다. 몸에 묻은 물방울 때문에 다다미가 질퍽질퍽해졌다.

어머니가 돌아왔을 때 우리는 힘차게 보고했다.

"안 싸웠어. 수영장 만들었어."

"엄마도 수영하면 좋았을 텐데, 물장수 놀이도 했어."

"엄마는 어느 물을 사고 싶어요? 싸게 해줄게요."

어머니는 툇마루로 돌았다. 거기도 물장수가 가게를 내 북새통이었다.

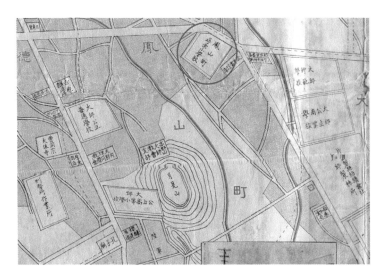

1933년 대구부 상공안내도에 나온 월견산과 모리사키가 다닌 봉산정심상소학교

　며칠 후 뒤편 공터에 수영장이 생겼다. 김씨 아저씨네 부엌과 우리 집 부엌에서 긴 호수로 물을 부어 아버지와 아저씨가 양쪽 집 아이들에게 수영을 가르쳐주셨다. 우리는 종일 물에서 놀았다. 수영장 옆에 심어놓은 토마토가 새빨갛게 익어서 어머니가 토마토케첩을 만들었다. 오이로 보트를 만들고 샐러드를 얹어 저녁식사 접시에 담았다.

　바람이 선선해져 물에 들어갈 수 없게 되자 촛불을 이용해 달리는 배를 띄웠다. 여동생이었는지, 남동생이었는지, 배에 손을 뻗다가 철퍼덕하고 수영장에 빠졌다. 김씨 아저씨도 웃고 아버지도 웃었다. 김씨 아저씨네 남자 아이는 책이 더 좋다며 일찌감치 집에 들어간다. 우리는 그 여동생과 놀았다.

　가을이 되어 월견산에서 부내府內소학교 스케치 대회가 열렸다. 이 작은 산을 중심으로 각자 흩어져 스케치를 해 가져오라고 했기 때문에 나는 슬금슬금 집 근처까지 되돌아가 마침내 우리 집 울타리에 앉아 후미코의 집을 사생했다.

"이런 곳에서……. 겁재이네."

어머니가 신경을 썼다.

"건너편 집"이라고 제목을 붙였다. 사범학교에서 스케치 대회 전람회가 있었는데, 그 그림은 액자에 넣어 걸려 있었다. 상장을 받았다. 상급생은 큰 도화지에 그렸다. 유화도 있었다.

그 무렵 내지에서는 소학교 1학년 첫 미술시간에 도화지의 중앙에 가로줄을 긋고 "자, 위쪽 반은 하늘색을 칠합시다. 아래는 갈색을 칠하세요"라고 지도하고 "다 됐습니까? 하늘과 땅입니다"라는 식으로 수업했다고 귀국했을 때 들었다. 그런 다음 견본을 따라 그리는 것이 미술시간이었다고 한다. 내지의 모든 소학교가 그랬던 건 아닐 것이다. 그런데 식민지에서는 따라 그리게 되어 있는 문부성 교과서를 다소는 도외시하는 시도도 있었을 것이다. 스케치 대회는 이해가 제3회째였다.

스케치 대회는 그처럼 비교적 자유롭고 편안하게 진행되고 있었다. 그렇지만 나는 내지 아이라면 누구나가 알고 있을 법한 것을 전혀 모르고 있었다. 그것은 무엇보다도 중요한, 생활의 기반이 되는 논밭에 관한 상식이다.

스케치 대회가 있었던 월견산 기슭의 국도를 통해 하교하던 나는, 문득 길 양쪽에 언제부턴가 예전에 누군가가 만들어줬던 보리피리의 재료가 되는 식물이 이삭을 내고 있는 걸 깨달았다. 그래서 스스로 보리피리를 만들어 보려고 했다. 이삭이 붙어 있는 줄기를 잡아당겼다. 그런데 좀처럼 빠지지 않았다. 초봄에 누군가가 만들어줬을 때 그

건 쉽게 빠졌었다. 나는 고심 끝에 줄기를 뽑아내 피리 길이로 접으려다 또 고생을 했다.

"피리, 소리 안 나. 보리가 아니라서 안 돼."

어디선가 목소리가 들렸다. 나무를 깎으며 놀고 있는 조선인 남자아이였다. 나는 손바닥으로 가느다란 줄기를 꾸깃꾸깃 꾸기며 일행을 쫓아 뛰어갔다. 조선인 남자 아이들은 피리에 대해 아주 잘 안다. 보리피리도 역시 삐삐 소리를 낸다. 작은 버드가지를 꺾어 껍질을 돌돌 돌려서 속을 빼내 버리고 '삐' 하며 좋은 음색을 낸다.

저녁 식사 때 부모님께 물었다.

"보리피리를 만들 수 있는 보리와 피리로 만들 수 없는 보리가 있어?"

"보리피리? 밭에 있는 파란 보리 줄기면 어느 것이든 만들 수 있겠지?"

"근데 못 만들었어. 오늘 학교 갔다 올 때 만들었는데."

"오늘? 보리는 이맘땐 없잖아. 지금은 쌀이지."

"쌀? 왜 쌀이야?"

동생들도 무슨 얘기인가를 하며 식사를 하고 있었다.

"왜라니? 논에 있는 건 벼인걸."

나는 어리둥절했다.

"보리 다음에 벼농사를 짓거든. 그러니까 지금은 쌀이 심어져 있어."

그렇지만, 전에 본 것과 똑같은 가는 잎 식물이었다. 같은 풀에서 보리와 쌀이 생기는 걸까?

"엄마, 쌀과 보리는 같죠?"

나는 그 풀에 대해 말한 셈이었다. 어머니가 놀라서 아버지를 쳐다 봤다.

"달라?"

동생들에게도 맞장구를 치던 어머니가 "몰랐니?" 하고 말한다. 아 버지가 남동생과 이야기하던 도중에 "보리를 본 적이 없었구나?"라고 말했다.

뭔가 머릿속이 혼란스러워졌다.

어쩌면 오늘날 일본 아이들도 시골길을 걸을 때 이런 혼란을 일으 킬지도 모른다. 그리고 그 무지의 본질은 당시의 나와 다르지 않다고 도 할 수 있을 것이다. 세상엔 굶주리는 민족이 있다고 하는데, 하는 일 없는 일본인은 뒤룩뒤룩 비만으로 고생하고 있기 때문이다.

이튿날 학교에서 돌아오니 어머니가 "가즈야, 와봐" 하고 부엌에서 불렀다.

"자 봐보렴, 이게 뭐야?"

삭삭 건졌다.

"쌀."

"그렇지. 이건 뭐지?"

쌀알보다 색깔이 까맣고 납작하며 쌀알 중앙에 거무스름한 선이 있었다. "몰라."

"이게 보리야."

"보리?"

"그래. 보리는 쌀과 비슷한 모양이지만, 딱딱해서 납작하게 만들어 놨어. 오늘밤에 보리밥 지어줄게."

손에 건진 보리는 밭의 모습을 느끼게 하지 않았다. 이튿날 보리가 아닌 쌀이라는 생각을 계속하며 밭 옆을 지나 통학했다. 조선인 아저씨가 일하고 있었다. 논두렁에 세워둔 지게에 보자기로 싼 도시락이 매달려 있었다. 지게란 등에 지는 도구로, 자연목을 두 개 사용해 양쪽 다리를 만들어놨다.

어머니가 식물도감을 주문해 서점에서 배달해주러 왔다. 반들반들한 종이에는 많은 곡물 사진이 실려 있었다. 쌀과 보리도 나와 있었다. 사진으로는 구분이 가지만 지금 밭에 있는 게 어느 것인지는 여전히 구별할 수 없었다.

눈이 내려 교정에서 눈사람을 만들고 눈싸움을 했다. 교실 난로 주변 철망에 형형색색의 장갑을 넣어 말린다. 모락모락 김이 났다. 대구는 남쪽이라 영하 수십 도까지 추워지는 일은 없다. 집밖에서 노는 건 즐겁다. 스키 모자처럼 머리와 귀도 푹 덮는 모자에 목도리가 붙어 있는 걸 쓰고 털양말을 신고 뛰어다녔다.

우리의 대화에는 집에서나 학교에서나 논밭에 관한 내용은 없었고, 벼농사를 짓고 있는 집의 아이는 친구 중에 한 명도 없었다. 논밭 작업은 일상생활과 관계가 없었을 뿐만 아니라, 어린아이의 계절감과도 전혀 관련되지 않았다. 모내기 후의 파릇파릇한 논을 보면서 그게 쌀인지 보리인지도 모른 채 지내는 신기한 생활이 나의 유년 시절을 물들이고 있다.

2
장

창
포
잎

1

소에 쟁기를 달고 밭 한가운데를 아저씨가 왔다 갔다 한다. 쟁기는 무거운 삽 모양을 하고 있고, 흙을 갈아엎는다. 소는 침을 흘리고, 입을 우물거리며 느릿느릿 움직인다. 그래도 흙이 무거운지 가끔 움직이지 않는다. 아저씨가 쟁기를 밀던 손을 멈추고 혀를 세게 차며 "움직여" 명령한다. 혀 차는 소리에 따라 소는 멈추기도 하고 움직이기도 하고 돌아가기도 한다. 아저씨가 가끔 쟁기와 함께 쥐고 있는 고삐로 소를 철썩 때린다. 소는 아프지 않은지 역시 느릿느릿하게 움직인다.

나는 길 가던 도중 딴 짓을 하며 놀다가 쳐다본다. 아저씨는 파헤친 밭 흙 위를 휘청거리며 걷지 않도록 짚신 발로 쟁기를 조심히 누르며 걷는다. 소가 훨씬 더 잘 걷는다. 논두렁길에 배를 쑥 내놓은 어린아이가 맨발로 우두커니 서서, 쟁기를 보고 있는 나를 바라보고 있다. 어린아이 근처에서는 여자 아이가 풀을 뜯어 바구니에 담고 있다.

나는 보릿고개라는 말이 있다는 건 알지도 못한 채, 소와 아저씨의 동작을 질리지도 않고 응시했다. 보릿고개란 초봄에 먹을 게 죄다 없어지는 걸 말한다. 하우스 재배 따위 없고, 천연으로 자라는 작물만을 식량으로 삼던 시절에는 정월이 지날 무렵부터 비축해둔 것이 부족해진다. 밭에는 아직 싹을 틔우는 채소도 없고 들에는 뜯을 풀도 없어서 참고 견뎌야만 하는 날이 이어진다. 그것은 일본이나 조선이나 매한가지였지만, 식민지가 된 조선에서는 한층 더 심각해졌다. 왜냐하면 비집고 들어온 일본인이 남아돌 만큼 사재뒀다가 값을 올려서 팔았기 때문이다. 조선 사람이라도 양반 가정에서는 곡물은 물론이고, 채소도 저장하고 또 장아찌를 만들어두기 때문에 보릿고개를 모른 채 지나간다.

그렇지만 양반이나 일본사람의 논밭을 경작하는 사람들은 어른이건 아이건 보릿고개를 참고 견뎌야 했다. 겨울철에는 논두렁길이 죄다 말라버리는데, 나는 이른 봄날 그 논두렁길에 나와 풀뿌리를 캐는 아이들을 보고 있었다. 취학 연령인데도 학교에 다니지 않는 아이들이다. 당시 나는 별다른 감정도 없이, 작은 칼 같은 걸로 땅을 파고 있는 아이들을 봤던 것이다.

그 봄이 지나고 산과 들이 푸르러지면 보리 베기는 끝난다. 내가 2학년이 된 어느 날 아침, 아버지가 "산책하러 가자"고 깨웠다. 그 전날 밤부터 아버지가 가자고 했기 때문에, 나는 곧바로 일어나서 오래간만에 아버지와 하는 산책에 부랴부랴 집을 나섰다. 아버지는 육군 관사 안쪽으로 빠른 걸음으로 걸어가서 그곳을 통과하자 근처에 있는 논으로 나를 데려갔다. 모내기가 막 끝난 논에 짧은 모종이 잎사귀 끝을 내밀고 있었다. 사람들은 보이지 않았다.

우리는 논두렁길로 내려갔다. 논두렁길 여기저기에는 모종이 여러 개 떨어져 있었다.

"자, 가즈에, 우리 집 마당에서 벼농사를 짓자."

나는 금세 아버지의 의도를 눈치 챘다. 그것은 산책이 아니었던 것이다. 내 운동화는 논두렁의 이슬로 젖어 있었다.

논에 아침 햇살이 비쳐왔다. 아버지가 논두렁길의 모종을 주웠다.

"논두렁에 버려둔 건 이제는 필요 없는 모종이니까 얻어 가자. 가즈에도 주워라."

"이게 쌀이 돼?"

"그래."

꼭 풀 같이 생긴 녹색 잎을 집어 들자, 뿌리에 진흙이 묻어 있었다.

"아빠는 모종이라고 했어, 아깐."

"모종이란 쌀의 아기야. 벼는 언니. 쌀은 엄마."

아버지가 모종을 단으로 묶듯이 손에 들고 "자, 돌아가서 가즈에와 같이 심어야지" 하고 말했다.

"쌀을 왜 여러 이름으로 불러?"

나는 빠른 걸음으로 걷는 아버지를 뒤따른다.

"가즈에도 겐이치健一를 아가라고 부르잖아. 왜 그러는 거지?"

"근데, 다들 그러잖아."

"쌀도 다들 그러는 걸. 농부가 씨를 뿌리고 소중히 키우면서 자랄 때마다 여러 이름으로 불러."

"농부가 이름을 지었어?"

"그래."

"선생님이 아니고?"

"아니야. 쌀은 농부가 키웠거든. 학자는 학명을 붙일 뿐이야."

"학명이 뭐야?"

"그건 또 이다음에."

나는 기분이 움츠러들었다. 물이 뚝뚝 떨어지는 진흙이 묻은 모종을 손에 들고 말수가 적어진다.

"쌀을 수확할 수 있어. 물을 주고 여름이 되면 풀을 뽑고 그리고 가을이 될 무렵 벼이삭이 여물어.

쌀은 지금부터 가을까지 키워 겨우 여무는 거야. 쌀을 수확하면 엄마에게 밥해달라고 하자. 초밥으로 할까? 가즈에는 뭐가 좋아?"

"가즈에는요…… 치킨라이스."

어머니가 집 대문에서 남동생을 안고 기다리고 있었다. 마당의 작은 연못에 흙이 들어 있었다.

"물은 아직 안 넣었어요."

어머니가 아버지께 말했다.

"가즈에, 쌀은 말이야 물이 있는 밭에 심는 거야. 자, 서둘러 물을 넣자."

호스로 물을 넣었다. 아버지가 끈적끈적하게 휘젓는다.

"모종을 이런 식으로 심어. 모종을 심지만, 모종심기라고 하지 않아. 모내기라고 해. 벼농사를 짓는 밭을 논이라고 해."

아버지는 바지를 걷어 올리고 내 앞에서 모종을 심었다.

"맨발 벗고 들어와."

쌀과 보리에 대해 잘 아는 조선인 아이들이 말이 없어진 나를 어디선가 엿보고 있는 기분이 들었다. 진흙 속에 들어가자, 미끈거리며 발가락 사이로 벌레 같은 게 들어온 기분이 들었다. 느낌이 좋지 않았다. 고개를 숙이고 아버지의 손놀림을 살피면서 진흙 속에 모종을 심었다. 미지근한 흙탕물이 손목까지 잔뜩 묻었다. 느닷없이 눈물이 났다. 흐느껴 울었다.

"울지 않아도 돼. 누구나 처음엔 아무것도 몰라."

"그래도, 조선인 아이는 알고 있어. 가즈에가 오래 전에 피리를 만들고 있었더니, 그건 보리가 아니라서 안 된다고 했는걸. 남자애가."

"그건 농부의 자식이라서 어릴 때부터 거드니까 아는 거야. 그래도역시 처음엔 몰라서 아버지한테 배웠어. 울지 말고 싶어. 걸핏하면 훌쩍거리는 게 아니야."

"잘 한다 잘해. 물속에 모가 잘 서 있어. 아침밥 준비도 다 됐으니까얼른 심고, 얼른 세수해. 나머진 제가 볼 테니까 당신은 진지 드세요."

어머니가 이렇게 말하며 나를 재촉하듯이 연못가에 서 있었다.

이 모내기 시도 후에도 나는 여러 해 동안 논밭 작물을 보고 그게보리인지 벼인지 식별하는 데 자신이 없었다. 그래서 이날의 부모님을떠올리며 보리는 겨울에 보리밟기를 하고, 쌀은 보리를 베어낸 뒤 논으로 만들고 나서 심는다고 계절과 중첩시켜 밭작물을 보리니 쌀이니 하며 스스로를 납득시켰다. 연못의 벼는 벼이삭이 되었지만, 쭉정이가 많았다.

"밥을 소홀히 하면 안 돼. 한 알 한 알에 농부의 노고가 담겨 있어.흘린 건 다 주워라."

어머니가 식탁에서 말한다. 나는 미소시루도 좋아하지 않고, 밥도별로 먹지 않는다.

"간식만 먹으니까 말이야. 농부님께 고맙다고 하고 밥공기에 있는건 다 먹어. 딱 한 입 남았잖아. 벌 받아."

어머니가 매번 말한다. 밭에서 일하는 아저씨기 미음속에 떠오른다. "농부님 고마워요" 하고 그 흰 옷에게 말한다.

나는 일본 마을에 관한 이야기도 부모님께 들었고 그림책으로 내지의 농촌 풍경도 보았다. 하지만 논밭에서 괭이를 들고 있는 사람들은 복장은 달라도 다 조선인이라는 걸 알고 있었기 때문에 내지인 농부에게 고맙다고 말한 건 아니었다. 식민지의 죄와 벌에 대해 생각하게 되기 이전에, 소학교로 가는 십여 분 거리의 국도가 나를 그런 식으로 붙잡고, '쌀 없인 살 수 없다'고 가르친 것이다. 일본인 중에는 조선 쌀을 이식의 대상으로 취급하는 자도 많았지만, 그렇게 생각하지 않는 부모님 덕분에 나는 식물에서 식량으로 바뀌는 쌀에 대한 콤플렉스를 느끼며 학교를 다녔다. 벼나 보리 줄기를 뽑는 것에 거부감이 생겼다.

부드러운 햇살이 비치는 오후였다. 소학교에서 그다지 멀지 않은 친구 집에 들렀다. 주홍색 옷을 입은 사람들이 삿갓을 쓰고 줄줄이 먼 곳을 걸어간다. 주홍색 옷은 색이 바래 있었다. 허리에 새끼줄을 매고 양손을 뒤로 묶인 채, 다 엮여서 간다. 짚신이다.

"저 사람들, 뭐야?"

"죄수야."

"죄수라니?"

"도둑질한 사람. 다 조선인이야."

"파란 옷을 입은 사람도?"

"파란 건 이제 곧 나올 거야."

"나온다니?"

"형무소를 나와. 거긴 형무소야."[1]

붉은 벽돌로 된 높은 담이 저 너머까지 뻗어 있었다. 벽돌담을 따라서 줄줄이 걸어간다.

"어디로 가는 걸까?"

"밭이야."

'밭에 뭘 하러 가는 걸까?' 생각했다.

그 후 죄수들이 간 밭을 알게 되었다. 괭이를 들고 일하고 있었다. 새끼줄은 묶여 있지 않았다. 각자 괭이를 휘두르며 사방으로 흩어져 있었다.

그 고장에 조선 전래동요가 있었다. 하늘을 나는 기러기를 보며 노래한다.

앞에 가면 도둑놈

그다음은 양반

뒤에 가면 상놈

언제쯤 생겨난 노래일까? 상놈이란 일반 농민을 말한다. 양반 집 소작을 하는 사람도 적지 않았다. 앞에 가는 도둑놈 이미지는 일본 사람이었을 거라고 귀국한 뒤에 생각했다. 조선 쌀 하나를 보더라도, 그것은 내지로 반출되거나 매점하여 돈을 벌기 위한 수단으로 이용되었기 때문에 상놈은 싸라기(부스러진 쌀알—옮긴이)를 먹었다. 삿갓을 쓴 사람들이 모두 조선인이었는지는 모르겠지만, 어린 마음에도 일본 경찰이나 재판소나 다 조선인에 대해 가혹하다는 인상을 받았다. 죄수들 중에는 사상범으로, 학교나 직장이나 지역에서 끌려간 조

---

1 대구형무소. 삼덕동 149번지 일대에 있었다. 「광야」 「청포도」 등으로 유명한 이육사(본명 이원록) 시인이 1927년 장신홍 소선은행 대구지점 폭파사건에 연루되면서 대구형무소에 수감되기도 했다. 수감번호가 264번이여서 출소 후 호가 이육사가 되었다고 한다.

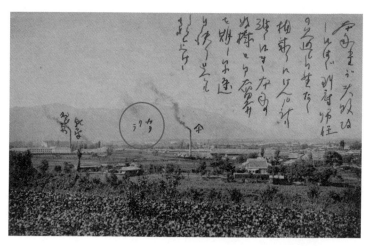

1920년대 대구의 3대 제사 공장으로
엽서 중간에 '가타쿠라'라고 가타카나로 표기되어 있다.

선인이 얼마든지 있었을 것이다.

소학교 2학년이 된 나는 조금씩 행동반경을 넓히고 있었다. 귀갓
길도 논밭 가운데를 지나가지 않고, 버스도로를 남쪽으로 똑바로 걸
어가서 가타쿠라제사 정문 앞에서 꺾은 다음 집으로 가기도 했다. 이
길을 지나가는 친구가 더 많았기 때문에 그만큼 오래 놀 수 있었다.
길 한쪽은 사범학교, 고등상업학교, 가타쿠라제사로 이어지지만, 그
건너편은 주택지였기 때문이다.

대구에는 방적회사와 제사회사가 여럿 있고, 역 뒤쪽에 높은 굴뚝
이 서 있었는데, 공장 지역이 아닌 남쪽 지구에도 가타쿠라제사방적
회사 대구제사소가 광대한 부지에 서 있었다. 또 잠종제조업도 성행
하여, 도매상가에는 명주실 상인이 큰 가게를 차렸다. 흰 명주 옷감을
산처럼 쌓아올린 그 가게 앞에 양반 상인이 비단으로 된 조선옷을 입

1920년대 가타쿠라제사 공장 조업 장면

고 많은 고용인을 부리며 앉아 있었다.

봉산정소학교에도 자그마한 뽕밭이 있어서, 상급생이 돌보고 있었다. 특별교실이 늘어선 학교 건물 안에는 누에를 치는 방이 있었다. 하급생에게는 인연이 없는 그 특별 교사校舍로 친구 여러 명과 모험을 하러 갔다. 창 밖에서 교실을 바라보고선 과학실의 플라스크나 해골 따위에 가슴이 설렜지만, 누에한테 특별히 흥미를 갖지는 않았다. 그러나 둘러가는 날이 며칠인가 이어지고, 가타쿠라제사 정문까지 왔을 때, 누에를 떠올렸다. 나는 친구에게 말했다.

"가타쿠라제사 안을 보여달라고 하지 않을래?"

"보여줄까?"

"그래도 견학인 걸, 보여주겠지 여긴 명주실 만들고 있어."

"가자, 가자."

우리는 뿔뿔이 달렸다. 수위 아저씨에게 이야기하고, 사무실에서 이야기했다. 담당자 아저씨에게 안내를 받으며 공장으로 갔다. 그런데 공장으로 한 발짝 들어서자 나는 후회했다.

여자 아이와 눈이 마주친 것이다. 빙글빙글 돌아가는 기계 앞에 걸터앉아 손을 놀리며 나를 힐끔 쳐다본 그 아이는 나보다 어려 보였다. 그 눈은 애처로웠다. 출입구는 열려 있었다. 열려 있는 출입구 바로 옆에 있었다. 무슨 생각을 하다가 이쪽으로 눈을 돌린 것이다. 더러워진 흰 저고리를 입고 있었다. 안내해주는 일본인은 나에게 자상하게 설명했다.

"삶은 누에고치에서 명주실을 뽑는 공장입니다. 자, 저 기계에……."

기계 소리가 어수선하다. 이 냄새도 습기도 삶은 누에고치가 내는 거라는 걸 알게 되었다. 나는 명주실은 누에고치를 기계에 넣으면 저절로 실이 되어 나오는 줄 알았다. 여러 대의 회전하는 기계 앞에 여자가 한 명씩 걸터앉아 있다. 아무도 이쪽을 보지 않는다. 볼 겨를도 없다. 조금 전의 아이가 제일 어리고, 나머지는 열 두세 살 정도의 아이와 아가씨와 아주머니다. 그들은 삶아서 고약한 냄새를 풍기는 누에고치가 떠 있는 뜨거운 물통 속에서 쉴 새 없이 누에고치를 집어내서는, 가는 실을 빼내 빙글빙글 돌아가는 기계에 건다. 누에고치에서 검은 번데기가 조갯살처럼 나온다. 그것을 바구니에 던진다.

방은 김 때문에 후덥지근했다. 아주머니들의 손가락이 하얗게 불어 있었다.

"이제 됐어요. 고맙습니다."

그 공장을 나오자 두 건물을 잇는 복도를 지나 건너편으로 안내하려는 아저씨에게 그렇게 말하고 절을 했다. 아직 둘러보고 싶은 친구에게 미안했지만, 공장은 너무나 괴로웠다.

제사회사 문을 나와서 친구와 헤어지고 집으로 향했다. 정리되지 않는 감정이 질척하게 가라앉았다. 공장에서 일하는 여자들은 모두 조선인이었다.

그 후에도 종종 가타쿠라제사 앞을 지나갔지만 두 번 다시 들어가지 않았다. 담쟁이가 휘감긴 건물은 밖에서 보면 나무숲처럼 고요하다. 나는 이 건물에 다니는 여자들을 본 적은 없다. 그 시간에 마주치지 않는 건지 기숙사라도 있는 건지?

그 제사회사 앞을 빠져나가서 대구고등보통학교 앞도 지나고, 전에 살던 집 근처도 지나쳐서 대구중학교 부근까지 둘러가게 되었다. 친구가 생겼기 때문이었다.

선생님께 불려가 "이번에 전학생이 오는데, 시학관의 아드님이니까 네가 여러 모로 가르쳐줘"라는 말을 듣고, 그날 전학생인 아키라를 집까지 데려다줬다. 그 집이 이쪽에 있었던 것이다. 그 후로 친한 친구가 되었다. 시학관의 관사는 생간을 빼앗아가는 보리문둥이가 숨어 있다고 여겼던 곳 부근이다. 나는 '이 부근에도 집이 있었구나' 하고 안도했었다. 아키라와는 마음이 맞았는지, 늘 어느 한 집에서 놀았다. 아키라는 외동자식이었다.

시학관이란 내지와 마찬가지로 학생의 사상 지도를 맡은 관리를 말한다. 광주 사건 이듬해에, 그때까지는 총독부 학무국에만 한 명 있던 것을 변경해 각 도청에도 전임자를 한 명씩 배치하여 도내의 모든 학교를 시찰 감독했다. 아키라의 아버지도 경상북도 도내를 돌아다니시는지, 놀러가도 집에 없을 때가 많았다. 우리는 연못의 금붕어를 뒤쫓거나 소꿉놀이를 하며 놀았다.

아키라는 도쿄 아이다. 도쿄 아이는 말투가 비슷해서 학급에 금세 익숙해진다. 그런데 내지에서 온 아이 대부분이 말을 하면 모두가 미심쩍어하며 되묻기 때문에 한동안 잠자코 있다. 나는 그게 마음에 걸려서 자신도 모르게 보살펴준다. 그런 아이 중 살갗이 흰 여자 아이가 있었다. 전학 왔을 때 선생님이 하신 소개에 "아버지의 근무처가 이번에 가타쿠라제사로 바뀌셔서 내지에서 왔습니다"라는 말이 있었다. 뭔가 석연찮은 생각이 들었다. '왜 내지에서 저 공장에 오신 거지?' 이해가 안 돼서, 신발장 있는 곳에서 둘만 있을 때 물어보았다.

"왜 내지에서 왔어?"

"몰라" 하듯이 그 아이는 고개를 흔들었다.

나는 시학관의 아이가 도쿄에서 전학 오는 것에 대해 의심을 갖지는 않았지만, 공장에서 일하던 어린 여자 아이를 잊지 못해서인지, 경계하는 마음으로 내지의 어른들의 세계에 대해 생각했다. '뭘 하러 조선에 찾아오는 걸까? 여기엔 조선인 어른들이 얼마든지 있는데……' 나에게는 의문이 풀리지 않았다.

2

역 앞의 중심가 사거리에 있는 과자가게 오미야近江屋가 샘플 케이스를 싣고 주문을 받으러 오는 것은 하루 걸러서였다. 우리는 초콜릿 은박지를 둥글게 말아서 구슬을 만들었다. 오미야는 단골집을 돌기 때문에 아이들 사이엔 공통감정이 자라나 서로 은구슬 자랑 같은 것도 했지만, 5월 5일 단오절에 처마 끝에 창포 잎과 쑥을 매단 것은 우리 집 뿐인 것 같았다. 의자에 위태롭게 올라서서 그걸 매달려고 하는 아버지가 "가즈에, 내지에서는 단오절에 이런 걸 매달아" 하고 말했다. 어머니가 "어떤 지방에서는 정어리 같은 것도 같이 매달지 않아요?" 하고 말했다. 집 안에는 남동생을 위해 무사 인형이 장식되어 있었다. 고이노보리(잉어깃발—옮긴이)는 올해부터는 내걸지 않는다.[2]

"창포 같은 걸 왜 처마에 매달아?"

"아이가 튼튼하게 자라기를 바라서야. 옛날 사람들은 창포 잎이 따

---

2 일본에서 5월 5일 단오절은 남자 아이의 건강한 성장과 출세를 기원하는 날로, 무사인형을 만들어 집안에 장식하거나 잉어깃발을 매다는 풍습이 있다.

중앙로와 북성로가 만나는 길 오른쪽 입구의 과자점이 오미야 상점이다.
문구, 레코드 등도 취급했다.

끔따끔하니까 병이 집 안으로 들어오지 않는다고 생각했어. 쑥도 약
이 되는 풀이야."

"에이, 미신이야?"

"미신은 아니야. 이걸로 병을 고치는 건 아니니까. 풍습이라고 해.
칠석날 조릿대 장식을 하는 것과 비슷해. 어때? 아주 잘 달렸지?"

아버지가 어머니를 돌아봤다.

그날 저녁, 아직 날이 훤할 때 우리는 와자지껄하게 떠들며 아버지
와 창포 탕에 들어갔다. 창포 잎 끝이 어깨를 스치며 찔렀다. 부모님
은 나의 보리피리 건으로 걱정했는지도 모른다. 당연히 알 거라고 생
각하는 상식적인 것도 학습하지 않으면 이해할 수 없다고 새삼스레
생각했는지도 모른다. 사계절 절기마다 있는 행사는 성심껏 챙겨주
셨다. 다만 그것은 우리 집 행사로 끝난다. 온 시내가 함께 즐기는 풍

일본인 가정의 단오절 기념 촬영

습은 정월과 가을의 대구신사제大邱神社祭[3] 정도였다. 나머지는 저마다
꽃놀이, 해수욕, 밤 줍기, 송이버섯 따기, 온천, 여행 등 행락을 즐겼
다. 내지에서는 각 지방에 농신제(논을 지키고 풍요를 가져다주는 신에게
지내는 제사—옮긴이)와 무시오쿠리(농작물의 해충을 몰아내는 행사—
옮긴이)와 바다 공양供養 등 작물·수렵과 관련된 공동 마쓰리(신에게
제사를 지내는 풍습—옮긴이)가 있었지만, 이곳의 생활에는 그것이 없
었다. 논밭은 얼마든지 있는데도, 논에서 일하는 사람들과는 별개였
기 때문이다. 되풀이하게 되는데, 내가 쌀과 보리를 구별하지 못하게
된 것은 뿌리 깊은 원인이 있었다. 그것은 무엇보다도 식민지 일본인
의 생활을 말하는 것 같다. 함께 일하며 함께 먹을 때, 생활 속에 기본

---

3 대구 신사는 달성공원 안에 있었다.

적이면서 공통된 풍습이 생긴다. 설사 농업과 관계가 없는 가정일지라도, 그 공통된 풍습에 힘입어 인식의 폭을 넓히며 살아간다. 조선에서 내가 먹은 쌀, 그 쌀을 만들기 위해 조선인 농민이 계절마다 농업의 신에게 기도를 드리고, 신에게 제사 지내는 풍습을 세심하게 반복하고 있었다. 하지만 나는 그것을 은하수 전설을 동경하듯이 바라볼 뿐, 노동의 실정 따윈 전혀 몰랐다. 단오절 날 그들 또한 아이들의 성장을 바라며 약초를 따 한약을 지었다.

조선인과 함께 노동하지 않았던 우리 일본인, 아니 조선인을 부리며 안락하게 지냈던 우리의 마쓰리로는 봄의 군기제軍旗祭와 가을의 대구신사제가 있었다. 군기제는 천황으로부터 하사받은 군기를 축하하기 위해 거행하는 80연대의 마쓰리로, 일반인도 이날 군대 안으로 들어갈 수 있었다. 군대는 일종의 성역이었다. 일본인 남자가 성인이 된 날, 징병 검사에서 선발되어 병사가 되고, 비로소 그 문으로 들어갈 수 있다. 당시의 감정으로는 이 문을 들어가는 것은 성대한 성인의식이고 특권이었다. 여자는 물론이고, 남자라도 조선인에게는 닫혀 있었다. 군인이 되는 것은 무사武士의 계급과 혼을 갖는 것과 비슷하다는 관념이 살아 있었기 때문에 군기를 소유하는 자들의 특권 의식은 강했다.

군기제 날, 대구 시내 사람들은 만국기와 군악대로 떠들썩한 80연대 병영 안으로 줄줄이 들어갔다. 조선인 아저씨와 아주머니들도 많이 구경하러 간다. 나도 육군 관사 옆에 이사와 있었기 때문에 초대를 받아 병영 안으로 들어갔다. 바자회와 간이음식점이 많고, 많은 사람으로 북적거리고 있었다. 연예장도 있었다. 벚꽃 아래에서 떠들고 있는 사람들도 있었다. 군인들도 술에 취했고 레코드가 확성기를 통해

현재의 달성공원 자리에 있었던 대구 신사

"당신이라고 부르면 당신이라고 대답해"[4]라든가, "우리 마누라는 수염이 있어"[5]라며 시끄럽게 울리고 있었다. 나는 연예장에서 본 도조스쿠이 춤[6]에 깜짝 놀라서 그 천박한 허리 놀림이 그대로 군기제의 이미지가 되어버려 두 번 다시 가려고 하지 않았다.

가을 마쓰리 때는 부모님과 역 앞까지 미코시(마쓰리 때 사용하는 신을 태운 가마―옮긴이)를 보러 갔다. 구경꾼들로 인해 꼼짝달싹 할 수 없는 번화가를 사자가 커다란 입을 뻐끔거리며 춤추며 걷는다. 그 사자가 무서워서 아버지에게 안겨 울었는데, 마찬가지로 동생들도 사자가 다가오자 울기 시작하는 것을 다른 사람 뒤에 숨어서 흠칫거리며

---

4 「두 사람은 젊다」라는 곡으로 사토 하치로 작사, 고가 마사오 작곡, 디크 미네, 호시 레이코 노래, 1935.

5 1936년에 나온 동일한 제목의 노래, 사토 하치로 작사, 고가 마사오 작곡, 스기 교지, 미치 야코 노래.

6 미꾸라지를 소쿠리로 건져 올리는 동작을 하는 춤. 허리 놀림이 징그럽게 보인다.

지고 행렬

쳐다봤다. 미코시 앞을 지고稚兒 행렬[7]이 지나갔다. 사내아이들이 오
다이리사마[8]를 방불케 할 정도로 차려입고, 부모의 손에 이끌려 홍백
의 밧줄을 끌며 느릿느릿 걸어간다.

　가을 마쓰리는 엄밀히 말하자면 추수감사제가 될 것이다. 우리도
그렇게 생각했다. 신사는 일본인이 제각기 우지가미(각 고장의 수호신
―옮긴이) 같은 걸 모시던 것을, 그 난립을 막고 국가신도國家神道로 통
일시키기 위해, 다이쇼大正 연간(1912~1926)에 각 부府·정町·촌村 등
행정 단위마다 신사를 하나씩 두기로 했다. 우리 일본인에게 있어서
는 남을 부린 논밭의 추수감사제였지만, 미코시를 함께 구경하는 조
선인 농민의 눈에는 군기제와 다름없어 보였을 것이다.

<hr />

7 절의 법요행사나 신사의 마쓰리 때 일본 고대 헤이안 시대 풍의 옷차림을 하고 참가하는 어
린이 행렬.
8 천황과 황후의 모습을 본떠서 만든 남녀 한 쌍의 인형.

집안 행사는 학교에서도 할 법한 것을 비교적 열심히 했다. 세쓰분節分[9] 때는 아버지가 도깨비 분장을 하고 소형 전구만 있는 어둑어둑한 집 어딘가에 숨어 있다가 아이들을 놀라게 하면 우리는 비명을 지르며 콩을 내던졌다. 히나마쓰리도 '히나단'이라는 인형장식 앞에서 식사를 했다. 칠석날은 아침 일찍 아버지와 연꽃 이슬을 받으러 갔다. 조릿대 장식은 어머니와 흰 종이로 은하수를 만들어 금은별을 날고, 색종이로 접은 장식과 소원을 적은 단자쿠(소원을 적는 가늘고 긴 헝겊이나 종이―옮긴이)를 함께 매달아 마당에 장식했다. 생일 축하도 받았다. 오봉(일본의 추석―옮긴이)에는 위패가 없는 작은 불단을 치가이다나(두 개의 판자를 아래위로 어긋나게 매어 단 선반―옮긴이)에 올리고, 꽈리와 시라타마당고(찹쌀가루로 만든 경단―옮긴이)를 바쳤다. 어머니가 오이와 가지로 작은 말을 만들어 보였다.

"이 말을 타고 조상님이 오시는 거야. 착한 아이가 아니면 실망하셔. 조상님은 뭐든 잘 보고 계셔. 거짓말을 해도 보고 계셔. 늘 어디선가 보고 계셔."

그렇게 말하며 가지로 만든 말을 꽈리 옆에 바쳤다. 늘 어디선가 보고 계신다는 말을 나는 믿었다. 스님이 와서 짧은 독경을 하고 가셨다.[10]

크리스마스에는 산타클로스가 우리가 잠든 사이에 와서 뭔가 선

---

9 입춘 전날로 매년 2월 3~4일경. 콩을 뿌려서 잡귀를 쫓는 풍습이 있다.
10 일본의 추석인 '오봉'은 원래 음력 7월 13~16일이지만, 현재는 대체로 양력 8월 13~16일에 지낸다. 불교행사에서 파생됐으며 이 시기에 죽은 조상들이 각 가정을 찾아온다고 믿기 때문에, 불단 앞에 조촐한 제사상을 차리고 독경을 외는 풍습이 있다. 제사상에는 오이와 가지를 올리는데, 나무젓가락 같은 걸 꽂아 다리를 만든 오이는 '말'을, 가지는 소를 상징한다. 조상이 오실 때는 말을 타고 빨리 오기를 빌고, 오봉이 끝난 후에는 소를 타고 천천히 돌아가기를 바란다는 의미다. 지역마다 약간 차이가 있기도 하다.

물해주었다. 연말에는 떡방아 찧는 사람이 들러 마당에서 떡을 쳐준다. 정월에는 후리소데(미혼 여성이 입는 소매가 긴 전통의복—옮긴이) 기모노를 입고 작은 명함을 들고 이웃집이나 친구 집에 새해 인사를 하러 갔다. 어머니에게 세뱃돈을 받는다. 어느 날 도넛판 레코드를 받았다. 축음기에 걸려고 하자 어머니가 "그거, 진짜 레코드일까? 뭘까요?" 하며 웃었다. 동생들도 레코드 그림이 그려진 봉지에서 꺼내어 "레코드야" 하고 말했지만, 초콜릿이었다.

아이들 사이에서 과외수업도 비교적 성행했다. 소학교에 들어가면 가정교사를 두는 아이도 있었고, 개별적으로 피아노를 배워 잘 치는 아이도 있었다. 발레나 일본 무용도 유행하고 있어서 발표회도 열렸다. 오시마이[11]를 배우는 아이도 있었다. 나는 습자학원에 다닐 뿐이었다. 검소한 생활태도가 갖춰지고 있었다.

그러나 당시의 일본은 쇼와의 불황기[12]로, 실업자가 30만이라고 말하던 시기다. 식민지의 이 평범한 생활은 내지에서는 도시생활자의 몫으로, 일반적으로는 사계절의 행락이나 온천여행은 물론이고, 식모를 두는 일 따윈 생각할 수도 없었다. 수도의 보급조차 일부 도시에만 가능했다.

친척이 내지에서 놀러오면 "호강하는구나"라는 말을 하곤 했다. 낡은 것, 불편한 것, 육체노동 따윈 반 친구 중 어느 집에서도 보지 못했다.

나에게는 만주 사변에 대한 기억은 없다. 만주국 건국은 1932년

---

11 전통가면극인 노가쿠能樂에서 반주와 의상을 갖추지 않고 노래만으로 추는 약식 춤.
12 1929년(쇼와 4) 10월에 미국에서 발생하여 전 세계적으로 확산된 대공황이 일본에도 영향을 미쳐 1930년부터 1931년에 걸쳐 일본 경제를 위기 상황에 빠뜨렸다.

히나마쓰리

내가 다섯 살, 아버지와 산책하러 가서 은하수를 봤다고 여겼던 때였고, 1936년 2월, 이제 곧 여동생도 1학년이 되는 겨울에 2·26사건[13]이 일어났다. 이것은 기억이 난다. 그 눈 오는 날 아침, 부모님의 대화를 통해 도쿄에서 청년 장교들이 장관들을 살해하여 계엄령이 선포되었다는 걸 알고, 반사적으로 하야카와早川 아저씨를 떠올렸다.

아버지는 육군 관사의 누구와도 교분이 없었지만, 그 무렵 소좌였던 하야카와 아저씨는 어찌된 영문인지, "모리사키 선생님 계십니까?" 하며 자주 오셨다. 그것도 조용히 현관으로 들어온다기보다, 어딘가 토라진 학생처럼 찾아와서 큰 소리로 부른다. 어떤 때는 당번병 없이 홀로 귀가하여, 어머니와 단둘이 사는 자기 집에서 말을 타고 담

---

13 일본 육군의 황도파 청년 장교들이 1483명의 병력을 이끌고 일으킨 반란 사건.

을 훌쩍 뛰어넘어 우리 집 마당으로 들어왔다.

나는 그날 아침 5센티미터 정도 쌓인 눈을 밟으며 등교하는 내내, 그 아저씨는 청년 장교의 동료라는 생각을 하며, 입 밖에 내지 못한 채 걱정을 했다. 묘하게도, 그 이후로 하야카와 아저씨를 못 보게 되어 '역시 그래, 어딘가 다른 군대로 쫓겨난 거야'라고 생각했었다.

여동생이 입학했다. 파란 옷에 레몬색 레이스로 된 커다란 옷깃이 예뻐서 나는 볼을 비볐다. 손을 잡고 등교한다.

학교에서 가정의 교육 방침에 대한 조사 용지가 배포되었다. 3학년 때 새로 바뀐 여교사였다. 귀가한 아버지가 기입한 후 나에게 건네면서 "자유방임이라고 써놨어"라고 말했다.

"자유란 가즈에가 옳다고 생각한 것은 구애받지 않고 해나가는 걸 말해. 방임이란 부모 입장에서 말하면 책임을 떠넘기는 것, 가즈에 입장에서 말하면 책임을 떠맡는 것. 알겠니?"

"알았어. 정말 고마워."

나는 아주 기뻤다. '믿어주는 거야'라고 생각했다. 하야카와 아저씨와 아버지가 가끔 자유에 대해서 이야기하는 걸 알고 있었다. 방문으로 이야기가 새어나왔다.

그런데 이 조사 용지를 선생님께 건네자, 안색이 변했다. 엄한 표정으로 나를 쳐다봤다. 나는 태연했다. 자유방임은 나의 보물이 되었기 때문이다.

그러나 선생님 태도는 차가웠다. 걸핏하면 따돌리려고 했다. 눈치채지 못하는 척 했었지만……. 예를 들면 5월 상순에 학예회가 있었다. 몇 명이 남아서 연습을 했다. 나도 거기에 섞여서 배웠다. 1, 2학년 때 담임 선생님이 안무를 하고, 신임 교사와 함께 연습하여 익힌 춤이다. 학예회가 끝나고 시내 사진관 아저씨가 와서 기념사진을 찍었다. 신임교사가 나와 후미코, 두 사람에게 포즈를 취하게 했다.

"아, 선생님 아니에요. 제가 이렇게 해서 목을 구부리고 서 있었어요."

"됐어, 너는. 선생님이 시키는 대로 해. 후미코, 네가 더 순순하고 좋아. 역시 가정의 교육 방침이 다르단 말이야. 고분고분하지 않으면 좋은 포즈도 못 취하네. 후미코, 네가 서는 자세를 해, 좀 더 목을 구부리고. 그래. 아, 귀여워. 자, 사진사 아저씨 부탁해요."

나는 '야단났네' 하는 생각이 들었지만, 부모님에게는 이야기하지 않기로 했다. 그리고 마음속으로 '이 선생님은 별로 훌륭한 사람이 아니구나' 하고 생각했다.

사진이 나왔다. 어머니가 손에 들고 보며 '어머!' 하는 표정으로 나를 쳐다봤다. 나는 씩 웃었다.

얼마 지나지 않아 가정 방문이 시작됐다.

"선생님, 이번에 우리 집 차례네요?"

후미코 집에서 나온 선생님을 쳐다보며 밖에서 기다리던 내가 말했다. 선생님은 대답해주지 않았다. 우리 집을 그냥 지나쳐 앞쪽으로 가는 선생님 옆에 붙어서 잠자코 걸었다. 다른 친구 집으로 들어간 선생님을 기다리는 동안, 뛰어가서 집에서 기다리는 어머니에게 말했다.

"선생님 사정으로 뒤로 미뤘어. 우리 차례가 되면 뛰어올 테니까, 엄마는 아기 볼일 보고 있어도 돼."

그리고 또 뛰어가서 선생님이 나오시는 걸 기다리러 갔다.

1936년 초여름 일이다. 당시는 자유라고 하면 붉은 사상이었다. 그 정도는 나도 어렴풋이 알고 있었다. 그래서 보물이 된 것이다. 마음속으로 자랑하고 있었다. 붉어서가 아니다. 세상은 붉다고 하지만, 그것은 훌륭한 일이다. 잘 설명할 순 없지만, 자유란 우리 아빠와 엄마 같은 것이다. 김씨 아저씨와 아줌마 같은 것이다. 선생님은 자유는 좋지 않다고 했지만, 저 선생님은 애인이 없으니까 그런 식으로 말씀하시는 것이다.

나는 선생님을 기다리며 끝없이 그렇게 생각했다.

선생님이 나와서 "오늘은 못 간다" 하고 돌아갔다.

아버지가 목욕탕 안이나 밭에 물을 주면서 부르는 노래는 많지 않다. "아내를 얻으니 재주가 뛰어나고, 용모가 아름답고……"[14]라는 노래와 「올드 블랙 조Old Black Joe」[15]라는 노래와 "수도의 서북쪽 와세다 숲에……"[16]라는 노래였다.

"아빠, 노래 못하네."

어머니가 트는 레코드에서 소프라노 세키야 도시코關屋敏子(1904~1941, 성악가이자 작곡가—옮긴이)의, "노래해요 그대여, 자, 노래해, 아아, 그대 노래해"[17]가 가늘고 높게 울려 퍼진다.

"비명을 지르는 것 같구나, 아빠가 더 잘 해."

아버지가 "수도의 서북쪽" 하며 팔을 흔들면서 노래한다. 나와 여동생은 "역시 너무 못해"라고 한다. "나는 너희 같은 공주님과는 달

---

14 「사람을 그리워하는 노래」, 요사노 데칸 작사, 작곡 미상. 1895년 일본어교육을 하던 한성漢城(서울의 옛 이름)의 을미의숙에 교사로 초빙된 요사노 데칸이 한성에 머물던 1897년 8월에 지은 시라고 한다.
15 미국의 작곡가 S. C. 포스터가 1860년에 작곡한 가곡.
16 모리사키의 아버지, 모리사키 구라지의 모교인 와세다대학 교가.
17 「밤의 음곡-세레나데」, Victor Marie Hugo 작사, Charles Francois Gounod 작곡, 곤도 사쿠후 번역.

라. 겐이치 오너라. 우리는 구마소[18]다."

아버지가 남동생을 자기편으로 만들고 뻐긴다. 우리는 뒤쫓아가고, 아버지는 도깨비 탈을 쓰고 반격했다.

출근하려고 신발을 신고 있는 아버지의 등 뒤로 질문을 했다.

"아빠, 구마소가 뭐야?"

"고대의 자유인이야. 나는 구마소야. 가즈에 같은 공주님과는 달리."

아버지가 웃으면서 뒤돌아봤다.

"가즈에도 공주님과는 달라~."

나는 수긍하지 않았다. 잇슨보시[19]에게 요술방망이를 휘두르는 주니히토에[20]를 입은 공주 그림이 떠올랐다. 나는 공주님은 좋아하지 않는다. 그것보다도 아버지가 갖고 있는 미술 전집에 나오는 비너스를 좋아한다. 아무것도 입지 않고, 바람을 맞으며 파도 위에서 이쪽을 보고 있다. 머리카락이 살랑 살랑 흩날리고 있어서, 서양 그림 속 여자는 보고 있으면 가슴이 두근댄다.

나는 자신도 구마소라고 하고 싶었지만, 아버지처럼 말할 수 없는 장애물이 자신의 안팎에 있다는 걸 느꼈다.

어느 날 아버지 방에서 화집을 본 뒤, 무심코 책장 서랍을 열었다. 와시(일본 전통 종이—옮긴이)를 둘로 접은 것이 몇 장 있었다. 위에 있는 걸 한 장 펼쳐 보니, 붓글씨로 중앙 상부에, 명명 가즈에和江라고 적혀 있었다. 아래쪽에 조금 작은 글씨로 "和(가즈)는 온화함을, 江(에)는 이리에入江(후미. 호수 또는 바다가 육지로 깊숙이 들어간 곳—옮긴이)

18 옛날 규슈의 사쓰마, 오스미, 휴가 지방에 살던 부족 이름.
19 일본의 전래 동화에 나오는 난쟁이.
20 옛날 상류 귀족 여성들이 여러 겹으로 겹쳐 입던 정장正裝.

와 같은 고요하고 풍요로운 성품을 닮기를 바란다"고 적혀 있었다. 당황해서 닫았다. 남의 비밀을 들여다 본 것처럼 부끄러워졌다.

나는 아이는 부모의 사랑 없이는 태어나지 않는 법이라고 생각했다. 어느 아이나 그렇게 생각했기 때문에, 아주머니가 아기를 허리 부근에 작고 얇은 이불로 동여매고 있는 걸 보면, 역시나 따뜻한 기분이 들었다. 아버지와 어머니는 말다툼하는 일도 없이 지냈기 때문에, 어디나 이렇다고 생각했다. 그리고 아이는 남녀의 사랑 없이는 태어나지 않지만, 남자나 여자나 사랑하는 사람을 만날 자유를 갖는 건 어려운 거라고 생각하고 있었다.

3

월견산 아랫길에서 어떤 부모가 자식과 함께 우리를 앞질러서 갔다.

"아, 아까 본 애야."

"귀여워……. 자고 있어."

바로 조금 전에 강당에서 춤을 보여준 다섯 살 정도의 아이는 아버지 등에서 자고 있었다. 새까만 단발머리의 아이누인[21] 아이다. 흡사 일본 인형을 방불케 하는 아이를 가운데에 두고 단상에 오른 아버지는 짙은 수염을 가다듬고, 감색 아쓰시[22]를 입고 있었다. 어머니는 문신을 한 입을 꼭 다문 채 우리를 바라봤다. 그리고 아버지가 인사를 하고, 어머니와 아이누어로 아이누 노래를 불렀다. 북도 쳤다. 여자아이는 부모의 노래에 맞춰 인형처럼 춤을 췄었다. 그 부모와 자식이 부리나케 간다.

"어디로 가세요?"

---

21 일본의 홋카이도와 러시아의 사할린, 쿠릴 열도 등지에 분포하는 소수민족.
22 아이누인이 옷감으로 쓰는 느티나무 껍질의 섬유로 짠 두껍고 질긴 천. 작업복 등으로 쓴다.

아이를 업고 있는 아이누인 부인

그 뒤에다 대고 말을 걸었다.

"저 학교에."

아이의 아버지가 월견산의 고등소학교를 손가락으로 가리켰다.

"거기서도 춤을 추세요?"

"그래. 아까는 고마워."

총총걸음으로 가버렸다. 단발머리가 찰랑거렸다. 아이 어머니는
등에 북과 보따리를 지고 있었다.

흘러 흘러서 도망가는 곳은

북쪽은 시베리아, 남쪽은 자바여

어느 땅을 묘소로 정하여……(고토 시운, 미야지마 이쿠호 작사)[23]

이런 유행가가 있었다. 고향에서 흘러나온 사람들은 정말로 시베리아에서 자바까지, 아니 더 멀리 호주와 남미까지 안주의 땅을 찾아서 이동했다. 조선에서 생활하는 사람도 고향을 떠나왔다는 사실에는 변함이 없지만, 우리에게 유랑의 느낌은 전혀 없었다. 구습舊習의 땅을 버리고 새로운 일본에서 살고 있다는 분위기가 어른 아이 누구에게나 있었다. 그리고 그 사회의 바람직한 모습에 대해서는, 교실에서의 나와 선생님처럼 눈에 보이지 않는 알력이 있었다.

나는 아키라와 매일 서로의 집을 왔다 갔다 하면서 놀기도 하고 공부하기도 했다. 아키라는 다른 남자 아이처럼 전쟁놀이를 좋아하지 않았다. 키가 훤칠한 아이로, 어머니를 닮은 작은 입매를 하고 있었다. 쉬는 시간에는 군인 아이가 지휘관이 되어 "돌격!" 하며 두 패로 갈라 노는 것을 아키라는 늑목(나무 기둥 사이에 가로대를 여럿 달아서 사다리 모양으로 만든 놀이기구—옮긴이) 위에 올라가서 바라보는 일이 많았다. 나는 고무줄넘기를 하며 여자 아이와 놀았다. 그러나 가고메 가고메[24]나 술래잡기는 남녀가 함께 놀았기 때문에 아키라도 원형이 되어, "바로 뒤에 누구~게"(가고메 가고메의 마지막 대사—옮긴이) 같은 걸 했다. 아키라는 다른 아이보다 조금 어려운 이야기를 했다. 나는 그것이 재미있었다.

여름이 다가온 길로 함께 귀가하고 있었을 때, 아키라는 내가 생각해본 적 없는 질문을 했다.

"가즈야, 여자 아이에게 가장 소중한 건 뭐라고 생각해?"

---

23 「방랑여행」, 1921년 경 유행.
24 눈을 가리고 앉아 있는 술래 주위를 여러 명이 에워싸고 노래하며 돌다가, 노래가 끝나 멈춰 섰을 때 술래에게 자기 등 뒤에 있는 사람이 누구인지를 알아맞히게 하는 놀이.

길가의 유리 조각이 반짝 빛났다. 대답이 궁했다.

어느 날 선생님이 불렀다.

"급장과 부급장끼리만 사이좋게 지내는 거 아니에요. 둘이서만 소곤소곤 거리면 아버지한테 이야기하겠어요."

"소곤소곤 거리지 않았어요. 집에서도 같이 놀아요. 아키라 어머니께도 물어보세요."

나는 틀림없이 얄미운 눈을 하고 있었을 것이라 생각한다. 공격당하면 힘이 난다.

"여자는 고분고분하지 않으면 안 돼요. 네, 하고 말하세요."

나는 어리둥절했다. 선생님이 은테 안경 너머로 짜증스런 시선을 띄고 있었기 때문이다.

"네. 알겠습니다. 조심하겠습니다."

나는 공손히 인사를 하고 교무실을 나왔다. 반듯한 용모의 삼십 대 선생님은 통치마를 입고 있었다. 히스테릭해지면 곤란하다. 그래도 아키라와 놀지 못하는 것은 싫었다.

어머니에게 이야기했다. 어머니가 나를 데리고 1, 2학년 때 담임 여교사 댁에 상담하러 갔다. 아직 젊은 선생님이 그녀의 모친과 함께 이야기를 들어주었다. 어머니도 나도 두 사람을 만나니 걱정이 사라졌다.

"이렇게 순순한 아이, 그리 없어요. 얌전하고 야무지고."

선생님은 잘 달래주었다.

"지금까지 하던 식으로 해도 돼요."

"그렇고말고요." 그녀의 어머니가 말씀하셨다.

집으로 돌아가는 길에 어머니가 "아아, 다행이야"라고 했다.

"아빠도 틀림없이 학교에서 힘들겠네."

위 1940년대 달성공원 학생들의 신사 참배 풍경
아래 신사 참배

어머니가 혼자 중얼거렸다.

봉산정소학교에서는 4월 17일과 10월 17일경 두 차례, 전교생이 정렬하여 대구신사를 참배했다. 4월은 신입생을 맞는 행사 중 하나였다. 가을은 '간나메사이神嘗祭'[25]와 연관 지어 그날 전후로 정해두었을 것이다. '간나메사이'라고 해도 젊은 사람들에게는 생소할지 모른다. 그해에 수확한 햅쌀을 천황이 이세신궁伊勢神宮[26]에 바치는 제사다.

대구신사를 참배하는 날은 공부를 별로 하지 않기 때문에 나는 기뻐했다. 1학년을 선두로 전교생이 신사까지 줄을 지어 걷는다.

대구신사는 멀었다. 이때는 '제1, 제2소학교에서는 가까워서 좋겠다'고 생각했다. 도리이鳥居(신사 입구에 세운 기둥 문—옮긴이)에서부터 굵은 자갈이 깔려 있는 참배 길을 걸어가서, 돌계단을 올라가 1학년부터 차례로 절을 하고 되돌아간다. 섣달 그믐날에는 화톳불이 활활 타오르던 경내도 텅 비어 있었다.

대구에서는 숫자 7이 붙는 날은 서문시장에 큰 장이 서기 때문에. 돌아가는 길에 시장 쪽에서 웅성거리는 소리가 들려오고, 우리가 줄지어 돌아가는 길에도 조선옷 차림의 사람들이 왔다 갔다 했다.

"여보가 가득하네."

급우가 말한다.

"진짜네. 하지만, 우리 아버지가 여보라고 하면 안 된다고 했어."

"왜? 우리 아버지는 여보라고 해."

시끄러운 수다에 이 대화도 묻혔다. 일본인은 여보라는 말을 조선인에 대해 비하하듯이 쓴다. 그것은 듣기 거북하다. 조선인끼리는 부

---

25 10월 17일에 거행하는 궁중 행사.
26 미에현三重縣 이세伊勢시에 있는 신사. 일본 왕실의 종묘.

를 때 '여보!'라고 하거나 '여보세요?'라고 한다. 그런데 일본인은 "여보는 구려" 따위로 쓴다.

나는 아버지가 "앞으로 일본은 교사와 경찰관에 제대로 된 생각을 가진 사람이 모이지 않으면 큰일이 날 거야. 조선인에 대해 여보 라는 식으로 말하는 친구가 있으면, 안 좋은 말이라고 가르쳐줘라" 하고 말했기 때문에 마음에 새기고 있었다.

집 뒤의 공터 맞은편은 향교였다. 다만, 공터에서 곧장 갈 수는 없었다. 철조망이 쳐져 있었다. 비탈길을 내려가서 아랫길로 가야 했다. 나는 언젠가 향교 경내에서 놀고 있을 때, 사당 안은 어떤 식으로 되어 있을까 하고, 문짝을 밀고 아주 작은 틈새로 얼굴을 들이댔다. 그러자 등 뒤에서 조선말로 꾸지람을 했다. 흰 수염이 난 아저씨였다. "가라!" 하고 노려봤다. 그때 도망쳐온 뒤로는 별로 가지 않는다.

그리고 며칠 후, 나는 혼자서 뒤 공터의 향교 가까운 부근에서 소꿉놀이에 쓸 풀을 뜯고 있었다. 무와 비슷한 흰 뿌리를 가진 풀이 있었기 때문에 그걸 찾고 있었던 것이다.

쭈그리고 앉아 있던 내가 얼굴을 들자, 철조망이 있는 곳에 여자아이가 서서 나를 보고 있었다. 눈이 마주쳐서 방긋 웃었다. 나는 다가갔다. 여자 아이가 한 손에 쥐고 있던 것을 두세 개 주었다. 나무껍질 같았다. "먹어봐" 하고 말하듯이 그 아이는 한 개를 입에 물었다. 나도 입에 물었다. 공기가 싸 하고 흐르는 것 같은 맛이었다. 둘이서 함께 씩 웃었다. 그리고 가위 바위 보를 하고, 이기면 옆으로 움직이며 놀았다. 철조망을 따라 이쪽과 저쪽에서.

향교 옆 조선 가옥에서 큰소리가 났다. 그 아이를 불렀는지 '네' 하고 대답하고, 나를 잠깐 쳐다보다가 뛰어갔다.

1920년대 현재의 자리로 옮겨온 대구 서문시장

이튿날 공터에서 기다렸다. 그 아이는 나오지 않았다. 그다음 날에도……. 틀림없이 저 집 아이가 아니고 저기에 놀러온 어느 집 아이일 거라고 나는 생각했다. 조선인과 접할 기회는 적었고, 둘이서 논 것은 처음이었다. 그런데 다시 만날 일은 없었다. 그리고 몇 년이 지나, '그 나무껍질 맛은 계피였구나' 하고 알게 되었다.

그 아이도 3학년 정도라고 생각했는데, 학교는 다니지 않았을 것이다. 일본어는 못했기 때문이다. 우리는 한마디도 하지 않고, 그래도 재미있게 놀았었다.

그 공터의 서쪽 잡목림 잎이 떨어질 무렵이다. 땅거미 속을 숲 쪽으로 시커먼 게 달려가는 것을 보았다. 개보다도 마르고 크게 여겨졌다.

"늑대가 달려갔어!"

나는 집에 뛰어들어가서 소리쳤다.

늑대라는 것을 본 적은 없었지만, 산과 들에 있는 동물이었기 때문이다.

어머니가 느긋하게 응답했다.

"이런 시내에 늑대는 없지? 이리와 동류 아니야? 늑대는, 있잖아, (식모)언니야, 늑대는 산에 있지?"

"네, 여기에는 없어요."

"이리야?"

"닭을 잡아간다고 노인들이 말하지만, 모르겠어요."

"역시 본 적 없어?"

"네."

"어떤 동물일까……?"

저녁 식사 후 바느질 수선을 하던 어머니는 고개를 갸웃했다. 사전에는 늑대는 조선 이리라고 나와 있는데 그 수는 적어졌을 것이다.

그리고 하루 이틀 뒤 화장실 창문 너머로, 나는 땅거미 속에서 소년의 모습을 보았다. 잽싸게 숲으로 사라졌다. 내 쪽을 쳐다봤지만, 아무에게도 말하지 않았다. 서쪽 잡목림 아래는 벼랑이었기 때문에 나는 가까이 가는 일은 없었다. 그런데 사람이 다니는 길이 있는지, 가끔 조선인 아주머니가 올라오는 일이 있었다.

여태까지 깨닫지 못한 것이 어느 순간 "어머!" 하는 생각이 들듯이 눈에 들어온다. 그중 하나는 등하교 때 다니는 논밭 속 길의 학교 근처 모습이다. 우리는 밭 속 옛길을 지나서 소학교 근처까지 오면 샛길로 접어든다. 그 샛길은 기와지붕으로 된 조선인 주택지 안을 가로지르고 있었다. 기역자 모양의 조선 기옥은 어느 집이나 집집마다 높은 담에 둘러쳐져 있다. 집과 집 사이에는 사람 하나가 걸을 수 있을 정도의 좁은 길이 꼬불꼬불하게 안으로 나 있다. 우리 통행인이 다니는 길은 그 집들을 가로질러 바깥 버스길로 이어졌다.

이 길에는 상점도 있었다. 여태까지 그 길은 밭 속을 걷듯이 부담 없는 길이었는데, 요즘은 내가 걸어가면 조선인 남자 아이들이 일제히, '휘!' 하고 휘파람을 불어댄다. 조선말로 "뽀뽀할까? 싫어?"라고 한다. '뭘 물어보는 거지?' 하고 생각했다. 그 눈은 하나같이 장난기 가 어렸다. 어느 날 "뭐?" 하고 물었다가, '와' 하고 놀림을 받았기 때문에 이후로 대답을 하지 않는다. 그들은 양손으로 퍽 하고 소리를 내며, 묘한 손짓을 해보인다. 점점 마음에 걸렸다.

등교할 때는 그들도 책가방을 메고 보통학교에 가니까, 부산하고 어수선했을 것이다. '휘!' 하고 휘파람 정도만 불고 지나간다. 양손을 사용해 기묘한 동작으로 주먹을 내밀고 가는 아이도 있다. 그런데 귀 갓길에서는 하교한 그들이 길에서 딱지치기를 하고 있다. 혼자서 집에 갈 때는 질려버린다.

나는 가타쿠라제사 앞까지 가서, 길을 돌아서 집에 가기로 했다. 그렇지만 남자 아이는 어디에나 있었다. 조선인 남자 아이는, 학교 옆에 사는 아이와 마찬가지로 어느 아이도 나를 그냥 내버려두진 않았다.

3학년도 막바지에 가까워져 수업시간이 늘어나서 귀가는 늦어진다. 겨울에는 이미 저녁 해가 진다. 지름길로 가고 싶어진 나는 학교를 나오자, 그 조선 가옥 사이로 난 길을 살피다, 괜찮다는 판단이 들자 뛰어들어가며 냅다 달렸다. 높은 담장 안에서 그들은 저녁밥을 먹고 있을 것이다. 안은 전혀 들여다볼 수 없지만, 이따금 빨간색이나 녹색 같은 창틀이 엿보였다. '아, 안심이야, 이제 조금만 더 가면 돼' 하고 총총걸음으로 걸어가고 있자, 좁은 골목에서 짧은 바지를 입은 소년이 튀어나와서, '보지!' 하고 기쁜 듯이 외친다. 때로는 집 안에서 아주머니가 날카로운 목소리로 꾸짖기도 했다.

4학년이 되었다.

반이 바뀌었다. 담임 선생님도 바뀌었는데, 아키라와 헤어졌다. 남녀반이 따로 따로 된 것이다. 뜻밖이었다.

내지의 교육은 1학년 때부터 남자아 여자는 따로 한다고 들었다. 케케묵었다고 생각했다. 4학년 교실은 2층의 이쪽과 저쪽이 됐다. 수업 내용도 여자 아이는 바느질, 남자 아이는 공작이 추가되어 각각 특별교실로 간다. 가끔 복도에서 아키라를 만나 선 채로 이야기를 하고 있으면, 스쳐 지나가는 남자 아이가 "남자랑 여자랑 얼레리 꼴레리" 하고 놀린다. 그래도 하교하고 우리는 왕래했다. 아키라는 우리 집이 이사한 직후에 찾아와서 "전에 살던 집이 더 좋았어"라고 했다. 나는 부모님이 수영장 계절이 오기 전에 옮겼을 거라고 생각했다. 육군관사 수영장이 더 활기차서, 거기에 못 들어가는 우리가 몹시 섭섭해했기 때문이다.

어느 날 저녁, 아버지가 황급히 집에 돌아와서 바로 외출 준비를 했다. 어머니는 허둥지둥하며 둘이서 뭔가 이야기를 나눈다.

"가즈에, 잠깐 오너라."

어머니가 불렀다.

"뭐?"

"아키라 아버님이 돌아가셨어."

"왜!"

나는 두 사람을 쳐다봤다.

"급환으로 쓰러지셨어, 일 때문에 출장 가셔서."

"아키라 어떡해?"

아버지가 "오늘 밤은 아빠가 만나고 올게. 가즈에는 장례식이 끝난 후에 기운 내도록 위로해주거라" 하고 말했다.

"지금쯤은 어머님과 모시러 가고 있겠죠."

나는 말이 나오지 않는다.

"도청 사람들도 대거 모여 오늘은 상가에서 밤을 새니까, 아키라도 든든해 할 거야."

'그래도 어른들 뿐이잖아' 하고 생각한다. 대답할 수 없어서 우두커니 서 있자, 어머니가 "아버님을 대신해서 아키라는 집안의 기둥이 됐어. 그치?" 하고 말했다.

아키라가 한 집안의 기둥이 되었다는 말을 듣고 슬픔이 북받쳤다. 아름다운 어머님도 불쌍했다.

장례식은 경상북도의 도장道葬으로 극진하게 거행된 것은 아닐까? 여자 반이 된 나는 참석하지 못했다. 바로 얼마 전까지 같은 반 친구였는데, 우리 반에서는 아무도 아키라의 갑작스런 불행을 몰랐다.

아이는 따돌린 채 모든 게 끝나버렸다. 학교에서 아키라를 좀처럼 만날 수 없어서, 집에 찾아가서 위로하려고 시학관 관사로 갔다. 그런데 어머님도 개도 없고, 텅 빈 집은 다음 전임자専任者를 위해 청소가 되어 있었다.

왕릉

1

칠석날 밤 루거우차오盧溝橋 사건[1]이 일어났다.

그것은 베이징 교외의 루거우차오에서, '지나군이 철도 경비 중인 일본군에게 공격을 가했다'는 것이었다. 일본군은 지나 군인을 쫓아내고 있다고 했다. 그 전에도 종종 비적匪賊과의 전투가 보도되고 있었기 때문에 비슷한 사건일 거라고 생각했다. 1937년 7월 7일, 나는 4학년이었다. 루거우차오 사건은 그동안 거듭된 지나 군인의 방해 행위를 '철저히 소탕하느라 좀 오래 걸리는 것 같다'라고 해서, 7월 20일 이후에, 80연대도 출정했다.

군기를 선두로 많은 장병이 출정하는 것을 우리 소학생들도 중앙로 조선은행[2] 사거리에 전교생이 정렬하여 배웅했다. 작은 일장기를 흔들며 만세를 부르는 인파 속으로 후미코의 아버지도 말을 타고 역

---

1 1937년 7월 7일 밤, 중국 베이징 서남부의 루거우차오 부근에서 일본군과 중국군이 충돌한 사건으로 중일전쟁의 발단이 되었다.
2 조선은행 대구지점. 현재 지하철 1호선 중앙로역 4번 출구 근처 구 하나은행 지점 자리.

위 중앙로
아래 조선은행

을 향해 갔다. 그 밖에 여러 명의 친구 아버지가 출정했고, 제3소학교에서는 곧바로 위문편지를 쓰고 위문품 주머니[3]를 만들어 보냈다.

나뿐만 아니라 많은 일본인은 루거우차오 사건을 흔히 일어나는 충돌 중 하나로 여겼을 거라 본다. 그리고 그 사건이 비적을 상대로 한 것이 아니라, 장제스蔣介石 총통이 통솔하는 정부 군대와의 전투라는 걸 알고 나서도 철도 연선의 치안을 둘러싼 국지전이라는 생각을 했을 것이다. 대부분의 일본인은 단기간에 전투는 수습될 줄 알았다. '루거우차오 사건이 일본 관동군의 의도적인 도발에 따른 것'이라는 걸 알게 된 것은 패전 후의 일이다.

당시의 일본은 메이지 유신 이래 서구 선진국의 제도를 도입하여 징병제를 실시하고, 부국강병을 국시國是로 삼으며 국력을 키워오고 있었다. 일본 남아는 스무 살이 되면 징병검사를 받고 합격하면 군대에 들어간다. 모든 남자가 군대의 일원이 될 수 있다는 것에 거부감을 드러내는 옛 무사武士 계급도 있었다. 하지만 유신 후 불과 20여 년 만에 그 병사들로 이루어진 군대가 청나라 군대를 무찌르고, 대만을 영토로 포함시키고 나아가 러시아를 무찌를 만큼 강력한 무기가 되었을 때, 국민개병제도는 널리 인정받게 되었다. 국가는 전쟁의 불안을 잊어버리고, 그 영광밖에 모르는 젊은이들을 국민으로 키워나갔다. 전쟁의 영광은 전쟁 찬미로 이어진다. 나 같은 어린아이도 전쟁을 악惡이라 여길 여지가 없는 사회적인 분위기 속에 살고 있었다. 또래의 남자 친구도 그리고 다섯 살짜리 내 남동생도, "나는 군인을 정말 좋아해. 언젠가 어른이 되면 훈장을 달고 검劍을 들고……"[4]라는 동요를

---

3 출정한 군인들을 위문하기 위해 편지, 일용품, 오락품 등을 넣은 봉지.
4 「나는 군인을 정말 좋아해」, 미즈타니 마사루 작사, 고야마 사쿠노스케 작곡. 발표 연도 미상.

불렀다. 청일전쟁과 러일전쟁 양쪽 모두에 참가한 할아버지들의 무용담은 마을마다 화롯가에서 살아 숨 쉬고 있었다. 전쟁에 나가 죽는 것은 지상 최고의 명예가 되었다.

전쟁은 영광뿐만이 아니라, 구체적인 이익을 가져다주는 것이었다. 자본의 축적은 급속하게 증가했다. 일본인은 신영토의 지배층으로 쏟아져 나왔다. 지나라고 부르던 중국 영토 내에 만주국을 만든 후 북지나, 중지나, 남지나 각지에도 일본인은 지도자로서 계속 도항했다. '얀추'라 부르던 인력거를 타는 건 일본인이었고, '얀추'를 끌고 달리는 건 지나인이었다. 우리는 지나라는 호칭을 중국 대륙의 민족을 총칭하는 정식 이름이라 생각하고 의심하지 않고 살았다. 그곳은 다민족 대륙으로 국토는 통일되어 있지 않았을 뿐만 아니라, 서구 제국의 조차지까지 있었다. 장제스 총통은 중화민국 국민정부의 통솔자이지만, 국민정부에 대립하는 사람들이 있어서 내전을 계속하고 있었다. 그 대립하는 군대는 독립을 목표로 하는 혁명군이었는데, 일본인은 팔로군이라 부르며 비적과 다름없는 불평분자 집단이라고 얕보고 있었다. 이 거대한 대륙을 지나라고 총칭하며, 내부 실정에 어두워서 싸우면 대번에 이긴다는 마음만 부풀리고 있었다.

우리 아이들은 전쟁에서 질 수도 있다는 생각을 할 힘 따윈 없었다. 80연대가 출정해서 기분이 들떠 있었다. 경기에 나선 선수를 배웅하듯이.

"후미코, 아버지는 어디로 가셨어?"

"북지나야. 80연대는 다 북지나야."

우리는 제3소학교가 특별히 디자인을 정하여 주문한 면으로 된 여름용 흰 원피스 교복을 입고 연지색 넥타이를 매고 등하교하며, 출정

장교의 자녀가 다니는 학교를 자랑스러워했다. 연일 전승 소식이 들어왔다. 위문품 주머니에 대한 감사장이 도착했다. 교실에 환성이 터졌다.

어린 마음에도 대일본제국의 영광을 맛보았다. 이 세상이 시작될 때부터 쭉 이랬다고 느꼈다. 우리는 점령지가 확대되는 것에 대해 왁자지껄 떠들며 이야기를 나눴다. 나는 여름 햇살이 풀숲에 아른아른 피어오르는 것처럼 마음이 설렜고 장교의 자녀들이 큰소리로 나누는 점령지 정보에 마음이 들떴다.

이런 우리에게 군생활의 고생을 실감하라고 80연대에서 수선이 필요한 군복을 잔뜩 보내왔다. 4학년도 여름 방학 기간 중 며칠을 등교해서 단추 달기나 단춧구멍 오버로크 치는 일을 했다. 군복은 잘 빨아두었는데도, 땀 냄새가 났다. 상급생은 재봉틀 방에서 수선을 했다.

부상병 이야기도 드문드문 들었다.

여기는 고향을 몇 백리
떠나 먼 만주의
붉은 석양이 비치고
친구는 들 가의 돌 아래
(마시모 히센 작사)[5]

군가를 통해 회상하는 전쟁터는 넓은 산야山野다. 나는 사람이 사

---

5 「전우」, 미요시 가즈오키 작곡, 1905.

는 동네에서 전쟁을 하고 있을 거라는 생각은 하지도 못한다. 연전연승 소식이 신문과 라디오에 활기를 불어넣어주었다. 그리고 12월 적敵의 수도 난징南京이 함락되었다. 전국에서 낮에는 깃발 행렬, 밤에는 제등행렬이 있었다. 사범학교가 주최한 지나사변에 관한 아동화전에 나는 센닌바리千人針[6]와 제등행렬을 출품해 둘 다 입선했다. 이해에도, 그 전해에도 후쿠오카福岡 일일신문사가 주최한 서일본·조선 아동 스케치전이 있어서, 조선은 어린이의 세계도 서일본문화권에 포함되어 있다는 걸 느끼게 했다. 전쟁과 동시에 조선은 서일본뿐만 아니라 일본 내지의 전위적前衛的인 곳이라는 기분이 들었다.

그런데 장제스가 난징을 버리고 정부를 충칭重慶으로 옮겨 철저 항전 태세에 들어갔다는 보도가 있은 후, 어린 마음에도 전국戰局이 전혀 진전되지 않게 되었다는 걸 느꼈다. 남자들이 장제스의 목을 싹둑 자르는 놀이를 했다. 일본, 독일, 이탈리아 3국 방공협정을 우리는 스포츠 협정처럼 신나듯이 얘기하곤 했지만, 그게 점점 마음으로 빌게 되는 전쟁 시국이다. 정월이 지나고, 눈 장난이 즐거운 한겨울에도 진전이 없다.

이렇게 마음이 들뜨지 않는 1938년 이른 봄 무렵, 조선과 대만 등 식민지의 청년을 대상으로 한 병력 증강이 추진되고 있었지만, 나는 아직 몰랐다. 겨울 풍경이라든가 난로 그림을 그리며 놀았다. 그것은 겨울 방학이 끝나고, 강 얼음도 녹을 것 같은 화창한 날이었다. 응접실에서 목소리가 새어 나왔는데, "마흔 살 될까 말까한 나이에 교장

---

6 전쟁에 출정나간 군인들의 무운과 안녕을 기원하는 의미에서 하나의 천에 천 명의 여성이 붉은 실로 한 땀씩 매듭을 만들어준 일종의 부적 같은 것. 청일전쟁과 러일전쟁 무렵부터 생겨났으며 중일전쟁 이후 많이 만들어졌다고 한다.

같은……"이라며 손님이 어머니에게 인사했다. 무슨 일일까 순간 생각했지만 금세 잊어버렸다. 어머니는 부산해졌다. 친하게 지내는 미야하라宮原 아줌마와 뭔가 의논하고 있다. 둘이서 이불을 꿰매기 시작했다. 2, 3일 동안 어머니와 아줌마는 여학생들처럼 소곤소곤 이야기하더니, 머리에 수건을 쓰고 명주솜을 맞당긴다. 그 두 사람이 볕이 잘 드는 미닫이문을 등지고 실루엣처럼 움직이고 있었다.

식모 언니가 남동생 옷을 갈아입히던 일요일, 아버지가 "얘기할 게 좀 있으니까 다들 오너라"고 하셨다.

"나 스케이트 타는 데 데려가준대."

"금방 끝나니까 기다리라고 해.

겐이치健一는 봉산정소학교 입학을 고대하고 있지만, 이번에 아빠 일 때문에 딴 고장으로 가게 됐어."

"어디로!"

우리는 곧바로 아버지 곁에 모였다.

"경주."

"어떡해, 나."

"누나들과 같은 학교에 갈 수 있어. 가즈에和江도 세쓰코節子도 학교가 바뀌는 건 싫겠지만, 참아주지 않을래?"

"전학!"

우리는 술렁거렸다. "전학 따윈 싫어" 하고 말했지만, 이윽고 "괜찮아, 아무렇지 않아" 하며 차분해졌다.

"경주중학교는 앞으로 생길 중학교로 아직 학교 건물도 없어. 아빠는 거기 교장선생님이야."

"학교가 없는데, 어째서 교장선생님이야?"

남동생이 물었다.

"경주는 조선이 옛날 신라라고 불리던 시절의 도읍지야. 내지의 나라奈良처럼 옛 도읍지. 거기에 이규인李圭寅이라는 훌륭한 어르신이 계셔. 경주 이씨라고 해서, 헤이시平氏니 겐지源氏니 하는 것과 마찬가지로, 오랜 명문씨족이 있어. 그중 한 분이야. 그 할아버지가 이씨 가문의 학교를 세우려고 하셨어."

"자신들 가문의 학교를 말이에요?"

어머니가 놀랐다.

"그래. 이전에 양반들은 서당이니 서원이니 가문의 자제를 교육하는 데라코야寺子屋[7]풍의 학교를 가지고 있었어. 그런데 자제 교육을 더 넓은 교육의 장으로 만들려는 생각을 하셨어. 그게 경주중학교의 기초가 된 거야."

우리는 '흐음' 하고 말했다.

"이 선생님은 수봉秀峯이라는 아호를 가진 교양 있는 분이야. 이수봉 씨가 학교의 주인인 사립학교를 총독부가 겨우 허가했어. 아빠는 이 선생님을 도와서 도청과 총독부에 몇 번이나 갔어. 공립수준의 중학교로 허가해달라고."

"그렇게 됐어요?"

"뭐 한번 해보라는 식으로 됐어. 학교 주인이 이수봉 씨, 이사장이 그 자제인 이채우李採雨 씨 그리고 나보고 교장을 하라고 해서, 조선인과 내지인이 모두 다니는 공립중학교로 발족하게 됐어."

"그래요……?"

---

7 에도시대에 서민 자제에게 읽기, 쓰기, 산수의 기초를 가르친 사설교육기관.

"아이코愛子에게 부탁이 있어."

"네."

어머니가 손을 무릎에 가지런히 모았다.

"우리 집에도 사람이 찾아오실 거야. 교사校舍 건설도 이제부터 시작이고. 내가 집에 없을 때 어떤 분이 오시더라도 물품을 받지 말아줘."

"네."

어머니는 아버지보다 아홉 살 연하였다.

"경주는 좋은 곳이야. 조선인은 긍지 높고 견실한 사람들이 많아. 전통이 있는 고장에 아빠는 좋은 학교를 만들고 싶어."

남동생은 아버지 동료 선생님을 따라 스케이트를 타러 갔다.

이해가 우리 가족들에게는 비약적인 시기였다고 나중에 가서 생각했다. 그런데 실은 일본도 커다란 전환점에 와 있었다. 4월에 정부는 조선인 청소년을 대상으로 지원병제도를 시행했다. 그 전에도 중등학교 이상의 조선인 학교에 현역 장교가 배속된 곳도 있었다. 그런데 그것은 사상 통제 때문이었다. 합방에 의해 조선인도 일본 국민이라고 규정하고는 있었지만, 정부는 군대와 관료를 비롯하여 권력의 주변은 물론이고, 사회적인 활동의 장에 조선인을 들이지 않았다. 그것에 대해 일본인과 똑같이, '모든 장場에서 문호를 개방해야 한다'는 요청이 조선인들로부터 끊임없이 나오고 있었다. 그 거듭되는 운동이 있은 후에야, 하급 경찰관에 지극히 적은 수의 인원을 채용했을 뿐, 일본의 여러 제도는 조선인의 진출을 계속 억제하고 있었다.

그 최대 구실은 '국어를 못하기 때문'이라는 것이었다. 그렇지만 중학교 5년을 졸업하고, 고등학교와 대학교로 지극히 좁은 진학의 길을 통과한 조선인 젊은이는 일본어는 물론이고, 세계에 대한 인식력도 뛰어났다. 그런데도 일본 사회는 조선인에게 개방적이지 않았다.

그렇지만 전쟁의 형세가 호전되지 않는 일본의 상황은 심각해져 갔다. 나는 아주 훗날, 1938년 조선에서의 교육 행정의 변화를 일본의 패전과 중첩시켜 생각하게 되었다. 이해에 몇 차례 조선교육령이 나와, 조선에 사는 일본인과 조선인의 교육에 변화가 생겼다. 여태까지 조선인과는 따로 나눠서 교육을 하던 소학교와 중학교가 제도의 일부분이 완화되어 공학共學 학교가 생긴 것이다. 그 숫자는 아직 얼마 되지 않았다. 하지만 그것은 조선인 청소년을 대상으로 한 지원병 제도의 시행과 병행하고 있었다. 경주중학교가 사립으로 인가된 이후 공립으로 발족하도록 변해간 것은 문호의 평등을 바라는 사람들의 소원과는 또 다른 의도가 정치·군사적으로 작용한 결과라 생각한다.

이해에 조선인 소학교와 중학교의 호칭도 바뀌었다. 소학교는 보통학교, 중학교는 고등보통학교라고 말하던 것이 모두 일본인 학교와 마찬가지로 소학교와 중학교라고 부르게 되었다. 대구고등보통학교는 경북중학교로 학교명이 바뀌었다.[8] 아버지는 학교명이 바뀐 그 중학교와 작별하고 대구부大邱府를 떠났다. 이렇게 해서 학교 주인과 이사장이 경주 이씨이고, 교장에 모리사키 구라지森崎 庫次가 임명되어 5년제 경주중학교가 발족됐다.

이 공학共學 체제는 머지않아 공병共兵 체제라는 비탈길로 떨어져 내려가게 된다. 하지만 지나 대륙에 감돌고 있는 전운이 수습되기를

---

8 대구고등보통학교는 1938년 조선교육령으로 경북공립중학교가 되었다.

바라는 우리는 식민지라는 정치 체제는 불변하는 것이라 여겼기 때문에 공학은 진리의 공유로 이어진다는 생각에 매사에 노력하려 했다.

이수봉 씨는 우리가 경주로 옮기기 전후에 돌아가신 것 같다. 나는 뵐 기회를 갖지 못했다. 그리고 그 자제인 채우 씨와는 같은 마을 주민처럼 종종 만났고, 나들이도 같이 갔다. 바다낚시도 데려가주셔서 배 안에서 낚아 올린 생선을 먹으며 좋아했다. 채우 씨의 자녀들도 머잖아 중학교에 진학했다. 이채우 씨는 키도 크고 옷맵시도 좋은 근대적 신사였다. 괴팍해 보이는 마흔 살 전후의 나이였다. 처음 만났을 때, 이 분이 아버지를 경계하신다는 생각이 들었다. 다른 사람에게는 볼 수 없는 대립적인 눈초리에 나는 이씨 집안의 억누를 수 없는 심정을 느꼈다.

아버지는 우리와 잡담할 때 종종 창립자의 이상理想이 자신의 이상과 통한다고 하셨다. 그래서 조선인과 일본인이 함께 입학하는 공학 체제 속에서 설립자의 이념을 살리는 것이 자신의 일이라고 생각했을 것이다. 그런데 그것은 일본인 입장에서 본 공학의 이상이지, 조선인 입장에서 보면 애당초 식민지주의 자체가 적敵인 것이다. 어쨌든 당시의 조선에서는 조선인의 주체성을 존중하는 공학 체제는 쉬운 일이 아니라는 것을, 교내가 아닌 외부 일본인과의 관계에서 몹시 힘들어하는 아버지를 통해 나는 역력히 보게 되었다. 양자兩者의 평등이니 공평이니 하는 이념을 일반 일본인에게서는 볼 수 없는 게 보통이었다. 나는 소학교 고학년이 됨에 따라, 일본인의 강렬한 조선인 멸시를 알게 되었다. 특히 자유방임이라고 써준 가정의 교육 방침을 읽은 담임 여교사의 반응을 통해 그것을 알게 되었다. "여보학교 선생 자식이니까 말이야!" 세상은 과연 이렇구나 하고 알게 되었지만, 나는 부모님의 생활 태도를 좋아했기 때문에 '여보'라고 말하는 사람은 마음이 더러워진 것이라고 생각했다.

그러나 아버지와 이사장의 이념이 어디에 있든, 그것은 '쉬저우徐州[9], 쉬저우로 인마人馬는 진군한다'[10]라고 슬픈 선율로 노래하는 서민 감정과 함께, 내선일체內鮮一體를 온통 슬로건으로 하는 격전체제에 농락당하는 세월이었다고 할 수 있다. 그리고 그 속에서 나 역시도 지금껏 없던 밀도 짙고 무거운 세계가 침투해오는 것을 느끼기 시작했다.

아버지가 전임하는 날, 우리 자매는 세일러복에 같은 초록색 모자를 썼다. 남동생은 감색 반바지 차림의 소학생용 옷이었다. 아버지가 꾸밈없이 진실하게 하라고 했기 때문에 이 복장으로 정했다. 어머니는 헤어 고데기로 머리를 다듬고, 엷은 색조의 쓰케사게 기모노[11]에 후쿠로오비[12]를 매고 눈을 곧잘 내리깔고 있었다.

이 시기의 이사와 전학은 나 개인에게는 시야의 확장을 가져온 뜻밖의 사건이었다. 5학년에게 어울리는 환경이 주어진 것이다. 전쟁도 부모님도 먼 세계의 일처럼 여길 만큼 나는 경주에 매료되기 시작했다. 게다가 고맙게도 경주소학교는 작은 학교였기 때문에 우리 반은 남녀가 뒤섞인 40여 명이었다. 남녀별 교육에 대한 우울한 기분은 모두 사라졌다. 담임인 야마모토 미요시山元三嘉 선생님은 열정이 넘치는 스물 두세 살 정도의 총각 교사였다. 급우들도 매력적이고 야성적이다. 콧물을 흘리는 아이를 처음 보았다. 코를 비비기 때문에 옷 소맷

9 중국 장쑤성 서북부에 있는 시. 옛 이름은 동산銅山.
10 「보리와 병사」, 후지타 마사토 작사, 오무라 노쇼 작곡, 전시 가요, 1938.
11 약식 예복으로 어깨·소매·옷깃 부분에 독립된 문양이 있는데, 무늬가 모두 같은 방향으로 된 것이 특징.
12 전대 모양으로 속이 비게 짠 기모노용 띠. 주로 정장이나 예장으로 사용.

부리가 굳어져서 번들거렸다. 경주보다 더 시골에서 자란 아이도 있었는데, 소학교에 입학할 때까지는 조선말로 놀았다고 했다. 그 아이가 조선말로 숫자 세는 법을 '하나' '둘' '셋' '넷' '다섯' '여섯' '일곱' '여덟' '아홉' 하는 식으로 가르쳐주었다. 여자 아이는 유치원풍의 검은색 덧옷을 사복 위에 입고 있는 아이가 많았다. 교복 같았다. 그 때문인지 어느 아이나 부모님의 직업 티가 나지 않고, 순진하게 서로 깅닌치고 놀았다. 봉산정소학교의 분위기를 가진 아이는 남자 아이인 세쓰로節朗, 여자 아이인 유미優美 정도였다. '세쓰로는 어머니가 공부만 시켜'라고 남자 아이가 놀리는 걸 세쓰로는 그냥 받아넘겼다. 여기서도 역시 완력이 센 녀석이 대장이었다. 잘 보면 순진한 아이만 있는 건 아니었다. 어리지만 무뢰한 무리가 있었다. 우두머리와 부하가 있었다. 독불장군도 있어서, 그 아이는 위협적이었다. 나는 전학 직후, 혼자 집으로 가고 있을 때 그 아이가 접이식 나이프를 들이대는 바람에 도랑에 한쪽 발이 빠진 채로 서로를 노려보았다. 그 아이의 눈을 빤히 쳐다보고 있자 나이프를 접고 떠나갔다. 아무튼 다양했다.

야마모토 선생님은 4학년 때부터 계속 담임을 맡았는지 어느 아이나 무척 따르고 있었다. 비가 오는 날은 아이들이 선생님 책상에 다가가 무릎에 앉기도 하고 머리를 잡아당기기도 하고, 분필로 팔에 낙서를 하기도 했다. 남자 아이는 선생님 등에까지 올라탔다. 그런데 수업 시간에는 선생님이 무서웠다. 여하튼 회초리로 때렸다. 때린 수만큼, 자기 팔을 학생에게 때리게 해서 팔은 새빨개졌다.

비 오는 날이면 소년소설(아동문학 ─옮긴이)을 읽어주셨다. 나는 눈을 감고 들으며 감격의 눈물을 흘렸다. 안심하고 학교에 책을 가져와서 틈만 나면 읽었다. 선생님이 책벌레라고 별명을 붙였고, 책을 펴면 "책벌레, 밖에서 놀아" 하고 쫓아내셨다.

체육 시간도 유쾌했고, 럭비를 했다. 조금 추워도 체육복으로 갈아입고 팔 다리도 내놓은 채 찬바람 부는 교정에서 서로 부딪쳤다. 스크럼도 태클도 힘껏 했다. 살짝 토라진 독불장군도 이때는 토라지는 걸 잊어버린다. 우두머리도 부하에게 당하고 만다. 전쟁놀이가 서툰 세쓰로는 태클도 잘 하지 못했다. 나도 누군가에게 덤벼들어 휘둘리다가 신발이 통째로 날아갔다. 정말로 재미있어서 쉬는 시간이 되면 "선생님 럭비해요"라며 다가가서 다 같이 소란을 피웠다.

남녀별 수업 따윈 없으므로, 나도 바느질 대신에 농업시간에 거름통을 짊어졌다.

"모리사키! 비틀대지마! 시골 향수가 튀어!"

친구들은 능숙했다. 특히 소맷부리가 번들거린 남자 아이는 솔선해서 지휘했다. 국자 같은 도구로 변소 푸기도 했다. 나도 능숙하게 똥과 오줌을 퍼내 통에 담게 되었다. 그 통을 멜대로 짊어지고, 완만한 비탈길을 걸을 수 있게 되었다. 남들처럼 할 수 있게 된 기쁨이 땅에 스며드는 비료처럼 작업 시간을 즐겁게 만들었다. 퇴비도 만들었다. 농원 한쪽 구석에 풀을 쌓고, 비료를 치고, 또 풀이랑 흙을 뿌리고 나서 선생님이 덮개를 덮었다. 나는 야마모토 선생님을 훨씬 더 좋아하게 되었고 존경했다. 나도 선생님 무릎에 앉기도 하고 수염에 볼을 비빌 수도 있었다.

"선생님 수염, 수세미 같아. 깎지 않으면 색시가 시집 안 와요."

선생님은 하숙하고 있었다. 하숙집에도 반 친구들은 떼로 모여 있었다. 나는 가끔 남아서 세쓰로와 함께 삼색판 프린트를 만들었다. 선생님의 자작 창가唱歌를 적은 프린트에 작은 삽화를 넣어 인쇄했다.

나는 보기 드문 선생님을 만나 공부가 재미있어져서 아침마다 하는 목측目測 같은 건 백발백중으로 맞출 정도였다. 분명히 남녀별로 따로 하는 교육이나 자유는 악惡이라는 생각에 반발했던 기분의 반동일 것이다. 나 스스로도 차분하게 무럭무럭 자라고 있구나 하는 생각을 하게 되었다. 목측이란 계량기 없이 길이나 면적이나 무게를 알아맞히는 것인데, 선생님이 말하길

"늘 자나 저울을 가지고 살아가진 않아. 순간적인 판단이 중요해. 그 기초가 생기면 평생 득이야. 너희 총알을 피할 때 뛰어가서 재고 다시 도망치니?"

'맞아, 그렇지'라는 생각을 하며 목측의 중요성을 깨닫게 되었다. 나에게 작은 경주소학교는 마음을 바칠 만한 훌륭한 학교였다.

이 학교에 다닐 때 살던 우리 집은 특이해서 동생들도 이제껏 없는 놀이를 집안에서 발명했다. 우리 가족을 위해 이 선생님이 마련해준 집이다. 양반 집에 다다미 등을 넣어 개조했을 것이다. 기와집이었고 주변은 조선인들이 사는 기와집이 모여 있었다. 좁은 골목길을 사이에 두고 조용한 저택이 있었다.

우리 집은 문을 들어오면 좁은 자갈길이 마루가 높은 사랑채로 향했다. 넓은 사랑채에 넓은 툇마루가 붙어 있었다. 마루 밑이 높아서 동생들은 툇마루 밑을 몰래 소꿉놀이하는 집으로 삼았다. 정면을 사용하면 꾸지람을 듣기 때문에, 싸리꽃이 살랑대는 동쪽 마루 밑에서 소꿉놀이 손님을 초대했다. 안채와 사랑채는 기역자 모양으로 복도로 연결되어 있고, 다다미방이 두 개다. 그 안채와 나란히 약간 낮게 온돌방이 있었다. 온돌은 돌로 만든 구들이 바닥 밑에 설치되어 있었다. 겨울에는 아궁이에서 장작을 지폈다. 구들을 지나간 불길과 연기

로 돌이 데워져 방은 바닥 아래 전체가 따끈따끈해졌다. 여름에는 서늘해서 기분이 좋았다. 습기가 없는 조선의 전통적인 주택구조였다.

온돌방에 이어 부엌이었다. 여기에 펌프가 있었다. 양손으로 펌프 손잡이를 잡고 아래위로 끽끽 움직이면, 첨벙첨벙 물이 나왔다. 물은 물통에 모인다. 부엌은 마루방이었다.

뒤뜰에 우물이 있고, 우물에는 지붕이 있었다. 근처에 헛간. 헛간과 나란히 콘크리트로 된 약간 널찍한 낮은 장독대가 있었다.

"양반들은 이 위에 장 단지를 여러 개 세워둬."

어머니가 설명했다. 여기는 남동생이 딱지치기를 하는 곳이 되었다.

사랑채 앞 화단에는 커다란 모란과 작약이 여러 포기 심어져 있고, 담을 따라 대나무가 흔들거리고 있었다. 목욕탕이 안채 뒤편에 있고, 복도에서 두세 단 되는 나무 발판을 내려가게 되어 있었다. 우리는 여기를 뛰어올라갔다 내려갔다 하며 놀았다.

전체적으로 손질을 잘 하며 산 집이라는 느낌이 들었다. 우리는 사랑채의 넓은 툇마루 옆에서 자홍색 꽃을 살랑살랑 흔드는 싸리를 바라봤다. 자못 조선과 어울리는 것 같았다. 여동생이 그 꽃을 소꿉놀이 접시에 담았다.

이 집에서 내가 제일 좋아한 것은 마당을 둘러싸고 있는 토담이었다. 흙이 단단하게 굳어 있고, 강변 돌 같은 둥근 돌이 살짝 보인다. 돌은 여러 단으로 똑바로 늘어서 있었다. 토담 위에는 기와지붕이 올라가 있고 회반죽으로 고정시켜 놓았다. 그 담은 높아서 밖에서 집안은 들여다볼 수 없었지만, 시멘트 담장처럼 무뚝뚝하지 않고, 판자 울타리처럼 궁상스럽지도 않았다. 벽돌담의 거드름도 없었다. 그리고 흙으로만 된 허전함도 없었다. 적당한 부드러움과 위엄으로 외계를

식모와 아기

차단하며 빙 둘러싸고 있었다. 토담은 새 것은 아니었다. 뒤쪽으로 가면 담 안의 돌 숫자도 적어져서, 흙은 흘러내리기 쉬워 보였다.

문 앞은 좁은 길로, 안쪽 저택으로 통할 뿐이었다. 치마저고리를 입은 우리 또래의 여자 아이가 저택에서 나와 모른 체하며 지나갔다.

"예쁘네."

여동생과 속삭였다.

우리가 사는 셋집 문 앞에 있는 토담도 그 소녀의 집인지, 늘 조용했다. 가끔 소녀의 집에서 일하는 아주머니의 아이가 우리 집 문 쪽에서 서성거리고 있었다. 세 살 정도의 남자 아이였다.

경주는 경주군 경주읍이라고 했다. 군청이 있지만, 인구는 3만 정도나 될까? 1932년 당시는 조선인 1만6500여 명, 일본인 840여 명, 중국인 이외의 외국인이 30여 명이라고 기록에 나와 있다. 조용한 마을이었다. 그런데 경주소학교도, 대구지방법원 지청도, 경찰서도, 우체국도, 산업조합, 박물관, 의원醫院도 당시부터 있었고, 일본인 상점이 옛 성 안팎으로 늘어서, 시가지 도로는 옛 도읍지를 연상케 하듯 종횡으로 정연한 조리제條里制¹³의 자취가 있었다. 당시의 역은 성 밖의 봉황대鳳凰臺라 부르는 고분 옆인데, 내가 이사했을 때는 새 역은 사원寺院처럼 휘어진 지붕을 하고 시가지 동쪽으로 옮겨져 있었다.

오늘날, 한국의 도시 경주는 관광지로 번창하고 있다. 인구 약 14만의 지방 도시로, 관광의 대상은 신라 시대의 유적이 최우선이다. 수학여행 온 학생이나 가족 나들이객들이 모인다. 한국 여행을 오는 일본인도 이곳을 찾는다. 식민지 시절의 자취는 없다. 나는 안심한다. 그렇지만 한국 사람들은 앞으로도 잊지는 않을 것이다. 옛 도읍지 경주가 한 때 일본인에 의해 더럽혀졌다는 것을⋯⋯. 나 역시 그것을 망각하는 일은 없을 것이다.

신라는 고대에 조선반도(한반도—옮긴이)를 최초로 통일한 나라다. 『만요슈萬葉集』(일본에서 가장 오래된 가집—옮긴이)에도 그 신라국으로 간 일본인 사절 일행이 읊은 시가詩歌가 수록되어 있다. 그중 하나다.

다카시키竹敷의 단풍을 보니 사랑하는 그대가 기다리겠노라 한 그때가 벌써 왔구나.

---

13 고대부터 중세 후기까지 실시된 일본의 토지구획제도. 토지를 6정町(약 654미터) 사방의 정사각형으로 나누고, 남북을 1조, 2조, 동서를 1리, 2리 하는 식으로 붙였다.

위 봉황대. 경주 시내 남쪽. 강 너머에는 봉황대와 황남대총 등
거대한 신라 능묘들, 월성, 오릉 그리고 남산의 북쪽 끝자락 등이 보인다.
(국립경주박물관, 『신라문물연구』 6-7)

아래 경주 시내 중심부로 초가가 밀집해 있다. 멀리 보이는 검은색 지붕의 대형 건물이
경주역이고 그 주변에는 관공서, 병원 등의 신식 건물이 지어져 있다.
(국립경주박물관, 『신라문물연구』 6-7)

위 경주 남산과 서천의 다리들이 보인다.(국립경주박물관, 『신라문물연구』 6-7)
아래 서천(형산강). 경주 시내 서북쪽.(국립경주박물관, 『신라문물연구』 6-7)

'단풍이 들 무렵에는 돌아오겠다'고 말하고 고향을 떠났는데, 그때가 와도 돌아갈 수 없는 머나먼 나라였던 것이다. 나에게는 만요인萬葉人이 찾아온 당시의 도읍지의 운치가 아직도 경주 사람들에게서 풍기는 것 같았다. 그렇게 느껴버릴 만큼의 심오한 분위기를 경주중학교 관계자들은 어른 아이 할 것 없이 풍기고 있었다.

경주로 이사하고 조금 지난 신록의 계절, 가족들끼리 무열왕릉武烈王陵에 산책하러 갔다.

밭을 통과하거나 집들을 지나가거나 하며 시가지 서쪽 외곽으로 나간다. 이 고장의 밭에는 자갈이 흩어지듯이 신라 기와가 어지러이 흩어져 있다. 아이들도 신기해하지 않는다. 서쪽으로 나가면 서천西川이 흐르고 있다. 다리를 건너 대구행 기차와 나란히 가는 넓은 길을 간다. 대구와 경주를 잇는 길이다. 포플러 가로수 양쪽에 고분이 여러 개 있다. 도중에 언덕을 오른다. 그리고 경주평야를 한눈에 보는 구릉지에 작은 산처럼 커다란 고분이 잔디에 뒤덮여 잠들어 있는 것을 본다. 주위는 솔밭이다. 사람들의 모습은 없다. 무열왕릉이었다. 그 둥근 꼭대기의 풀에 누워도 용서받을 것 같은 하늘과의 조화가 정말이지 우아해서, 무열왕 사후死後 1200년 남짓 하는 세월이 그 주위를 감싸는 듯했다.

왕릉 앞 잔디밭에 거대한 바다거북 석상石像이 내 키만큼이나 목을 쭉 쳐들고 있었다.

"거북이 목 부위를 봐보렴. 돌 색깔이 발그스름하지. 옛날 사람들은 위대해. 이 거북이는 단 하나의 큰 바위로 되어 있는데, 바로 턱 밑에 저 색깔이 번지도록 만들었구나."

아버지가 쓰다듬었다. 우리도 따라 했다. 거북이는 너무 커서 등딱

163

지에 걸터앉을 수 있을 것 같지 않다.

"이 거북이는 임금님의 부적인가?" 하며 어머니가 바라본다.

"비석을 등에 태우고 있었어."

"이 위에 말이에요?"

넉넉하게 퍼진 거북이 등 중앙에는 용龍을 부조浮彫한 돌 받침대가 있다. 왕의 이름을 적은 비석은 그 위에 서 있었다고 한다. 우리는 왕릉에 절을 했다. 아버지가 능을 보며 이야기한다.

"무열왕武烈王의 이름은 김춘추金春秋였어. 젊을 때는 일본과 당唐나라에 사절로 간 사람이야. 백제와 고구려를 평정해서 조선반도를 통일한 훌륭한 왕이야. 가신家臣 중에 김유신金庾信이라는 장군이 있어. 그 당시 일본은 말이야, 백제와 친하게 지냈어. 그래서 신라가 백제와 싸울 때 무열왕과 김유신은 일본군과도 싸웠어. 그리고 반도 천년의 초석이 되었어."

"초석이 뭐야?"

남동생이 말한다.

"마루 밑의 장사[14]야. 집도 역시 기초가 튼튼하지 않으면 바람이 불면 쓰러져."

잡초 속에 흰 민들레와 클로버가 피어 있다. 여동생과 클로버 꽃을 따서 목걸이를 만든다.

"널찍하네요……."

"곧바로 정면에 부옇게 보이는 산이 있지? 토함산이야. 토함산에서는 맑은 날 동해가 보인대. 그 산에 석굴암이 있어. 예의 그 커다란 석

---

14 표면에 나서지 않고 뒤에서 애써주는 조력자라는 의미로 쓰이는 속담.

불이야. 토함산 기슭이 불국사니까 말이야. 신라시대에는 이 평야에 불국사까지 도읍지의 집들이 끝없이 이어져 있었대."

"애석하네요. 그렇게 큰 도읍지……."

"경주중학교 건물을 건설 중인 곳은 바로 궁전의 중앙 부근이 아닐까 하는 말이 있어. 여기서 시가지를 넘어가서, 그다지 뚜렷이 보이지는 않지만, 알려나? 안압지 방향이야."

'어디 어디' 하며 우리도 아버지가 손가락으로 가리키는 쪽을 봤다. 어머니는 양산을 쓰고 있었다.

쉬저우徐州가 간신히 함락되고 전쟁은 이제 슬슬 끝나나 했는데, 중지나와 남지나로 군대가 출정出征하고 나서 점차 점령 보고가 뜸해졌다. 그런데 경주에는 병영이 없었기 때문에 쉬저우가 함락되고 난 후에는, 나는 별로 신경을 쓰지 않게 되었다.

오릉五陵에 갔다.

그것은 경주 교외를 남쪽 방향으로 걸어가서 문천汶川이 서천과 합류하는 부근에 잔디가 뒤덮인 다섯 개의 왕릉이 있는 곳이었다. 푸른 동산이 가까이 붙듯이 솔밭에 둘러싸여 있을 뿐이다. 단지 그것뿐인데, 나는 몸에 전류가 흐르는 것처럼 감동을 받고 조용해졌다. 왕과 왕비의 목소리를 듣는 줄 알았다. 경주하면 이날의 정적靜寂이 되살아나서 나에게 감회가 솟는다.

우리 가족의 산책은 특별한 예정도 없이 틈을 보아 훌쩍 나간다. 오릉을 따라 남산 뒤쪽으로 돌아서 포석정鮑石亭 터에도 갔다. 이것은 나의 심금을 울리기에는 부족한 궁전의 놀이마당이었다. 곡수연曲水

위 경주 오릉 원경(국립중앙박물관 소장 조선총독부 박물관 유리건판 자료)
아래 오릉(국립중앙박물관 소장 조선총독부 박물관 유리건판 자료)

宴[15]을 하는 곳으로, 술잔을 띄운 물이 흐른다는 그 인공 수류水流의 좁은 규모가 시시했다. 술잔이 떠내려올 때까지 시문詩文을 하나 짓는 것이다.

계림鷄林에 처음 간 것은 초가을이었다. 낙엽수림의 가지들이 굵직굵직하게 구부러져 허공에서 뒤엉켜 있었다. 토담으로 둘러싸인 작은 사당이 있었다. 나뭇가지 끝 사이로 비치는 빛 속을 걸으며 아버지가 이야기했다.

"아주 옛날에 이 숲에서 자꾸만 닭 우는 소리가 들렸어. '이상하네' 하며 마을 사람들이 보러 왔어. 그러자 나뭇가지에 반짝반짝 빛나는 게 있었어. 무엇일 것 같아?"

"뭐지?"

"금궤."

"금궤였어?"

"그 밑 부분에서 흰 닭이 울고 있었대."

"그게 이 숲인 거구나."

그날도 어머니는 양산을 쓰고 있었다. 남동생이 숲 속을 달렸다.

"마을 사람이 금궤를 열었더니 그 안에 사내아이가 있었어."

"흐음."

"그 아이가 임금님이 되었어. 신라의 맨 첫 임금님의 신화야."

이야기를 들으며 걷는 숲은 향기로 가득 찼다.

유적은 밭 속과 산과 들에 벌거숭이인 채로 있었다. 불국사의 석굴암조차도 산꼭대기에 외따로 있어서 산길은 좁게 닦아놨을 뿐, 고대

---

15 옛날 선비들이 음력 3월 삼짇날. 정원의 곡수에 술잔을 띄우고 자기 앞으로 떠내려올 때까지 시를 읊던 연회.

위 계림

아래 계림(국립중앙박물관 소장 조선총독부 박물관 유리건판 자료)

의 시간이 떠돌며 남아 있는 듯했다. 오랜 세월을 거친 석불이나 석조물을 보고 있으면 그 아름다움에 넋을 잃어버린다. 나는 석굴암의 대불보다도 벽의 부조 불상을 더 좋아했다. 굉장히 우아하고 아름답게 여겨 꿈도 꿨다. 옛 도읍지에 여러 대에 걸쳐 살고 있는 사람들의 자손인 남자 아이들은 대구의 동네 아이들처럼 나를 놀리는 일이 없었다. 거기에 정착한 일본인의 경박함이 눈에 띌 정도로 그들은 기품을 지니고 있었다. 그런데 나에게는 이 옛 도읍지의 사람들이 지금의 상황을 신라의 멸망과 중첩시켜 생각하고 있을 거라는 상상력은 없었다.

아버지를 따라 박물관에 가서, 관장인 오사카 긴타로大坂 金太郎 선생님을 만났다. 이제 예순쯤 되신 분이었다. 조선인 소학교에 오랫동안 근무하셨다고 했다. 그것은 한일합방 이전부터다. 러일전쟁 개시 전 홋카이도北海道에서 청년 오사카 긴타로는 러시아의 조선 침략을 우려하여 조선어 공부를 하고, 러시아와 조선의 국경으로 건너갔다고 한다. 나에게는 상상하기 힘든 메이지 중기의, 아직 국력이 안정되지 않은 일본과 조선이 오사카 선생님 기억 속에는 가득 차 있었다. 홋카이도에 사는 청년이 러시아 군대가 주둔해 있던 북부 조선의 국경 도시로 건너가는 이야기는 당시의 홋카이도가 바다 너머에 있는 러시아를 진심으로 두려워했다는 것을 나에게 알려주었다. 아주 나중에 가서, 마찬가지로 러시아의 남하에 민감한 규슈九州 출신 대륙 낭인大陸浪人[16]들이 합방 전 조선반도를 왕래하며, 친러파 조선인에 대응하고 친일파 조선인과 접촉했는데, 그것이 마침내는 한일합방을 추진하는 결과가 되었다는 것을 알게 되었다.

---

16 메이지시대 초기에서 제2차 세계대전 패전 때까지 중국 대륙, 유라시아 대륙, 시베리아와 동북아시아를 중심으로 각지를 방랑하며 각종 정치활동을 벌이던 일본인 무리.

위 석굴암
가운데 불상부조 1
아래 불상부조 2

아버지는 오사카 선생님과 의자에 걸터앉은 채로 잠시 이야기를 하고 있었다. 나는 두 사람의 대화가 흥미 범위를 벗어나 있었기 때문에, 혼자서 관내의 출토품을 보며 걸어다녔다. 케이스 속에는 수많은 기와와 항아리 그리고 금관과 구슬 장식이 진열되어 있었다.

내가 박물관 뜰로 나갔을 때, 선생님이 아버지와 함께 다가와서 거기에 보존되어 있는 종의 전설을 이야기해주셨다. 옛날에 종을 만들 때 몇 차례 만들어도 좋은 음색이 나지 않자, 결국 어린 여자 아이를 제물로 바친 이야기였다. 종에 부조되어 있는 한 쌍의 선녀가 그 아이 같았다. 종을 쳐주셨다. 소리의 여운이 오래 갔다. 소리가 사라졌나 싶을 때 느리게 굽이쳐 돌아 커지면서 어린 여자애가 흐느껴 울기라도 하는 듯 공명共鳴한다. 조선 사람들은 그 음색이 '어머니를 부르는

위 오사카 긴타로 부부, 1931년 3월 15일(국립경주박물관, 『신라문물연구』 6-7)
아래 조선총독부 박물관 경주 분관에서 촬영.
맨 왼쪽이 오사카 긴타로(국립경주박물관, 『신라문물연구』 6-7)

소리로 들린다고 했다.

박물관에서 작별 인사를 할 때, 선생님은 저서 『경주의 전설』을 나에게 주셨다. "잘 간직해라" 하고 아버지가 말했다. 나중에 내지로 유학 갈 때 지참하고 패전 후에도 들고 다닌 책이다.

친구와 오사카 선생님 집 옆을 지나가고 있을 때, 친구가 말했다.

"이 집 사람, 괴짜야. 일본인보다도 조선인을 더 좋아해. 조선인의 편을 들어. 아주머니들을 모아서 글자를 가르치기도 하고 바느질을 가르치기도 하고 자기도 조선옷을 입어. 그래서 말이야, 일본인들은 상종하지 않으려고 해. 우리 아버지와 식구들은 상종하지 않아."

"그래?"

나는 어른이 되면 오사카 선생님과 같은 학자가 되고 싶다고 생각했다.

2

하루걸러 장이 서고 큰 장과 작은 장이 번갈아 열린다. 큰 장은 근교
에 있는 마을에서도 사고파는 사람들이 모여든다. 우리가 통학하는
길에도 시장에서 밀려나온 엿장수가 가위소리를 철꺽철꺽 내며 길에
서 엿을 판다.

그것을 조선장이라고 했다.

어머니와 같이 가서 엿을 샀다. 길에 서서 장사를 하는 엿장수는
목에 걸고 있는 상자에 가루를 쫙 깔고 흰 엿이랑 호두랑 참깨 등을
넣은 엿을 가지런히 늘어놓고 있다. "하나, 주소!" 하고 말하면 상자를
덮고 있는 천을 걷고 고르도록 했다. 얇은 판자 모양을 한 엿 외에도
아무렇게나 막 자른 작은 엿도 있었다.

시장 안은 들끓고 있었다. 여러 갈래의 두꺼운 천으로 천막이 쳐
져 있고, 그 밑에 등을 맞댄 가게들이 늘어선다. 땅에 멍석을 깔고 고
추를 파는 사람, 말린 대추와 약초를 파는 사람, 소금, 밤, 무, 사과, 곶
감, 전복, 소라, 젓갈, 해초, 쇠고기 등 여러 가지 물건이 팔린다. 소 등

이나 짐수레, 지게나 아주머니들이 머리에 이고 날라온 것이다. 큰 소리로 거래를 한다. 곡류는 되로 수북이 담아서 재고, 그 외의 물건은 큰 대저울에 단다. 추가 딸린 휴대용 저울이다. 가게 앞에 쭈그리고 앉아서 품평을 하고 있는 여자의 치마가 땅에 착 들러붙는다. 그녀의 등을 타넘고 가는 남자. 음식점 천막 안에 앉아 사발에 푼 밥을 먹는 손님. 깜짝 놀란 것은 큰 냄비 속에서 부글부글 끓고 있던 돼지 머리나. 심이 나는 건너편에서 아주머니들이 치마가 걸리적거리지 않도록 가는 끈으로 허리를 꽉 졸라매고 씩씩하게 일한다. 저고리 아래가 끈 때문에 똥배처럼 불룩해진다.

소반가게는 다리 달린 식사용 상을 높이 쌓아놓고 있다. 조선인의 식사는 옛날 일본인과 마찬가지로 한 사람씩 차리는 밥상이기 때문에 손님들은 다섯, 여섯 개씩 사 간다. 질주전자 깔개와 아주 흡사한 짚으로 만든 깔개도 있었다. 여자들이 머리 위에 얹고 운반할 때 쓰는 깔개였다. 이것을 머리에 얹고 나서 짐을 올린다. 죽세품도 많았다. 손잡이가 달린 세로로 기다란 삼각형 소쿠리[17]도 팔았다. 여기에 쌀을 넣어 흐르는 시냇물에서 씻는다. 쌀에 섞여 있는 돌을 없애는 거라고 들었다.

그리고 요강도 팔았다. 둥근 도자기 항아리다. 새하얀 것과 파란색 그림이 그려져 있는 것, 연한 핑크색으로 된 것들이 여러 개씩 짚으로 묶어 쌓여 있다. 등교할 때 아침마다 개울에서 여자들이 그것을 씻고 있었다. 짚단에 재를 묻혀 싹싹 닦아 반짝반짝 광을 낸다. 강물에 담가둔 채 수다를 떠는 여자들이 반짝이는 항아리를 들고 일어서면,

---

17 조리에 대한 설명인 것 같다.

물방울이 아침 햇살 속으로 뚝뚝 떨어졌다.

"예쁘네. 김치를 담는 거겠지?" 친구에게 그렇게 말해 웃음을 샀다.

"요강이야, 저거."

"요강이라니?"

"오줌 누는 거야. 밤에 방안에 놔두고, 오줌을 눠."

옛날 서양의 성城 이야기와 똑같다고 생각했다.

하루걸러 서는 장은 도시 생활의 리듬이 되어 있었다. 대구의 장은 이곳의 몇 배나 된다고 들었지만 본 적이 없었기 때문에, 장에 온 건 여기가 처음이다. 나는 동생들과 어머니를 따라 자주 갔다. 어머니도 재미있는지 천천히 둘러본다. 뭔가를 발견하고, 조선말로 "얼마?" 하고 묻는다. 그리고 "아, 비싸요" 한다. 비싸요라는 조선말은 틀림없이 여기서 배웠을 것이다. 일본인은 보통 시내 상점의 물건을 이용했다. 큰 장에서도 팔지 않는 물건이 여러 가지 있었기 때문이다. 된장과 간 장도 조선의 그것과 약간 다르고, 밥공기도 숟가락도 옷감도 신발도 다르기 때문이다. 하지만 시장은 즐거웠다.

추석이라는 명절은 일본인의 오봉과 같다. 그날이 다가오면 시장 안은 몹시 붐빈다. 제수용품들이 불티나게 팔린다. 설날이 다가오면 포목점 앞에 여자 손님이 떼 지어 모였다. 포목점은 시장 안쪽에 여러 채가 나란히 있어서 가게는 형형색색의 옷감 벽이다. 빨강, 노랑, 녹색 등은 옅은 색에서 짙은 색까지 실로 다양하여 여자들은 색깔의 배합 을 궁리한다.

평소에는 흰 옷이나 짙은 색 치마를 입는 경우가 많지만, 나들이옷 은 남녀 모두 화려하다. 포목점 주인에게 이것저것 보여달라고 한다. 아이 옷은 주홍색 치마에 녹색 저고리 같은 것이다. 아가씨와 젊은 주부는 치마저고리를 엷은 색으로 동일하게 하고, 동정(저고리나 두루마기의 깃 위쪽에 다는 흰색의 긴 헝겊—옮긴이)과 소매 끝동, 가슴 부위의 옷고름을 다른 색으로 쓰고 있다. 무늬가 없는 색을 배합하는 것이다. 옷감은 모두 단색으로 산뜻하지만, 배합하면 차분한 멋이 나는 것을 여자들은 좋아한다. 연말에 부는 바람이 포목점 천막에 펼쳐놓은 옷감 쪽으로 펄럭펄럭 분다. 어머니가 뭔가 장을 보고 있을 때, 옷감을 고르고 있는 아주머니들의 펄럭이는 치마를 나는 멀리서 바라본다.

겨울은 두루마기를 입는 남자가 많아진다. 옷 기장이 긴 코트다. 봄가을에는 흰색 홑겹 두루마기지만, 초겨울 찬바람이 부는 계절이 되면 검정, 짙은 갈색, 강청색, 회색 등이 눈에 띈다. 노인용은 얇게 명주솜이 들어 있었다. 소년들 중에도 검정 두루마기를 입고 있는 아이가 있었는데, 흰색 동정을 댄 정장용 나들이옷이다. 여자들도 나이가 지긋한 사람은 두루마기를 걸친다. 베이지와 그레이가 선호되는 것 같았다.

두루마기 차림의 남자들은 손에 긴 곰방대를 들고, 발치에 흰 버선을 반짝이며 느긋하게 걸어간다. 버선은 천으로 기운 양말이다. 두루마기는 일할 때 입는 옷이 아니라서, 시장에는 이런 차림을 한 사람들은 별로 오지 않는다. 일할 때 입는 옷은 솜을 넣은 저고리와 바지, 그 위에 솜을 넣은 조끼를 입는다. 주머니가 여러 개 달려 있었다.

큰 장날은 저녁때까지 북적거리기 때문에, 하교할 때 나무 그늘에서 잡담을 하고 있는 아저씨들을 만난다. 얼굴을 붉게 물들이고 삼삼오오 담소를 나누고 있어서, 조선인은 정말로 한가롭게 지내는구나 싶었다. 수리치비(술집—옮긴이)에 들러 막카리(막걸리—옮긴이)를 사발에 철철 넘치게 부어 마신 사람들이다. 서너 명이서 '좋다, 좋다' 하며 춤을 춘다. 여름에도 겨울에도……. 수리치비는 술집이고, 막카리는 탁주濁酒라는 걸 어느덧 나도 알게 되었다. 춤추는 아저씨 옆에는 나무에 묶어둔 소의 고삐를 풀고 있는 사람, 소달구지를 덜거덕 덜거덕 움직이고 있는 사람, 길고 통통한 갈치 대가리와 꼬리를 연결하여 원모양으로 만들어 지게에 매달아둔 사람 등이 있다. 그 곁을 머리 위에 짐을 얹은 아주머니가 "뭘 꾸물대고 있어!" 하는 기색으로 호통을 치고 간다. 고무신에 들어간 모래를 발끝을 움직이며 탁탁 털고 가는 아주머니. 나는 이 사람들 사이를 헤치듯이 걸어갔다. 장이 파할 무렵에는 온기가 있었다. 저고리 목 언저리로 보이는 가슴은 남자나 여자나 햇볕에 타서 두껍다.

저녁노을이 사라질 시각이 되자, 멀고 가까운 곳에서 아이를 부르는 아주머니들의 목소리가 들판에 울려 퍼진다. '양순이~' 하는 식으로 느리고 길게 집밖을 향해 아이 이름을 부른다. 저녁식사 시간을 알리고 있는 것이었다.

경주로 이사 와서 양반이라는 말이 사회적 계층이라는 걸 알게 되었다. 단지 부자라는 말이 아니다. 그것은 오히려 새로운 뉘앙스라고 하는 편이 옳은 것 같다. 양반이란 조선시대의 지배계급으로, 지방 행정도 양반들이 처리했다. 그러나 양반은 조선시대 이전부터 명문가이기도 하다. 고려, 신라 시대로 거슬러 올라가 그 시대에 이미 지배계급이던 사람들이다. 경주에는 조선에서 가장 오래된 시대부터 이어져온 명문가들이 있었다. 그들은 각각 시조전승始祖傳承을 갖고 있었다. 넓은 토지와 많은 고용인. 또 문필에 뛰어난 여러 명의 선조를 배출하고 문고文庫를 가진 씨족, 유연하여 사람들의 존경을 받고 집안 대대로 이어진 가훈이 있다. '정치에 관여하지 말라'는 가르침을 지키고 있는 가문도 있다. 풍부한 학식으로 사람들을 다스려온 가계家系였다.

그중에는 나 같은 어린아이의 눈에도 대인大人이구나 싶은 사람이 있었다. 흰 턱수염을 기른 온후하고 성실한 최긍崔肯 씨의 인품은 일본인의 무례한 행동 따윈 꾹 참고 늘 한결 큰 미소를 보내온다. 거드름 피우는 일본인 중학교 관계자 때문에 몹시 고심하는 아버지를 가만히 지켜봐주고 있는 것처럼 보였다. 그 정도로 풍격風格이 있었다. 경주 최씨 중에는 일찍이 가토 기요마사加藤清正[18]가 침입해왔을 때 일본군을 무찌르고 전사한 최진립崔震立이 있었다. 또 저명한 문인 최세학崔世鶴이 있는데, 그 시절에 많은 서적을 모았다. 그것을 문천汶川문고라고 한다. 양반에는 두 가지 유형이 있는 것 같았다. 사려 깊고 청탁병탄清濁併呑(도량이 커서 선인이나 악인을 가리지 않고 널리 포용함—옮긴이)하면서 단정적인 언행을 하지 않는 사람들과 지식을 칼처럼 다루는 사람이다. 그런 태도는 소년들에게서도 보였다.

조선인의 조혼은 점차 개선되고 있었다. 그런데 양반집에서는 가계 존중 때문인지, 십대 중반에 아내를 맞은 집도 있었기 때문에, 가장家長은 대체로 연상의 아내를 둔다. 그리고 젊은 둘째 부인을 두기도 한다. 가족은 토담 안에 본처 거처와 둘째 부인의 거처가 있는 저택에서 지낸다. 젊은 부인은 화려하지만, 자식들 사이에는 엄격한 서열이 있어서, 첩의 자식은 가정에서나 바깥에서나 본처 자식과 같은 수준으로는 남과 접할 일이 없다. 자식들끼리도 본처 자식은 주인 행세를 한다. 그리고 첩의 자식은 종자從者였다. 집 안의 이러한 신분 차이는 그런 인식을 갖고 있지 않은 나로서는 가끔 보기만 할 뿐인데도 가슴이

---

18 임진왜란 당시 왜군 장수로 우리나라를 침략한 일본의 무장.

경주중학교 제1회 입학식이 있고, 그 다음 해에 창립된 학부형회 기념사진으로 보인다.
맨 앞줄 왼쪽에서 다섯 번째가 저자의 아버지인 모리사키 구라지,
그 옆의 흰 턱수염의 남성이 학부형회 회장인 최긍 씨로 보인다.
이 사진의 뒷면에는 학부형회 창립 경위가 적혀 있다. 패전 후에 쓴 것으로 보이는
이 메모에는 경주중학교를 둘러싼 관계자들의 생각이 얽히고설키며 긴장감 속에서
학교가 출발한 모습을 엿볼 수 있다. 이러한 상황에서 모리사키 구라지는 교장으로서
신중한 대응을 하는 한편, 학부형회 회장인 최긍 씨에 대해서는 개인적으로
깊은 신뢰를 갖고 있었던 것으로 보인다.

답답해지는 것이었다.

이와 같이 경주에는 양반들의 수는 적지 않았지만, 대구와 같은 큰 상인 집안은 본 적이 없었다. 지주와 소작인이라는 전통적인 관계를 그대로 유지하고 있는 듯했다. 큰 장과 작은 장에 오는 사람은 물론 양반 계층이 아니다.

경주로 이사온 해 12월에 중학교 교사校舍가 교외에 완성되었다. 그 전에는 경주소학교의 교사 일부를 빌려 입학식을 하고 수업이 진행되었다. 제1회생 45명의 출신지는 경상북도 전역에 걸쳐 있었다. 경상북도가 아닌 곳에서 온 사람도 있었다. 아버지는 일본인의 경우 내지 중학교를 포함해 문호가 넓은 데 비해, 조선인의 진학은 상당히 어려운 편이지만, 우수한 학생이 많다고 하셨다. 1회생 중에 일본인 학생은 두 명인데, 한 명은 모자母子 가정의 아이로 효성이 지극한 소년이고, 한 명은 지방신문 기자의 자제였다.

2년째 되는 해 입시철이 되어, 나의 사촌오빠가 시험을 치르기 위해 왔다. 그리고 시험에 합격해 우리와 함께 살게 되었다. 군대 관련 일로 내지에서 북지나로 가는 가족들과 떨어져서 5년간 같이 살게 된 것이다. 남동생이 기뻐했다. 교장 관사도 중학교 정문 근처에 지어졌기 때문에 우리도 이사를 했다. 중학교는 현관 지붕이 불국사처럼 완만하게 굽어져 있었다. 경주와 어울린다고 가족끼리 이야기를 나눴다. 학교는 시가지에서 벗어나, 남산을 정면으로 보며 옛날 궁궐 부근에 세워졌다. 이씨 가문의 토지 일부에 세워진 것 같다. 나는 여기서 소학교를 다녔다. 길 양쪽에 밭이 있는, 경주와 감포 사이에 난 포플러 가로수 길을 동생들과 셋이서 걸어갔다. 이사를 한 것은 겨울이었기 때문에 서북풍을 맞으며 길가의 개울이 얼어 있는 게 재미있어

181

서 스케이트 타는 시늉을 하며 등교했다.

시내 쪽에서 바람을 등지고 통학하는 중학생들이 스치고 지나간다. 아침마다 만나서 얼굴을 기억했다. 점잖고 덩치가 큰 사람들이 많았다. 그중에서도 몇 명은 자못 경주의 전통을 떠올리게 하는 풍격이 있어서, 집으로 돌아가 아버지께 이야기하기도 했다. 어른스러운 학생들로, 똑바로 앞만 보며 쓸데없는 말은 하지 않고 걸어간다. 그들은 늦은 시간에 하교하기 때문에 내가 집에 돌아왔을 때는 아직도 학교에 있었다. 초봄에는 교정에 나무를 심기도 한다. 우리 소학생들은 문밖에 우두커니 서서 작업하는 것을 쳐다본다. 학교 건물 안에 어른거리는 모습을 보면서 강아지와 논다. 중학생도 선생님들도 다 돌아가고 학교가 조용해지면, 가족끼리 숙직을 하고 있는 것마냥 학교 건물이 신경 쓰였다.

우리가 들어간 관사에서는 담 너머로 탁 트인 들판 끝으로 남산이 내다보였다. 신라시대의 마애불이 그 산 습곡마다 있다. 골짜기에 나뒹구는 돌에는 수정이 섞여 있다. 남산은 예로부터 성스러운 산이었다. 늘 연보랏빛을 띠고 있다. 그 산기슭을 흐르고 있는 것은 석굴암이 있는 토함산에서 흘러나오는 문천이다. 문천 바로 앞에 월성 터가 있고, 석빙고와 첨성대, 계림 등의 유적이 있다. 석빙고는 석조로 된 반지하 창고로, 예전에 얼음을 저장했다. 서늘한 공간을 아직껏 자랑하고 있다. 첨성대는 돌을 쌓아 올려 만든 천문대다. 동생들과 셋이서 들판을 가로질러 거기까지 놀러간다. 석빙고에 내려가기도 하고 천문대를 올려다보기도 하고 안압지에 가기도 한다. 연못 주변에는 버드나무가 살랑거린다. 갈대가 나 있고 물새가 노닐었다. 지나다니는 사람들이 별로 없어 다른 사람들과는 좀처럼 만나지 않았다.

THE HISTORIC REMAINS OF KEISHU.
月城城址 （慶州古蹟）

FAMOUS PLACES AND ANCIENT REMAINS AT KEISHU.
【石氷庫】　花崗岩の石室に建築。
（朝鮮.慶州）　新羅時代よりありし氷藏な石氷庫。

위 월성터
아래 석빙고

위 첨성대
아래 안압지

이러한 유적의 들판을 우리는 툇마루 끝에서 아침저녁으로 바라봤다. 마음껏 바라보면서 이야기한다. 남산은 산기슭이 완만하게 펼쳐진 아름다운 모습을 하고 있다.

"신라 사람들도 이 근처에서 저 산을 바라봤어. 아빠는 남산에 뼈를 묻고 싶다는 생각을 하고 있어."

"가즈에도 경주를 좋아해."

"쇼카손주쿠松下村塾,[19]라고 알고 있니? 아빠는 여기에 조선의 쇼카손주쿠를 만들고 싶어."

"요시다 쇼인吉田松陰[20]이 공부를 가르친 곳이죠?"

"그래. 쇼카손주쿠에서는 메이지 유신을 위해 활약한 젊은이가 많이 나왔어."

"책에서 읽었어."

남산을 바라보며 이야기했다. 그러나 아버지가 마음속으로 그리는 학교가 어떤 건지 떠오르지 않았다. 어머니가 부엌 쪽에서 "식사 준비가 다 됐어요"라고 말했다.

"가즈에는 소수민족에 대해 알고 있니?"

"몰라."

"공부해라. 아빠는 소수민족 문제를 생각하고 있어. 밥 먹자."

우리는 거실로 갔다. 이 방의 바닥만 온돌식이었다.

시내에서 떨어져 우리 가족만 외따로 살고 있었지만, 기분은 넉넉했다. 나의 행동 반경은 대구에서 지낼 때보다도 몇 배로 넓어졌고,

---

19 야마구치현 하기시에 있는 에도시대 후기의 사숙으로 조슈번長州藩의 요시다 쇼인이 강의한 사숙.

20 에도시대의 존왕파 사상가이자 교육자로 메이지유신의 정신적 지도자이자 이론가.

관심 또한 그만큼 더 넓어지고 있었다.

사촌오빠도 중학교에서 친구가 생겼고, 우리도 내가 6학년, 여동생이 4학년, 남동생이 2학년이 되었다. 들판 여기저기에 푸른 보리가 자라고 종달새가 운다. 화창한 계절이었다. 그러나 5월 노몬한 사건[21]이 일어났다. 외몽골 노몬한에서 일본군이 소련군과 충돌한 것이다. "왜!" 하고 외쳤다. 지도에서 찾아보니 만주국滿洲國과 몽골 자치정부 영토의 접점이었다. 왜 몽골까지도……

나는 일본 지도를 그리는 것은 자신이 있었다. 조선반도는 지도를 보지 않고 그릴 수 있었다. 북쪽의 사할린에서 홋카이도, 지시마千島 열도(쿠릴 열도―옮긴이), 혼슈本州, 시코쿠四國, 규슈, 아마미奄美제도와 오키나와沖繩, 대만, 조선의 북쪽에 만주국이 있다. 여기는 일본이 아니지만, 우호가 깊은 나라다. 만주국 황제와 일본 관동군이 통치하고 있다. 그리고 뤼순旅順과 다롄大連이 있는 관동주關東州는 일본의 영유지다. 또 오키나와 남쪽에 적도까지 퍼져 있는 남양군도南洋群島도 위임 통치령이다. 남양군도에는 마리아나군도, 마셜군도, 캐롤라인군도, 팔라우제도 등이 있다. 이중 괌은 미국령이다. 나는 책상에서 이곳들의 지도를 그리며 일본에 인접해 있는 필리핀과 뉴기니를 공상했다. 뉴기니는 남반구다. 그 남반구에 접속할 만큼 일본은 확장되고 있었다. 일본은 땅은 좁지만, 공간은 넓다. '이렇게 남쪽을 향해 영토가 넓은데, 왜 노몬한 같은 걸로 소련과 전쟁을 하는 거야?' 하며, 나는 경주의 한가로운 한 아이의 방에서 납득을 하지 못하고 있었다.

저녁 식사가 일찍 끝나도 해가 길어져서 아직도 환하다. 안압지로

---

21 1939년 몽골과 만주의 국경 지역에서 일어난 일본군과 소련군의 대규모 충돌사건.

다 같이 어슬렁어슬렁 걸어갔다. 통학할 때 다니는 포플러 가로수 외길을 가로질러 보리밭 속으로 간다.

"아빠, 일본인과 조선인 어느 쪽이 소수민족이야?"

"양쪽 다 소수민족이라고는 하지 않아. 소수민족은 국가들 가운데 사람 숫자가 아주 적어. 그렇게 적은 수의 사람들이 독립된 말과 풍속의 문화를 가지고 있지. 조선은 일본과 동등한 문화를 가진 사람들이야. 인구도 많아. 그러나 일본 사람만 행세를 한다면, 조선인은 소수민족과 입장이 비슷해져. 그러니까 그건 반드시 숫자만의 문제는 아니야. 알겠니?"

"알았어."

나는 뛰어가 동생들을 따라잡았다.

"봐, 염소 똥이 있지? 이 풀은 염소가 먹어."

남동생이 연못가에 있는 풀을 가리키며 말했다.

'피부는 검지만 남양南洋에선 미인'[22]이라는 유행가를 떠올렸다. '그것은 일본의 소수민족을 말하는 걸까?' 하고 생각한다.

우리는 연못 바로 옆에 서 있는 낡은 목조 건물에 올라갔다. 난간에 기대어 연못을 바라본다.

"이 연못은 조선반도 모양을 하고 있다고 해."

사촌오빠가 조선인 친구에게 들었다며 가르쳐주었다. 울산을 향해 남산 기슭으로 기차가 달려갔다.

"내 친구가 저 기차로 학교에 와" 하고 남동생이 말했다.

여동생이 대답한다. "누나 친구도 그래."

---

22 「추장의 딸」, 이시다 이치마츠 작사·작곡. 1930.

"내 친구도 기차 통학생이 있어."

나는 유미優美와 세쓰로節朗에 대해 말한다. 경주소학교에는 인근 마을에서 일본인 자제가 왔다. 교원, 철도원, 경찰관 등의 자식이다. 불국사 여관의 자식도 있었다.

교장관사에서 동쪽으로 슬슬 걸어가보면 분황사芬皇寺 석탑이 있다. 벽돌처럼 자른 돌을 쌓아서 세운 지붕이 있는 석탑이다. 옛날에는 오층탑이었다고 하는데 삼층으로 되어 잔디밭 경내에 남아 있었다. 조각이 새겨진 돌문이 열린다. 마당은 나무로 둘러싸여 있다. 귀여워하던 강아지 '지로'가 없어진 날, 우리는 울면서 셋이서 사방으로 부르며 다니고 분황사에서도 찾았다. 탑 뒤쪽에 풀고사리가 우거져 있었다.

분황사에서 약간 떨어진 곳에 마을이 있었다. 일본인 집도 있었는데 농사를 짓고 있었다. 내 친구 집도 있었고, 조금 더 가면 나오는 마을에는 여동생이랑 남동생 친구 집도 있었다. 우리 가족은 나의 동급생인 마쓰나가松永 씨 일가와 친하게 지냈다. 어머니는 여러모로 의지하며, 된장이며 쌀과 팥, 배추 절인 것과 무 같은 것을 얻기도 했다. 연말에는 떡방아 찧기도 함께 했다. 마쓰나가 씨네 아저씨와 아줌마는 둘 다 꾸밈없고 솔직한 사람들이라서 출입하는 조선인도 많고, 마을 사람들과도 굉장히 친하다. 떡방아를 찧는 날은 사람들이 많이 모였다. 우리는 짚가리(볏짚 묶음을 움막 모양으로 쌓은 큰 덩어리—옮긴이)에 올라가 놀면서 떡방아 찧는 걸 바라봤다. 갓 찧은 떡을 무즙을 곁들여 다 같이 먹었다.

이렇게 현실과는 동떨어진 생활인데, 아버지는 서재에 틀어박히기 일쑤였고, 아침에 내가 일어났을 때도 늘 자기 방에 들어가 있었다.

분황사 석탑

책을 읽거나 글을 쓰는 것 같았다. 여름 해가 길어지고 중학교에 인기척이 사라지는 저녁나절, 집 앞 길에서 아버지와 어머니가 테니스를 쳤다. 어머니는 겨울을 제외하고 집에 있을 때는 스웨터나 편한 원피스를 입었지만, 산책할 때는 평상복 기모노를 입었다. 테니스를 하면 여학생 시절이 떠오른다며, 집에 들어가 오르간으로 '여수旅愁'[23]라는 곡을 치며 노래를 불렀다.

아버지가 조선인 집에 초대되어 갔다가 신기한 선물을 들고 왔다. 선물로 받은 그 음식이 맛있었다. 그중에서도 햅쌀로 만든 적갈색 떡은 은은한 꿀맛과 대추와 잣이 섞인 쫀득쫀득한 식감으로 참으로 품위 있는 음식이었다. 삶아서 으깬 고운 팥고물을 양쪽에 묻힌 흰 떡은 축하용인 것 같았다. 어느 날 밤은 주빈主賓인 아버지를 위해 염소를

---

23 1907년에 발표된 번역 창가. 원곡은 John P. Ordway, 'Dreaming of Home and Mother'이고 인도 규케이가 가사를 번역했다.

떡방아 찧기

잡아 잔치를 했다며 달밤에 기분 좋게 돌아오셨다. 김장은 둘로 쪼갠 배춧잎 사이에 산해진미가 들어 있다. 밤, 배, 감, 흰 살 생선, 새우, 젓갈, 해조류 기타 무나 당근 채 썬 것과 함께 배추에 넣어 고추와 마늘로 담가 놓는다. 칼로 썰어 접시에 담으면 오렌지색으로 변한 배추 사이로 꽉 채워진 김장속이 보였다. 10센티 정도 크기로 싹둑 자른 무도 배추김치와 같이 담가두는데, 속까지 배어든 맛과 색깔은 이런 재료에서 배어나오는 것으로, 몇 달 동안 담가둔 것이다. 어머니는 어디서 듣고 오는지, 뼈가 붙은 쇠고기를 파와 참깨 등을 넣은 양념장에 재워서 숯불에 구운 뒤, 큰 접시에 담아 기뻐하는 우리에게 "갈비야" 하며 먹여주었다.

변두리 생활에서 생필품은 단골가게가 아침마다 전화로 주문 여부를 확인한 뒤 배달해준다. 아이들은 월간 잡지를 자꾸 재촉했다.

1940년 10월 1일 경주중학교 제1회 체육대회. 이 사진 뒷면에는
당일 행사가 추석과 겹쳐 엄청난 인파가 몰렸고, 귀갓길에 소녀가 발을 헛디더
우물에 빠져 목숨을 잃었다는 이 작품 내용과 같은 이야기가 적혀 있다.

해산물을 파는 아주머니가 장에 가는 길에 집에 들러 전복이랑 성게
를 팔기도 한다. 감포에서 산을 넘어 오는지, 아직도 바닷물을 내뿜
는다. 계란장수와 야채장수, 장작 파는 사람도 종종 온다. 어머니는
그런 행상하는 아주머니에게서 산 계란으로 케이크를 자주 구웠다.
마츠나가 씨 댁에 가져가라고 하거나 식모 아주머니의 아가에게 건
네주라고 시켰다. 통학하는 포플러 가로수 길가에 있는 밭에는 수박
이랑 참외가 익어가고, 원두막을 높다랗게 지어 아침저녁으로 아저
씨가 지킨다. 아침나절에 산 수박은 차가웠다. 나는 여학교 입시 공부
때문에 학교에 남는다. 귀갓길이 어둑어둑해질 무렵, 멀리 남산 부근
에서 파랗게 한 줄로 도깨비불이 깜빡이는 것을 보았다. 신라 땅이니
까 고분 어딘가에서 도깨비불이 타는 걸까 하고 파란 불의 행렬을 비
라보며 걸었다.

평온한 들판처럼 보였다. 전쟁은 거리가 먼 것처럼 여겨졌다. 추석 날 시내 학교의 종합운동회가 중학교 교정에서 열려서 전에 없던 인파가 모였다. 파란 하늘 가득한 가을 햇살 아래에서 아버지도 미소 띤 얼굴로 참가자에게 상품을 건네고 있었다. 너무나도 많은 인파 때문에, 돌아가는 길에 밭 속의 낡은 우물에 소녀가 빠져 죽었다.

3

어느 날 아버지가 출장에서 돌아와 드물게 화난 어조로 어머니에게
말했다.

"교무에 관여하는 자가! 난 원래 일본 사람이 조선에 사유지를 갖
는 것에 반대야."

"관리들뿐만이 아니에요?"

"겉으로 깨끗한 척 행동하고. 전통 있는 학교의 교장이잖아. 학생
한테 병역 지원志願을 시키면서……."

"그 땅을 그렇게 많이 어쩌려는 걸까요?"

"이자로 돈을 벌려는 거겠지. 난 참을 수가 없어."

"싸우셨어요?"

"설마. 반대라고 거절했을 뿐이야."

그 이야기 속에는 어릴 때 들었던 사람의 이름도 있어서, 나는 옆
방에서 '총독부에서 교장회인지 뭔지가 있었던 걸까?' 하는 생각을
했다. 총독부가 교장들에게 중학교 졸업생들을 육군 지원병으로 보

내는 사명使命을 내리기 위해 소집한 회의 후의 잡담일지도 모른다고 생각했다. 배속장교에 의한 교련은 어느 학교에서나 정규수업이 되었다. 소학생인 나도 교정에 늘어놓은 짚으로 된 인형을 향해 죽창을 들고 뛰었다. 노몬한 사건 이후에는 땅 구덩이에 엎드려서 다가오는 탱크를 피하는 법을 연습하기도 했다.

1940년이 되어 여학교 입시도 가까워지고, 올해는 진무神武천황이 일본의 제1대 천황 자리에 오른 지 2600년이 되는 해이므로, 수험생인 나는 그것에 대해서도 공부한다. 특별히 시국에 대한 인식을 갖고 있는 것은 아니었지만, 건넛방에서 기모노로 갈아입으며 '요즘 같은 시절에 교무에 관여하는 자가'라며 치미는 화를 참지 못하던 아버지가 말하는, 요즘 같은 시절의 의미는 알고 있었다.

나는 아버지 방에서 가끔『고지키古事記,』[24]를 읽었다. 물론 내 수준으로도 읽을 수 있는 서두 부분 일부를 골라 읽을 뿐이다. 부모님이 소년소녀용 그림이 들어간 고대사 책도 사줬는데, 신라 이야기가 나온다. 아주 먼 옛날에는 바다를 오갔다. 신대神代[25]라고 해도 그리 먼 일은 아닌 것 같은 기분이 든다. 올해가 황기皇紀(진무천황이 즉위한 해를 원년으로 하는 일본의 기원—옮긴이) 2600년에 해당하는 것은 진무천황을 비롯하여 고대의 천황이 수백 년 동안 살았기 때문인 듯한데, 어떻게 그게 옳다고 결정했는지 신기했다. 그래도 신대는 여러 가지 신기한 것이 있다. 쓰다 소키치津田 左右吉[26]의 『신대사神代史 연구』가 발

---

24 712년에 편찬된 일본의 가장 오래된 문헌으로 고대 일본의 신화·전설 및 사적을 기술한 책.
25 일본 역사상 진무 천황 이전까지의 신들의 시대.
26 1873~1961. 일본의 역사학자. 만주철도주식회사와 조선사 편수회 출신으로『삼국사기』초기 기록 불신론 등의 조선 식민사학 이론을 만들어낸 인물.

매 금지가 된 것은 소학교 졸업 직전에 알게 되었다. 서재에서 아버지에게 들었다.

"신대는 신들의 시대라는 의미로 아무도 몰라. 전설이 있을 뿐이니까. 그 전설은 『고지키』와 『니혼쇼키日本書紀』[27]에 기록되어 있어. 신대에 대해서 갖가지 해석을 할 수는 있지만 신하臣下가 함부로 해석하는 걸 금한 거야."

"계림 이야기도 신대 일이죠?"

"신대라고는 하지 않아. 신대는 천황 조상을 말하니까."

"그래도 신라의 왕자님이 『고지키』에 나오잖아요?"

"그렇구나, 옛날에는 왕래한 거야. 나라奈良라는 옛 도읍지가 있는 거 알지? 조선말로 '나라'라는 말은 일본어로는 국가라는 뜻이래. 조선은 문화의 선도자였어. 가즈에도 크면 『고지키』를 잘 읽어봐."

1937년에 제정되어 조선에 있는 조선인과 일본인 소학생이 아침마다 수업하기 전에 큰 소리로 맹세하는 황국 신민皇國臣民 서사誓詞 (맹세—옮긴이)는 다음과 같은 것이다.

황국 신민 서사

1. 우리는 대일본제국의 신민입니다.

2. 우리는 마음을 합하여 천황폐하께 충성을 다하겠습니다.

3. 우리는 인고단련忍苦鍛鍊하여 훌륭하고 강한 국민이 되겠습니다.

나는 황국신민의 자각은 희박했던 것 같다. 그것은 내지 아이에 비

---

27 720년에 편찬된 일본 최초의 정사正史. 30권으로 되어 있고 신대神代부터 지토 천황持統天皇 (재위 645~702) 시기까지 편년체로 기록하고 있다.

표암

해서 그렇다는 것으로, 천황이라고 해도 특별한 감정은 솟아나지 않았다. 오히려 내지와 단절되어 있는 걸 하나의 자유로 여겼다. 무엇보다도 개개의 인간이 소중했다. 전쟁이 치열해짐에 따라 나 같은 사람이 성장하는 것은 문제가 되었는지, 사사건건 황국신민 서사가 선행되어갔다.

천황의 존재는 조선인 교육에도 중심적인 문제가 되었고, 소학교 교육 취학률도 올라가 가정에도 침투했는지 지긋한 연세의 아저씨들이 일본인과 말다툼하거나 하면, "덴노헤카(천황폐하), 니혼모 조센모 잇쇼!(일본이나 조선이나 다 똑같아)"라고 한다고 소문이 퍼졌다.

활짝 갠 일요일 오후, 가족끼리 중학교 뒤쪽에 있는 북천北川 강변을 건너서 맞은편 강 언덕에 올라갔다.

"경주 이씨의 선조가 강림했다고 전해지는 표암瓢岩은 여기야, 전에 말했지?"

그네

그것은 중학교도 안압지도 월성 터도 한눈에 내려다보이는 벼랑 위다. 아주 먼 옛날, 경주에 사람들이 살게 된 그 유래를 이야기로 전하고 있는 곳이다. 천상에서 강림한 이야기는 꼭 일본의 천손강림天孫降臨 신화뿐이라고는 할 수 없다는 것을 알게 되었다.

"아빠, 재미있는 전설이네."

"오사카大阪 선생님 책에도 적혀 있었지? 하늘에서 여기로 내려왔다고도 하고 또 그 벼랑에 열린 바가지 열매에서 태어났다고도 한대."

들판 너머 정면에 남산이 보랏빛으로 부옇게 보였다. 언덕의 큰 소나무에 밧줄을 길게 늘어뜨린 그네가 있고, 여자 아이가 놀고 있었다.

"무서워 보이는 긴 그네네."

여동생과 바라봤다. 어머니가 전지가위를 들고 와서 들풀을 잘랐다.

대구고등여학교 시험을 치는 날과 겹쳐서 나는 소학교 졸업식에는

대구극장의 전신인 대구좌

참석하지 못했다. 친구들은 내지의 중학교와 조선 각지의 중등학교
와 고등소학교로 진학했다.

시험 치기 전날 어머니와 대구에 가서 부모님이 친하게 지내는 미
야하라宮原 씨 댁에 묵었다. 어머니는 미야하라 아줌마와 대구극장에
다나 더빈Deanna Durbin 주연의 「오케스트라의 소녀」를 보러갔다. "아
주 귀여웠어" 하고 얘기해주었다. 거리에서는 아와야 노리코[28]의 '비
의 블루스'[29]가 "비야 내려라 내려. 고민을 씻어낼 때까지" 하면서 흘러
나오고 있었다. 나는 노몬한 사건 이후 몇 달이 지나 소련과 정전 협
정이 성립되고, 입시 전에는 일본과 만주국과 소련, 세 나라 사이에

---

28 1907~1999, 쇼와 시절부터 활약한 유행가 가수, 동양음악학교 성악과를 수석으로 졸업
했으나 유행가를 부르는 가수가 되었다고 해서 모교의 졸업생 명부에서 삭제된 일화로 유명
하다.
29 노가와 고분 작사, 핫토리 료이치 작곡, 1938.

모리사키가 진학했던 대구고등여학교

만주 북부 철도에 대한 협상이 성립되었다는 걸 알게 되어 전쟁은 멀어진 느낌이 들었다. 소련이 공격해올지도 모른다는 생각은 나에게는 공포恐怖였다. 입학시험 대비를 위한 전쟁 시국 인식에 불과한데도, 그것만은 실감이 났다. 그러나 중지나에서 남지나로 확대되어 진전되지 않는 상황은 이해하기 힘들었다.

대구고등여학교에 입학하게 되었다. 5년제 학교다. 아버지가 기숙사도 나쁘지는 않지만, 지인 댁이 여학생을 맡아서 예의범절도 봐주시고 계시니까 거기서 하숙하라고 이야기를 매듭짓고 왔다. 어머니가 이불을 새로 장만하고 옷가지를 마련해주었다. 아버지가 하숙비 외에 용돈도 줄 테니 자유롭게 쓰라고 했고, 어머니가 용돈 출납장을 적어서 어느 정도를 쓰면 어떻게 되는지 배우라고 용돈 출납장을 주었다.

"학비는 나라가 부담해야 된다고 난 생각해."

아버지가 어머니에게 말했다.

"어째서요?" 하고 어머니가 말한다.

"어째서라니, 국민이 있고 나라가 있는데, 소학교에서 대학까지 교육비 정도는 나라가 부담하지 않으면 근대국가라고는 할 수 없어. 그 것과 의료비. 아파도 안심하고 의사의 진찰을 받을 수 있는 제도가 있어야지. 가즈에는 감기에 걸리면 즉시 이치노미야─宮 선생님께 진찰을 받아라."

"네."

나는 긴장하고 있었다.

"병이 나면 돈이 들어요?"

"그래, 무료인 줄 알았어?"

"그렇지는 않지만……."

우리 집은 가난하니까 병이 나지 않도록, 입을 잘 헹궈야겠다고 생각했다.

나는 용돈을 가져본 적이 없었다. 졸업하고 어머니가 직접 책을 사오라고 상으로 돈을 주셔서 시중에 단 한 곳인 하야시야林屋문구점에 갔다. 책은 별로 없었다. 나는 진열되어 있는 책 중에서 요코미츠 리이치橫光利─[30]였는지 세리자와 고지로芹澤光治良[31]였는지 지금은 기억이 가물가물해진 책을 구하자, 돈을 내고 후유 하며 어깻숨을 내쉬었다. 그 전에도 돈 때문에 강한 인상을 받은 일이 있다. 혼자서 하교하고 있을 때 낯선 사람이 말을 걸며, 서점을 모르냐고 물었을 때다. 언

---

30 1898~1947. 가와바타 야스나리와 함께 일본의 신감각파를 대표하는 소설가.
31 1896~1993. 쇼와시대 소설가. 일본 펜클럽 회장을 역임. 대하소설 『인간의 운명』 등이 유명하다.

뜻 봐서 사적史蹟 조사나 고고학 연구를 하러 내지에서 온 사람처럼 보였기 때문에 안경을 쓴 그 사람에게 "경주에 서점은 없어요. 하지만 문구점에서 좀 팔아요"라고 말했다. 표정이 어두운 그 사람이 "경주에 대해 쓴 책을 알아요?" 하고 말했다. 나는 오사카 선생님이 계신다고 설명했다. "고마워요." 그 사람은 그렇게 말하며 나에게 은화를 건네려고 했다. 나는 굴욕감을 느껴 사양했지만, 그 사람은 나에게 쥐어주고 떠났다. 집에 도착할 때까지 울음을 참았다. 나는 돈보다 귀한 것이 이 세상에 있다고 생각했기 때문에 슬퍼서 견딜 수 없었던 것이다. 귀가하자마자 울음을 터뜨리며 어머니의 위로를 받고서야 겨우 오열을 참았다.

그렇게 익숙하지 않은 용돈을 캐러멜을 사든 책을 사든 마음대로 쓰라고 하니, 기쁘기보다는 마음은 뒷걸음질 치고 있었다. '겁재이'의 본성대로 하숙생활 준비를 했다.

어른이 된 기쁨을 곱씹은 것은 하숙생활 한 달 무렵부터로, 그때는 이미 천방지축이 되어 있었다. 소형 트렁크를 들고 편도 2시간 거리의 경주와 대구 사이를 오갔다. 여학교는 내가 입학한 해부터 4년제가 되었다. 전시戰時하에 노동력이 부족해지고 있기 때문이라고 했다.

하숙집은 여학교 가까운 주택가의 한 초로初老의 부부 집이었는데, 정원에 이끼가 잔뜩 낀 석가산(정원 등에 돌을 모아 쌓아서 조그마하게 만든 산—옮긴이)이 있었고 이 집의 별채가 하숙집이었다. 방 두 개에 여학생 4명이 들어왔는데, 1학년은 나 혼자였다. 기역자 모양으로 된 안채 객실에는 여학교 여선생님이 계셨다. 학교에는 여러 곳에서 여학생이 입학했었는데, 봉산정소학교 시절 옛 친구도 있었다. 경주소학교 친구도 합격했다. 후미코를 찾았지만 후미코는 아버지가 전쟁터에

대구역 역사

서 상관上官과 의견 대립으로 퇴직하고 내지로 이사를 갔다고 했다. 학교 도로변에는 아카시아 꽃향기가 풍겼다. 나는 아버지의 낡은 바이올린을 물려받아서 사범학교 음악 선생님에게 기초를 배웠다.

여학교는 한가했다. 내지에서는 설탕과 성냥이 티켓제가 되어 제한적으로 팔리기 시작했다는데, 조선에서는 그런 일이 없었다. 학우가 "조선에서 티켓제를 실시하면 조선에 사는 내지인이 조선인과 짜고 반란을 일으키기 때문이래"라고 말했다. 그런 건가 생각했다. 내지에서는 여학생이 몸뻬(일바지—옮긴이)를 입는다는 얘기를 들어서 수신修身[32] 시간에 교장 선생님께 우리도 몸뻬를 입고 싶다고 하자, "여학생 스타일이 나빠져서 안 돼"라고 웃으며 거부하셨다. 군대 조직처럼 행

---

32 제2차 세계대전 패전 때까지 소학교와 중학교 등에서 가르친 교과목의 하나. 교육칙어를 기반으로 해 국민도덕의 실천지도를 목적으로 한 것이다.

진 같은 것도 했지만, 절박한 느낌은 없었다.

상급생이 수학여행으로 교토와 나라 등지를 돌아보고 와서 여행담을 들려준다.

"기차 안에서 어떤 아저씨가 말이야, '너희 어느 여학교야?' 하고 물었어. 대구고등여학교라고 했거든. 그랬더니 대구는 어디냐고 해서 경상북도라고 했어. 그랬더니 말이야 '아, 조선인'이라고 하기에, '일본인입니다'라고 했거든. 그 아저씨가 말이야 '그래요, 그래요, 조선인도 일본인이에요'라고 하잖아. 웃겼어 진짜. 설명할 때마다 그렇게 말해. 그래서 여행하는 동안 그 말이 유행해서 말이야, 뭔 말만 하면 '그래요, 그래요, 조선인도 일본인이에요'라는 말을 주고받았어."

하하하 하고 나도 웃었다. 내지에 사는 사람들의 식민지 인식을 서로 비웃은 것이었다. 여기는 내지보다도 살기 좋고 일상생활도 근대화되어 있다는 것을 그들은 모른다. 내지의 티켓제와 고부간의 갈등, 우물물로 밥을 짓는 여자들에 대한 이야기 같은 걸 알게 되었기 때문에, 우리도 내지에 대한 관심이 깊어지지 않았다. 우리는 이구동성으로 내지로는 시집가지 않겠다고 했다. "굉장히 봉건적인 곳이래" 하며 부모님한테 들은 이야기를 서로 전했다. 내지에서 전학 온 상급생이 다섯 살 정도 되는 여자 아이를 사서 허드렛일을 시키며 키웠던 이야기를 했다. 가난한 사람이 여자 아이를 파는 것은 그리 드문 일이 아니라고 한다.

"몹쓸 곳이네."

"서커스에도 판대."

"내지에 있지 않아서 다행이야."

"그래도 얼마 전에 오망[33]이 말이야, 타지에 돈 벌러 온 사람 딸인 주제에라고 했어."

"그 선생님도 따지고 보면 그렇잖아. 그런 선생을 용케도 색시로 데려가는 사람이 있었네."

우리는 싱겁게 웃었다.

수업시간에도 무슨 말만 하면 웃는다. "너희들 훈도시[34] 하나 들고 남양으로 시집가거라. 공부 안 해도 돼" 하며 선생님은 가르치기도 힘들다는 기색이었지만, 기가 죽지 않는다. 나는 하숙집도 학교도 익숙해져서 장난을 치는 게 즐거웠다. 우당탕거리며 복도와 교실을 뛰어다녔다.

하숙생활은 철부지 아이가 단숨에 어른들의 세계로 내던져진 것처럼 나를 충족시켰다. 그러나 정리되지 않는 것들이 넘쳐난다. 아이는 남녀의 사랑 없이는 태어나지 않는다고 굳게 믿고 있었지만, 그런 게 아니라는 걸 알게 되었다. 쇼크로 잠 못 이루는 밤이 이어졌다. 매춘부에 대해서는 어떻게 생각하면 좋을지 짐작도 가지 않는다. 춘화春畫 같은 종잇조각을 주머니에 넣어가 학교에서 친구에게 보여주었다. 봉산정소학교 시절 조선인 남자 아이가 놀리던 것의 의미를 어렴풋이 이해할 수 있다. 임신해서 학교를 떠나는 동급생의 일은 꿈처럼 여겨진다. 닥치는 대로 소설을 읽었지만 납득할 수 없다. 휴일이 되면 80연대의 군인들이 줄줄이 시내 번화가로 놀러 가다가 하숙집 창문 너머로 바라보는 나에게 추잡한 웃음을 보낸다.

한편으로는 어머니가 보내주는 소포가 나를 어린애로 만들었다.

---

33 선생님의 별명인 듯하다.
34 일본의 성인 남성이 입는 팬티 기능을 하는 전통 속옷.

이불 속에서 빠져 나와도 어깨가 시리지 말라고 리본이 달린 얇은 어깨 덮개가 도착한다. 바느질은 걱정이 되지 않는데도, 바늘에 실을 꿰어 여러 개 보내온다. 혼자서 과자를 살 수 있는데도 보내온다. 토요일과 일요일에는 집에 돌아가는데도 어른스러운 기모노가 갖고 싶을 거라며 보라색 우물 정#자 무늬의 기모노를 장만하여 보낸다. 기장을 줄이려고 허리와 어깨 부분을 잔뜩 접어올린 그 기모노에 노란색 시고키 오비[35]를 매고 달밤에 밖에 나가 혼자서 춤을 췄다. 인적도 끊어지고 땅바닥에 구름 그림자가 비치고 있었다.

십오야 달님 보고 계셨죠?
벚꽃이 흩날리는 꽃그늘에서
새색시 차림의 누님
작별을 아쉬워하며 울었습니다.[36]

멋대로 안무를 해서 노래하며 춤을 추고 있자니 이 세상에는 모르는 게 많아서 무엇을 기반으로 어디를 향해 가면 좋을지, 달님이 눈물 때문에 흐릿해졌다. 노래는 동요 같지도 않았다.

이해 가을에 황기 2600년 기념 합동체육대회가 부내府內에 있는 모든 중등학교, 전문학교 학생들을 모아놓고 연병장에서 개최되었다. 교기를 선두로 한 분열 행진을 시작으로 하여, 교련과 체육을 선보였다. 나는 맨손체조 선수였다. 그동안에도 전쟁을 의식하지 않은 건 아

---

35 여성이 키에 맞춰 기모노를 입을 때 보조적으로 이용하는 띠로 한 폭의 천을 바짝 당겨서 오비 아래쪽에 매는 허리띠.
36 「꽃 그림자」, 오무라 가즈에 작사, 도요타 요시카즈 작곡, 1931.

니었지만, 그러나 여학교 안에 있는 한, 내 일이라고 생각하기는 힘들었다. 그런데 연병장에 모인 남학생들은 과연 달랐다. 맨손체조로 어물쩍 넘어가는 정도가 아니었다. 군인을 방불케 했다. 또 여학교는 대구고등여학교大邱高女 외에 기예技藝여학교와 조선인 여학교인 경북고등여학교慶北高女와 사립여학교가 있었다. 그 경북고등여학교의 분열행진은 굉장히 늠름했다. 군대처럼 활발하고 생기가 넘쳤다. 우리는 경북고등여학교 만큼의 시국 인식도 없어서, 전쟁을 뭐로 보고 있냐며 야단맞았다.

학교에서도 젊은 국어 선생님이 출정出征했다. 거친 언사도 하지 않는 과묵한 선생님이었기 때문에 군대생활이 고달플 것 같아 마음이 아팠다. 그런데 그것과 천황을 위해 목숨을 바치라는 것은 잘 연결되지 않는 게 있었다. 나라를 지키고 싶었지만, 천황을 현인신(인간의 모습으로 이 세상에 나타난 신―옮긴이) 이라 여길 만한 강렬한 감정은 솟아나지 않았다. 반 친구들도 비슷비슷한지 우리는 청소시간에 목소리를 죽이고 까불었다. 교사용 변소 청소 당번을 하면서, "황송하고 과분하게도 천황폐하의 똥 행차다, 머리를 조아려라!" 하며 걸레통을 들고 가슴의 응어리를 풀었다.

나는 입학 구두시험 때, 성전聖戰에 대한 질문을 받고 열심히 대답한 사람이다. "그것은 지나支那의 지배자인 장제스가 지나인 농민들을 괴롭히고 있기 때문에, 그 백성을 대신해 사람들이 평화로운 생활을 할 수 있도록 싸우고 있으니까 성전이라고 합니다. 일본 군대는 장제스의 군대를 그 지배자의 자리에서 내쫓아버리면 돌아옵니다. 자신의 이익을 위해 싸우는 게 아니기 때문에, 성스러운 전투라는 의미로 성전이라고 하는 것입니다."

1930년대 중앙로에서 분열 행진을 하는 대구신명학교 학생들

나는 정말 그렇게 생각했다.

그런데 2600년 기념식 때부터 성전의 내용이 달라진 것 같은 느낌을 받았다. 그것은 평화를 위한 싸움이기 때문에 성전인 것이 아니라, 팔굉일우八紘一宇[37], 만세일계萬世一系[38]의 대어능위大御稜威[39]를 온 세상에 두루 미치도록 하시는 큰 어심(천황의 마음—옮긴이)을 받드는 천황의 군대, 즉 황군皇軍이 싸우는 싸움이기 때문이라는, 현인신의 신성함 때문에 성전이라고 한다고 강조되었다. 무엇이 변해서 그렇게 뉘앙스가 달라졌는지 이해할 수 없었다. 나는 빠르게 돌아가는 상황 속

---

37 '세계를 하나의 집으로 삼는다'는 의미의 슬로건. 일본이 제2차 세계대전 중에 중국, 동남아시아에 대한 침략을 정당화하기 위해 이용.

38 영원히 같은 혈통이 계승한다는 의미로 일본 황실의 혈통이 단 한 번도 단절된 적이 없다고 주장하는 견해.

39 천황의 위덕, 위광.

에서 흘러넘치고 있는 자신을 느끼기 시작했다.

하숙집 창문으로 편지가 날아들었다. 중학생이 보낸 것이었다. 구겨서 휴지통에 넣었다. 놀림당하는 기분이 드는 것이다. 총검을 차고 돌격하던 연병장에서의 모습. 체조 따위와는 차원이 다른 곳에서 곧장 전쟁에 참가하고 있다. 그런데도 매춘부를 사는 남자. 여자는 사회에서 따돌리는 존재다.

어머니가 보내오는 소포 안에, 웬일인지 아카다마赤玉 포트와인[40]이 들어 있었는데 그걸 마시면서 소설을 읽었다. 식민지에서 태어난 일본인 2세의 사춘기는 황기 2600년을 배경으로 정처가 없다.

하숙생활도 2년째 되던 봄, 교무실에 불려갔다. 상급생의 국어를 담당하는 선생님이 지나사변 4주년 기념으로 총독부가 조선 전체 소학교와 중등학교 학생들을 대상으로 기념 작문을 모집하게 되었으니, 학교 대표로 뭔가 4주년 기념에 어울릴 만한 작문을 좀 쓰라고 했다. 평소 멍하게 지내고 있었던 터라 난감한 기분이 들었다. 주최자는 국민총력조선연맹國民總力朝鮮聯盟이라고 한다. 나는 하숙집으로 돌아가면서 '국민총력전이라 불리기 시작하는 지금에 적합한 소재가 좋겠지' 하며 전쟁놀이에 대해 쓰기로 했다. 조선인 남자 아이가 적과 아군으로 나눠 놀고 있는 모습이다.

왜 그게 적합하다고 생각한 걸까? 그들이 들판에서 돌싸움을 즐겼던 것은 사실이다. 그렇지만 나는 아버지의 생활을 통해 전쟁에 대한 조선인 청소년들의 마음은 단순하지 않다는 걸 짐작할 수 있었다. 육군지원병제도에 대한 반응은 복잡했다. 그렇지만 또 일본인, 조선

---

40 메이지 말기, 산토리 그룹의 창업자인 도리이 신지로가 1907년에 스페인산 와인을 베이스로 해서 일본인의 입맛에 맞게 만든 주정 강화 와인.

인을 불문하고 남자는 전쟁에 직면하여 그 시대를 짊어지고 있다는 자부심이 그들의 태도에 역력하게 나타났다. 나는 센닌바리千人針를 한 땀 꿰매는 일밖에 할 수 없는 따돌리는 존재다. '뽀뽀할래? 싫어?' 라는 말을 듣는 게 싫어서 나는 남자 아이들을 피해 다닌 사람이다. 그 아이들을 마음에 그리면서 나는 그들이 전쟁놀이에 흥겨워하는 모습을 술술 적어나갔다. 7월 7일 그 작문은 경상북도 대표작으로, 국민총력조선연맹으로부터 상장賞狀을 받았다.

다음 글은 아버지가 쓴 학생훈訓의 한 구절이다.

"우리 길에 뜻을 두는 자, 그 마음은 청명淸明하게, 그 행동은 정직正直하게, 매사에 임하여 행동하며, 정성과 마음을 다하고, 적어도 거짓되고 경박한 행동을 해서는 안 된다. 또는 한때를 호도하기 위해 헛치레하거나 정성이 부족한 점을 따지지 않고, 남을 원망하며 불운을 한탄하는 것은 가장 부끄러워해야 할 일이다."

나에게는 자신의 길이 보이지 않게 되었다. 마음은 청명하지 않고, 나는 부끄러움을 알고 있었다. 작문에 대해 아버지께는 아무 말도 할 수 없었다. "신문지상에서 너의 활약을 알게 되었다. 몸조심하고 자중해라"라고 아버지한테서 엽서가 왔다.

시간이 좀 비약되지만, 패전 후 20여 년이 지나 경주중고등학교慶州中高等學校 창립 30주년 기념에 돌아가신 아버지 대신 초대를 받은 나는 필설로 다하기 힘든 관계자들의 후의厚意를 받았다. 많은 얘기도 들었다. 그중에 다음과 같은 졸업생의 이야기도 있었다.

"나의 청춘은 모리사키 일가와의 관계를 빼고는 있을 수 없다고 생각합니다. 나에게 직접 영향을 끼친 것은 일본이 아닙니다. 가즈에 씨 아버님입니다. 당신은 어린아이였기 때문에 모를 테지만, 그는 휴머니스트였습니다. 매주 월요일마다 무슨 말 하나를 써서 계단 밑에 붙였습니다. 예를 들면 야스쿠니 신사[41] 앞에서 유골함을 안은 소년이 눈물을 글썽이며 서 있는 사진을 오려내서 그 밑에 이 소년을 봐라! 하고 쓰는 겁니다. 어떤 마음으로 썼는지 알 수 있습니다. 나는 모든 지배색, 군사색 중에서 그런 말만을 골라내어 그의 정신 가까이에 있었습니다. 그런 전시하에 이 같이 서로 이해할 수 있는 게 있었다는 점. 이것은 커다란 의미가 있다고 생각합니다. 입장이 달랐으니까요."

그것은 오늘날에는 상상하기도 힘든 굴절된 희미한 통로다. 그 조선인의 고유한 감정과도 통하는 통로는 헌병에게 늘 감시당하고 있다.

그 무렵, 귀성한 나와 엇갈리게 외출하려다 현관에서 딱 마주친 아버지는 침울한 표정을 하고 있었다. 배웅하는 나에게 "아빠는 앞에서도 뒤에서도 가끔 표적이 되고 있으니까 말이야. 앞뒤로 총이 겨눠져 있어" 하고 중얼거렸다. 그리고 문을 열고 나가려다가, 나를 돌아보며 "혹시 아빠에게 만일의 사태가 있더라도 가즈에는 침착하게 있어라" 하고 말했다.

"네."

나는 아버지의 눈을 보며 끄덕였다. 그때 어머니는 몸져 누워 있었다.

그때 아버지가 어디로 나가려던 참이었는지 나는 모른다. 또 나는 아버지가 학교에서 학생들에게 군국주의를 얼마나 엄격하게 주입시켰는지 구체적으로는 모른다. 그렇지만 전시 상황을 함께 보낸 나로서는, 야스쿠니 신사 앞에서 유골함을 안고 눈물을 글썽이며 서 있는

---

41 1868년 메이지 천황의 명으로 메이지유신을 위해 목숨을 바친 사람들을 제사지내기 위해 세운 초혼사招魂社가 그 전신이다. 1879년 순국한 자들을 기념한다는 의미로 초혼사에서 야스쿠니신사靖國神社로 명칭을 바꾸었다.

소년의 사진을 어디선가 찾아내 복도에 붙이는, 아버지의 그 마음이 아플 만큼 이해된다. 이미 그때는 황기 2600년 후의 성스러운 시공時空으로 들어가 있었다. 황국신민의 사적인 언동은 용서받을 수 없었다. 우리는 부모 자식이나 부부, 친구들끼리도 자신들의 속내를 상징시를 쓰듯이 전달하는 일이 많아졌다. 그것은 단순한 전쟁이 아니라 성전聖戰이라는 명목으로 치러졌기 때문에 조선인 청소년의 현실은 더욱 엄혹했다. 그들에 대한 헌병의 감시가 점점 더 심해졌기 때문에, 조선인 청소년들은 사람들의 인간성을 민감하게 꿰뚫어봤다. 성전에 나가 전사하는 것은 최고의 명예라고 하는 표현밖에 허용되지 않았다. 헌병에게 야스쿠니 신사 앞에 서 있는 소년의 사진에 대해 추궁당하면 '이 소년을 수치로 여기라'라는 의미로 붙였다고 핑계를 대지 않으면, 교단에 설 수도 없었다. 아버지가 나에게 "아빠에게 만일의 사태가 있더라도……"라고 했을 때, 나는 그것이 관념으로서가 아니라, 조선인의 반일反日의식과 일본인 헌병, 이 양쪽 모두가 아버지에게 총을 겨누고 있다고 확신하며 아버지의 눈을 보며 끄덕였던 것이다. 그리고 그 불안은 나중에 더욱 더 강력해져 갔지만.

4
장

혼불

1

나는 1940년에 고등여학교에 입학했는데, 그해 여름부터 1941년, 1942년은 어머니가 병을 앓았다. 또 그 동안 일본은 영미英美와 전쟁을 개시하여 태평양전쟁으로 확대되어 갔다. 조선인을 대상으로 1938년 4월부터 실시한 육군 특별지원병 제도는 그 지원자 수가 비약적으로 늘어나서 1940년의 8만4000여 명이 1941년에는 14만 4700여 명, 1942년에는 25만4270여 명, 1943년에는 30만3290여 명이 되었다. 이 지원병들 중에서 선발되어 입영한 사람은 1940년 3060명, 1941년 3208명, 1942년 4077명, 1943년 6300명이 되었다. 그리고 전사자도 나왔다.

일미日美 개전開戰은 1941년 12월 8일이었다. 나는 하숙집에서 아침식사를 하다가 라디오가 전하는 그 보도를 들었다. 암담했다. 1942년 5월에는 조선인의 징병제 시행이 각의(내각회의의 약칭—옮긴이)에서 결정되었다. 1944년부터 시행하기 위해서 호적 정리와 일본어를 국어로 보급하는 일이 시급해지기 시작했다.

군인이 된다는 것은 이젠 더 이상 선택된 자의 특권이 아니었다. 병사는 소모품이라는 말 그대로, 각의는 조선인과 대만인까지도 패색이 감도는 전쟁터로 내보내는 것을 결정했다. 징병제는 오랫동안 의안議案의 대상이었지만, 그들에게 총을 들게 하는 것은 위험하다고 그동안 흐지부지되고 있었다. 그런데 이제는 전쟁에 참여하는 것이 더 이상 영광스러운 일이 아니게 되었다. '전쟁에 염증을 내는 것은 국민으로서 할 일이 아니다. 전쟁은 장기전이다'라는 군부에서 내려온 지령은 행정을 통해 지역의 가장 말단 조직¹ 구석구석에까지 그 영향을 미치고 있었다. 취업문은 굳게 닫아놓고는 조선인에게 조선인이라고 부르는 것은 또 금했다. 조선인이라고 자타가 칭함으로써 전쟁 수행자라는 자신들의 의무에서 도망친다고 지배층은 판단한 것이다. 대일본제국의 신민은 모두 일본인이며, 조선반도 출신자는 반도 사람이라고 부르기 시작했다. 우리는 잘못 불러서 비국민이라는 비난을 받지 않도록 항상 주의해야만 했다.

소모품으로서의 신병, 그것은 천황폐하의 직속 백성이다. 신병이 되는 반도인은 옛 조선말을 쓸 수 없다. 소학교부터 조선어 수업이 없어졌다. 조선인이라는 개념이 없어졌기 때문에, 구습에 따라 사용하던 성명도 가공물이 되었다. 일본인으로서 새로운 성명을 쓰도록 지령이 떨어졌다. 창씨개명이다. 한 사람 한 사람의 존재로 이어지는 모든 민족성을 소각하고, 징병에 대비하려고 한 것이다. 그 밖의 분야에, 예를 들면 행정과 사법, 실업계에 문호를 평등하게 열기 위해 창씨개명을 요구한 것이 아니다. 그저 군대 안에서 하사관이 될 수 있는

---

1 제2차 세계대전 당시, 국민을 통제하기 위해 '도나리구미'라는 최말단의 지역 조직이 만들어졌다.

좁은 길을 형식적으로 열어두고 있었다. 하사관 중에서도 전사자와 부상자가 계속 증가하고 있었기 때문이다.

조선인과 일본인은 소학교와 중학교가 따로따로 되어 있었지만, 그래도 이전부터 별학別學이 의무화되어 있었던 것은 아니다. 조선 통치 초기에는 조선인 아이들은 조선인 선생님으로부터 서원이나 서당 같은 전통적인, 이를테면 데라코야寺子屋 양식의 학습을 받았다, 물론 양반계급의 아이들이 대부분이었다. 그런데 그것도 조선에 총독부 학제가 시행되고 내가 소학교에 입학할 무렵이 되면, 조선인만 다니는 보통학교에 입학하는 아이 외에 우리가 다니는 일본인 소학교에 입학을 희망해 들어오는 아이들도 있었다. 봉산정소학교에도 드문드문 합류했고, 대구고등여학교에도 조선인 급우가 있었다. 그 급우도 창씨개명을 했다. 우리는 그 이전부터 그녀의 출신이 거슬린다는 감정 따윈 전혀 갖고 있지 않았기 때문에, 햇빛에 따라 물줄기의 온도가 변하는 것 같은 자연스러운 느낌으로 그녀의 개명을 접했다. 그것은 분명 나의 민족의식이 결여되었기 때문이겠지만, 거기에 더해 내가 여자인 것이 크게 영향을 끼치고 있는 것 같다.

일본 여자에게 있어서 성명이란 불변하는 게 아니다.[2] 그것은 의복처럼 때와 장소에 따라 입고 벗는 임시로 붙여진 호칭이었다. 자신에 대한 불변하는 호칭은 마음속에만 있을 뿐이라고 해도 좋을 만큼, 성명의식은 그 혼인제도와 함께 몸에 배어 있었다. 그렇기 때문에, 그녀의 창씨개명을 스스로 선택한 성명으로 인식하며, 우리는 그녀를 둘

---

2 1898년 일본의 구舊 민법에서는 부부는 같은 집안家에 속하기 때문에 같은 성을 써야 한다고 헤시 부부 동성세노를 채택했다. 그래서 대부분의 여성은 결혼하면 남자 쪽 성으로 이름을 변경했다.

러싸고 "좋은 성이네, 멋지구나" 하며 칭찬하고 부러워했다. 교토풍의 정말로 우아한 성명이었기 때문이다.

그 무렵 나는 조선인의 성명은 집에 붙어 있는 게 아니라, 개인에게 붙어 있어서 여자라고 할지라도 결혼으로 성명이 바뀌는 일 따윈 없다는 걸 몰랐다. 조선에서는 중국과 마찬가지로 성명은 평생 그 개인에게 붙어서 비록 결혼하더라도 남자나 여자나 태어났을 때의 성명을 계속 갖는 것이다. 따라서 한 집에 남편 성과 아내의 성이 동거한다.

여기서 미리 양해를 구해두고 싶은데, 그렇다고 해서 조선의 여자가 남자와 평등한 취급을 받았다는 것은 아니다. 일본 여성과 다름없이 삼종지도를 따라야 하는 상황은 낳은 아이가 아버지의 성을 따르기 때문에 오히려 더 심각했다고 할 수 있다. 그런데 어쨌든 그렇게 성명은 민족으로서도, 또 개인에게 있어서도 불변하는 것이었다. 그것이 각의의 결정으로 개명을 강행하게 되었다. 물론 조선인의 의견 따윈 전혀 물어보지도 않았다. 대구에는 도마 크기의 판자떼기에 구스노키 마사시게楠木正成(1294~1336, 가마쿠라 시대의 무장 —옮긴이)나 도쿠가와 이에야스德川家康(에도 막부 초대 쇼군 —옮긴이) 같은 이름을 문패에 크게 적은 양반 집들이 생겨났다. 나는 두려움을 느꼈다. 분노의 표현이라는 것을 강렬하게 느낄 수 있었기 때문이다.

'태평양전쟁하의 조선 및 대만'이라는 내무성內務省[3] 작성 수기手記 자료는, 1944년 7월 제국의회의 심의자료로서, 내무성이 관계자들에게 소량으로 배포한 것이다. 그에 앞서 게재한 지원병 관계의 숫자도 거기에 나와 있다. 또 그 자료에는 징병제 시행 준비 단계로 관·공·사

---

3 1873년 11월 10일부터 1947년 12월 31일까지 존재한 일본의 중앙 행정 관청. 지방 행정과 재정, 경찰, 토목, 위생, 국가신도 등의 내무행정 대부분을 담당했다.

립 중학교 이상의 각 학교에는 현역 장교를 빠짐없이 배속하기로 한 사실도 적혀 있다. 경주중학교에 봉안전奉安殿[4]을 짓고, 어진영御眞影이 교부된 것도 같은 해였다. 어진영이란 천황과 황후의 사진이다. 군인 칙유는 메이지 천황이 군인에게 준 칙유勅諭(임금이 직접 이르는 말씀이나 그것을 적은 포고문—옮긴이)로, 그것에 의해 군대는 천황의 군대가 되고 천황의 명령은 절대적인 것이 되었다. 상관의 명령은 천황의 명령으로서 복종 이외에 다른 길은 없었다. 교육칙어는 마찬가지로 메이지 천황이 교육에 관해 하사한 칙어로, 모든 일본인의 교육의 근간이었다. 그리고 전쟁이 격렬해짐에 따라, 교육 현장의 실권은 교육자에서 군인의 손으로 넘어갔다. 즉 천황의 명령과 직결된 군인의 명령대로 되어 갔다. 배속장교와 어진영의 교부는 학교가 군대로 직결되는 것을 의미했다. 나도 소학교 때와 마찬가지로 아침마다 학교에서 황국신민 서사를 외웠다.

영어는 적국의 언어니까 수업 과목에서 없애게 되었다. 테니스도 정구, 바스켓볼도 농구로 변경되었다. 교련 시간이 늘어나서, 언월도偃月刀와 목도를 배운다.

바다에 가면 물에 잠긴 시체가 되고
산에 가면 풀이 나는 시체가 되어
천황폐하 곁에서 죽자
뒤돌아보는 일은 없으리라.[5]

4 제2차 세계대전 당시까지 각 학교에서 천황의 사진이나 교육칙어 등을 봉안한 전각.
5 「바다로 가면」이라는 일본 군가. 이 곡은 『만요슈』에 있는 오토모 이에모치의 시(「賀陸奧國出金詔書歌」, 18권)를 기본으로 만든 것으로, 노부토키 기요시가 NHK의 촉탁을 받아 1937년에 작곡했다. 당시 국민정신 총동원 강조 주간을 제정했을 때의 테마곡이다.

스피커에서 아침마다 흘러나오는 이 노래는 국민에게 죽기를 두려워하지 말라고 했다. 정부로부터 하달된 통지는 오로지 '물에 잠긴 시체가 되라'는 방침 하나였다. 언론 통제는 심해졌고 신문 보도도 제한되어 정보들이 진실인지 아닌지 알 수 없었다.

나는 귀성할 때마다 나 자신의 신변보다도 깊숙하게, 전쟁이 중학생 주변에 짙어져 있는 것을 본다. 사촌오빠도 항공대로 진로를 정하고 있는 것 같다. 그 부모님이 글라이더를 학교에 기부했다. 학생들은 봉안전에 경례를 올리고 발걸음을 다시 바로 하여 학교 건물로 향한다. 아버지는 흰 장갑을 몇 벌인가 준비해두고 있었다. 교육칙어를 읽을 때 의무화되어 있다.

어머니는 이제 그 장갑을 사러 나가는 일을 할 수 없게 되었다.

아버지는 학교 업무를 보는 중간에 하루에 한 번 집으로 오면, 누워 있는 어머니를 툇마루 의자까지 안고 가서 둘이서 종종 담소를 나눴다. 그리고 또 병상으로 다시 데려다 놓자마자, "다녀올게" 하고 부랴부랴 학교로 향한다. 내가 집으로 갔을 때 아버지는 "이 시간이 제일 낙이야"라고 말했다. 겨우 10분 될까 말까 한 시간이었다.

어머니가 "다녀오세요" 하고 병상에서 배웅했다.

어머니가 후쿠오카의 대학병원에 입원해 개복수술을 받은 것은 1940년 여름, 어머니와 우리가 여행을 하던 중이었다. 우리는 부모님의 고향인 후쿠오카현에 이따금 짧은 귀향 여행을 하곤 했다. 생각지도 못한 일이라서 아버지가 찾아왔다. 나는 동생들을 데리고 먼저 돌아왔는데, 어머니가 조금 야위긴 했지만 가을에는 방긋 웃으며 돌아왔다. 그리고 또 부엌일을 하게 되었다. 테이블이 가득 찰 정도로 케이크를 만들어서 사람들에게 돌리고, 손수 만든 생선초밥을 즐긴다. 나는 어머니의 수술에 대해 거의 잊어버렸다. 어머니는 종종 하숙집에 소포를 보내왔다.

귀성해서 보면 어머니는 멀리 나가지는 않지만, 병석에서 일어나 있다. 닭을 몇 마리 키우고 있는데, 모이를 주면서 쭈그리고 앉아 바라보고 있다. 손바닥의 모이를 병아리가 쪼아 먹고 있다. 나는 그 웅크린 뒷모습이 조금 야윈 것 같다고 생각하며 훔쳐본다.

"다녀왔어. 엄마 잘 있었어?"

"어서와. 잘 지내. 여기 봐, 이 닭은 손에 있는 모이를 먹고 있어."

그 표정을 살짝 엿본다. 지난 토요일에 집에 왔을 때와 같은지 어떤지. 어머니는 아무 일 아닌 것처럼 얘기했다. "암은 전이되지만, 가즈에도 다 컸고 의사선생님은 늘 와주시고 엄마는 마음이 안정돼 있어. 가즈에는 걱정하지 말고 착실하게 공부해야 해."

아버지나 어머니나 평소와 조금도 다르지 않아서, 나도 동생들에게 아무 말도 하지 않는다. 어머니는 낮에는 모두 다 나가고 없기 때문에, 조선인 가정부 아주머니에게 일을 시키고 나면 일본 인형을 만들었다. 여행 중에 내가 어머니의 병에 대해서 듣게 되었기 때문에, 어머니는 자신의 마음 정리는 뒷전으로 미루더라도 나를 격려하려고 한 것이다. 내 표정이 어두워졌다고는 생각하지 않았지만 자신이 없다. 일본 인형은 후지무스메藤娘[6]나 시오쿠미汐汲[7]였다. 가끔 응접실 블라인드 뒤에서, 어머니는 중학교에서 무슨 행사가 있는 걸 발끝을 세우고 보고 있었다. 아버지는 무척 바쁜 것 같았다. 교련은 나날이 강

---

6 가부키나 일본 무용 등에 주로 등장하는 인물로 머리에는 삿갓을 쓰고 등나무 무늬가 들어간 기모노를 입고 등나무 가시를 어깨에 걸친 여자 인형.
7 금 모자에 가리기누(사냥복)를 입고 물통을 짊어지고 있는 해녀 아가씨.

221

화되었다. 그런데 또 경기하는 공을 좇아 웅성거리는 소리도 끊임없이 울려 퍼졌다.

어느 일요일인가, 내가 아침에 일어났을 땐 아버지도 어머니도 없었다.

"어떻게 된 거지?"

"틀림없이 북천北川에 갔어. 자주 가거든."

여학교 입시공부를 하고 있는 여동생이 가르쳐주었다. 이윽고 두 사람은 양손에 마타리, 솔새, 오이풀 등을 잔뜩 안고 돌아왔다. 어머니가 돗자리를 깔고 그 가을 풀들을 신라 자기에 꽂는다. 회갈색 낡은 자기와 잘 맞았다. 아버지가 툇마루 의자에서 '아이코 솜씨는 뭐 그렇지' 하며 보고 있다. 어머니는 회복된 거라고 나는 생각했다.

여동생도 대구고등여학교에 입학하여, 우리는 하숙집의 같은 방에서 살게 되었다. 나는 어머니를 대신해 여동생에게 초여름 옷을 만들어준다. 어머니가 하숙집까지 못 오시니까 여동생이 가여웠다. 핑크색 꽃무늬 천으로 볼레로(길이가 허리선보다 짧게 만들어진 윗옷—옮긴이)도 만들어준다. 그리고 토요일은 함께 집에 갔다. 현관을 열자 저녁밥 냄새가 나서 '아, 건강하시구나' 생각한다. 시장에 물건이 적어지고, 여학교 기숙사생이 "라이스 카레에 유부가 들어 있었어. 소고기 대신이래"라며 분개하기 시작했다. 우리 하숙집도 반찬 수가 줄어들고 있었기 때문에, 어머니는 김이 무럭무럭 나는 정성어린 저녁식사를 준비했다. 이불은 깔아놓았지만, "피곤하지 않도록 가끔 쉬기 위해서인데, 좀처럼 잠을 자지 않아" 하고 어머니가 말했다.

그리고 저녁식사 후, 한동안 이야기를 나누고 각자 흩어졌다. 어머니도 일찌감치 쉬고 아버지는 서재로 간다. 나는 아버지 방을 살짝

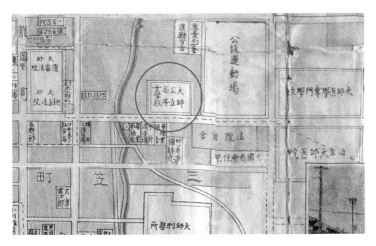
모리사키가 동생과 함께 다녔던 대구공립고등여학교의 위치(현 국채보상운동기념공원)

들여다본다.

"왜 그래?"

"아무 것도 아냐. ……있잖아, 국민정신작흥총서國民精神作興叢書라
는 문고본이 팔리고 있었어. 그거 재미없지?"

"샀어?"

"네."

"그래? 조사할 게 좀 있으니 엄마 곁에 있어주렴."

나는 되돌아온다.

아버지는 무엇을 조사하고 있는 걸까? 나는 요즘 조사하는 방향을
알 수 없게 되었다. 아버지와 얘기를 좀 하고 싶어서 집에 돌아왔다.
그러나 아버지의 몸에서는 절박한 분위기가 풍기고 있어서, 어머니와
얘기할 시간만 겨우 짜내고 있다는 걸 알 수 있었다. 국민정신이란 무
엇일까? 그런 질문은 아버지에게밖에 할 수 없다. 너도나도 자명한 듯

총력전을 치르고 있는 모습이기 때문이다.

일요일 저녁, 여동생과 다시 하숙으로 돌아간다. 어머니가 이불에 앉아 "어제 하루 종일 일어나 있어서 오늘은 쉴 거야. 아프지 않도록 말이야" 하고 말한다. 아버지는 일하러 나가서 집에 없다. 그 부재중인 아버지 책상 위에 어떤 책이 있는지 보고 싶어서 서둘러 가서 본다. 펼쳐진 책이 몇 개나 겹쳐져 있고, 원고용지가 흩어져 있어서 만질 수 없는 기분이 든다. 주워 읽어도 통 알 수가 없다. 사촌오빠와 남동생이 짐을 가지고 역까지 바래다주었다. 두 사람은 우리가 캄캄해질 무렵에 귀성할 때도 마중하러 와주었다. "잘 있어" 말하며 기차를 탄다. 하숙집에서 학예회용으로 쓸 여동생의 흰 치마를 밤새워 바느질했다. 주름을 잡아 몸에 맞추는 것은 어려웠다.

나는 학예회 연극에 출연해 조선옷을 입고 춤을 췄다. 연극 제목은 잊어버렸다. 하지만 대동아공영권에 관한 것이었다. 나는 조선인 딸 역을 자진해서 맡았다. 그맘때는 이미 천황의 똥 같은 걸로 까불지는 않게 되었지만, 그래도 "감히"라며 황실 이야기를 하는 선생님의 말을 들을 때의 기분은 아주 모호했다.

작문 시간에 단가[8]를 지었다. 출정이 가까워진 게 아니냐는 소문이 있는 선생님이었다. 단가 같은 건 지어본 적이 없었지만, 병든 어머니라고 제목을 붙여 연작[9]을 했다. 그것은 다음 주에 칠판에 적혔다.

저녁노을 빛 새빨갛게 물이 든 정든 고향 산 바라보시는 병든 나의 어머니

---

8 5·7·5·7·7의 5구 31음을 원칙으로 하는 와카和歌의 일종.
9 단가나 하이쿠 등에서 작자 한 사람이 같은 제재로 몇 가지 작품을 만들어 전체적으로 하나의 작품 같은 느낌을 내는 것.

서두의 한 수인데, '고향'이라는 말에서 걸렸다. 하지만 남산에 뼈를 묻고 싶어하는 우리 가족의, 마음의 산이니까 괜찮겠지 하고, 경주의 조선인에게 양해를 구하려는 생각이 들었던 걸 기억하고 있다.

어머니는 분명히 재발해 있었다. 하지만 머리맡에 앉은 나에게 "누워만 있어도 괜찮으니까 부모는 살아 있어야 된다고 의사선생님도 말씀하셨어. 엄마는 살아 있을 거야. 그런 사람은 얼마든지 있는 걸 겐이치가 중학생이 되고, 가즈에가 시집가서 아기를 낳을 때까지, 엄마는 누워 있더라도 꼭 살아 있을 테니 안심하고 있어"라고 한다.

"응……."

"응이란 대답이 어디 있니? '네'라고 해라. 너, 장녀야. 아빠를 보렴. 하루 종일 공부하시고 열심히 일하고 계시지? 네가 그러면 우리 집은 어떻게 되겠니?"

"네."

이불 위에 일어나 앉은 어머니 곁에서 눈물을 뚝뚝 흘린다.

"정신 차려라."

"네……."

집에는 조선인 아주머니 외에, 일본인 가정부 아줌마가 너부살이로 와 있었다. 예순 살 정도로 보였다.

"아줌마한테 저녁밥 얘기하고 와, 뭐든지 좋아해요 하고 얘기하고 오너라."

약간 등이 굽은 키가 큰 아줌마는 상냥한 사람이었다.

"입맛이 촌스러워 미안해요, 아가씨. 이거, 뭐라고 하는 거예요?"

"마요네즈요."

"어떻게 쓰는 거죠?"

"저, 그거 내가 해볼 테니까, 아줌마, 다른 요리를 해주세요."

나는 울상을 하며 식칼을 사용한다. 아버지가 보시면 꾸짖을 눈이다. 아버지는 어머니와 내가 나눈 대화를 모른다. 조선인 아주머니는 빨래를 하며, "목간, 물이……" 하며 빙그레 웃는다. 욕조에 물을 받았다는 말이다.

"오모니, 고마워요. 이제 가요?"

아주머니가 손을 흔들며 돌아간다.

남동생이 친구 집에서 돌아온다.

나는 귀성한 날을 이런 식으로 보내는데, 딸들이 집에 없을 때 어머니는 어떻게 지내는 걸까 하는 생각이 든다. 사촌오빠와 남동생이 닭에게 모이를 줬다.

초겨울 찬바람이 전깃줄을 윙윙 울리는 밤이었다.

아버지가 어머니의 이불 옆에 소반을 놓고 일을 하고 있었다. 무언가 적고 있다. 나도 어머니 주변에서 어머니한테 빌린 시모무라 고진下村湖人[10]의 『지로 이야기次郎物語』[11]를 읽고 있었다. 어머니는 이불에 앉아서 남은 털실로 조금씩 뜨개질을 하고 있었다. 화로에서 쇠 주전자가 조용히 울린다.

"좋은 음색이구나."

아버지가 얼굴을 들었다.

"선생님은 어쩌고 계시려나?"

"글쎄요."

---

10 1884~1955. 교육가, 소설가. 중학교 교장을 거쳐 사회교육에 진력했다.
11 1941~1954년 간행. 유아기에서 청년기에 걸친 주인공의 성장을 이상주의적인 필치로 그린 자전적 교양소설.

어머니는 뜨개질을 상자에 넣고 누웠다.

"이 쇠 주전자는 말이야, 가즈에, 엄마 아빠 결혼 축하선물로 게무야마 센타로煙山專太郞¹² 선생님께서 보내주신 거야."

"오래 가네요" 하고 어머니가 말한다.

"게무야마 선생님은 와세다대학에서 러시아 혁명사 강의를 하셨어. 아빠를 굉장히 총애하셨지. 가즈에가 태어났을 때도 축하선물이 왔어."

"흐음……."

아버지가 쇠 주전자의 뜨거운 물을 숙우(다기 세트 중 뜨거운 물을 식히는 데 쓰는 사발―옮긴이)에 부었다.

"아이코도 마실래?"

"주세요."

쇠 주전자를 불 위에 되돌려놓자, 치익 하고 음색이 변한다.

"아베 이소오安部磯雄¹³ 선생님한테도 총애를 받았어. 선생님은 크리스천으로 사회민중당의 당수가 되셨는데, 토지 국유론이라든가 산아제한론 같은 폭넓은 활약을 하셨어. 그것보다도 와세다대학 야구 발전의 공로자야. 아베 선생님이 야구부를 만들어 원정을 가시기도 하고 말이야. 아빠는 매니저였기 때문에 그쪽으로도 여러모로 인연이 깊었단다."

"후지산에 오른 것도 그 선생님과 함께였어?"

---

12 1876~1954. 서양사학자, 와세다대학 명예교수, 러시아사, 유대인사 연구의 선구자, 저서에 『근세무정부주의』 『서양최근세사』가 있다.
13 1865·1949. 와세다대학 교수, 성직가, 사회주의 연구회, 사회민중당, 사회대중당 등을 결성. 기독교 사회주의 입장에서 무산정당우파의 지도자로 활약한 인물.

"아니, 그건 또 별개야. 아이코, 차가 나왔어."

아버지는 찻잔을 어머니에게 건넸다. 어머니가 일어나 마신다.

"맛있어……."

"대학교를 졸업할 때 아빠는 수석이었어. 독일 유학이 잡혀 있었어."

"안 갔어?"

"갑자기 못 가게 됐어. 집안 사정으로 취직해야만 했거든."

"여러 일이 있었죠."

"응……."

둘이서 차를 훌쩍거린다.

"도쿄에 오하라大原 사회문제연구소[14]라는 게 있어. 구라시키倉敷 방적의 오하라 마고사부로大原孫三郎가 출자해서 생긴 사회문제 연구기관이야. 독일에서 귀국하면 거기에 가기로 되어 있었어."

아버지는 쇠 주전자 밑에 있는 숯불에서 재를 긁어모았다. 뜨거운 물소리가 잦아들었다. 나는 무슨 말인가 하고 싶었다.

"그렇게 됐으면 인연은 없었겠죠."

"그렇네. 자, 아이코는 이제 자. 가즈에는 아직 책 읽을 거야? 읽을 거면 자기 방에 가거라. 불을 어둡게 하자."

아버지가 어머니를 재우고, 소반을 치우고 서재로 갔다. 추억을 곱 씹는 아버지를 염려하는 마음이 생겼다.

---

14 1919년 간사이 지방 재계의 중진인 오하라 마고사부로가 사재를 털어 오사카에 설립한 민간 사회과학연구소로 일본의 사회과학, 특히 노동문제 연구의 발전에 기여했다. 1937년 오사카에 있는 연구소가 도쿄로 이전, 제2차 세계대전 후인 1949년에 호세이法政대학과 합방해 호세이대학 오하라사회문제연구소가 되어 현재에 이르고 있다.

나는 1, 2학년 때보다도 더 부지런히 토요일과 일요일에 집으로 갔다. 어느 날, 어머니가 아끼던 꽃문양이 있는 청동 그릇이 싹 다 사라지고 없었다. 가슴이 철렁했다.

"나라에 바쳤어. 금속을 회수해서 비행기와 대포를 만든대."

"그래도, 그 매다는 화기花器도? 그 멋진 화기. 가즈에가 물려받고 싶었어."

나는 어머니가 여명이 얼마 남지 않았다고 삶을 포기했나 싶어 가슴이 벌렁거렸다. 눈물을 참으며 어머니를 노려본다.

"전쟁이 더 중요하지."

"그래도……."

전쟁보다도 그 화기가 훨씬 더 소중하다는 말을 꾹 참았다. 말해봤자 별 의미도 없는 상황이었기 때문이다. 그것보다도 어머니가 그것을 나라에 빼앗기고도 병석에서 미소나 지으며 흥분하지 않는 게 마음에 걸렸다.

"가즈에는 엄마가 그 초승달 모양의 화기에 꽂은 꽃을 제일 좋아해. 저기에 매달고……."

나는 어머니의 꽃꽂이를 이제 볼 수 없게 된다는 생각이 들어 목소리가 떨리고 만다.

1942년 말이었다. 국방부인회[15] 훈련에 몸뻬를 사용하라고 통지가 있었다. 하지만 우리 집은 부인회에 나가야 할 어머니가 환자다. 아버지와 사촌오빠도 외출할 때는 늘 각반Gaiters(정강이 보호대—옮긴이)

---

15 1932년 오사카에서 결성된 여성의 군사후원 단체. 출정 병사의 환·송영, 유족의 위문, 방공 훈련 등 진시체세에 협력한 단체. 1942년 애국부인회와 합방해 대일본부인회가 됨. 정식 명칭은 대일본국방부인회.

을 차는 비상시국이지만.

아버지가 귀가하여 "아이코, 몸뻬를 사놨어" 하며 싱글벙글 웃으며 이부자리로 다가갔다.

천정을 바라보며 누워 있던 어머니가 "몸뻬를 입으란 말씀이세요?" 하고 말했다.

뜻밖의 반응이었다. 목소리가 떨리고 있었다.

"왜 그래?"

아버지가 놀라서 앉았다. 그리고 어조를 바꿔 "한 벌 가지고 있으면 마음이 든든하겠지. 하지만 필요 없어, 일본은" 하고 말했다. 그래도 울상을 한 어머니는 기가 죽지 않았다.

"저, 몸뻬 입고 싶어요."

"그럼 기분 좋을 때 사용해봐."

"입고 싶지만 안돼요. 저, 입고 싶어요. 몸뻬든 뭐든. 그래도 안 돼요. 왜 짓궂게 그래요, 여보……."

눈이 빨개졌다.

아버지가 "아이코……" 하고 말했다.

"내가 잘못했어."

어머니가 흐느껴 울었다. 틀림없이 하루 종일 혼자서 이제 곧 사라질 자신을 생각하고 있었던 것이다. 나는 어머니 옆에 떨어져 있는 종이 꾸러미를 집어 들어 살짝 열어보았다. 처음 보는 몸뻬는 조선인 아주머니의 치마 밑에 입는 속바지와 비슷했다. 발목에 고무줄이 들어가 있었다. 검은 공단 천이었다.

"가즈에, 부엌으로 가져가서 아줌마께 드려라."

아버지가 말했다.

초봄이 되었다. 나도 곧 4학년이 된다. 과달카날 섬에서 철수, 뉴기니 여기저기서 옥쇄, 수송선단의 격침이 잇따른다.

경주중학교 제1회생의 졸업도 임박했다. 선생님이 한 명 출정하셨다. 나는 소학교에 통학하면서 기억에 박힌 키가 큰 조선인 학생들이 일본인 학생과 함께 "바다에 가면 물에 잠긴 시체가 되고"라며 노래하는 소리를 마당의 매화나무를 가위로 자르며 듣는다.

어머니 방에 꽃을 가져갔다.

"잘 꽂네."

어머니가 꽃꽂이를 칭찬했다.

"매화가 예쁘지, 엄마."

일전에 어머니가 올해 매화꽃을 볼 수 있을까, 중얼거렸기 때문에 꽃망울이 터진 꽃을 몇 송이 가져간 것이다.

"있잖아, 벚꽃 봉우리가 발그스름해져 있었어. 벚꽃이 피면 또 꽃꽂이 할 테니 봐줘."

어머니는 꽃병의 매화를 지그시 보고 있느라 대답을 잊고 있었다.

어머니의 머리맡에서 노래를 부르고 있던 조선인 소녀가 "사모님 꽃 좋아하세요?" 하고 말했다.

그 아이는 이번에 귀성했을 때 어머니 머리맡에 있었다. 어머니가 "똑똑해, 금세 노래를 외웠어"라고 하던 아이다. 어머니의 놀이 상대로 오기 시작한 것 같았다.

"아, 언니한테 아까 불렀던 노래 들려주렴. 가즈야, 애 정말 잘해."

어머니는 기쁜 듯이 말했다. 소녀는 노래했다.

빨간 색 귀여운 송아지

231

시골로 데려갔어요.

음매음매 우니까 대숲의

쩍쩍 참새도 보러 왔어요.

나도 어머니와 부른 적이 있는 그 동요를 소녀는 좋은 목소리로 정확하게 불렀다.

"그치!"

어머니는 흐뭇해 보였다.

어머니가 잠들어서, 둘이서 온돌방으로 갔다. 따뜻한 방의 퇴창(밖으로 튀어나온 창문—옮긴이)에 기대어, "나한테 이번엔 조선 노래를 가르쳐줘" 하고 부탁했다.

"좋아하는 사람이 일본에 가는 노래여도 돼?"

"좋아, 가르쳐줘. 조선말로."

"있잖아, 파도가 첨벙 첨벙거리고 있어. 연락선이 떠나가. 남자도 여자도 울고, 손수건으로 눈물을 닦아."

"응."

"그리고 말이야, 잘 지내라고 해. 일본에 무슨 일이 있어도 일하러 가, 그런 노래야."

"알았어, 그 노래 가르쳐줘."

소녀는 어머니를 의식하며 작은 소리로 불렀다. 높고 가늘게 울려 퍼졌다. 그리고 한 구절씩 나도 따라 불렀다.

파도는 우롱우롱

에-라쿠센 또난다.

'자루 가소'
'자루 있소'
눈무루루 산스공
⋯⋯⋯⋯⋯⋯

나는 그럭저럭 부를 수 있게 되어 둘이서 반복해서 합창을 했다.
소녀에게 물어보며 멋대로 번역해보면 다음과 같은 노래였다.[16]

파도가 일렁일렁
연락선은 떠나간다.
'잘 가요.'
'잘 있어요.'
눈물로 젖는 손수건
진심으로 너를
정말로 너를
사랑하기 때문에
눈물을 감추고 일본으로 간다.

"있잖아⋯⋯" 소녀가 말했다.
"뭐?"
"있잖아, 일본이 전쟁을 하니까 비가 안 와. 그래서 일본에 일하러 가는 거야, 비가 안 오니까 쌀이 수확이 안 되잖아."

---

16 박영호 작사, 김해송金海松 작곡, 장세정張世貞이 노래한 대중가요 「연락선은 떠난다」로 추정된다. 1937년에 발표된 이 노래의 가사는 일제강점기의 관부연락선에 얽힌 내용이다.

"전쟁을 하니까 비가 안 온다고? 그럴 리 없어."

"할아버지가 말했어. 대포를 꽝꽝 쏘니까 하늘이 마른대."

"일본 사람도 그런 말을 하지만…… 그래도 그럴 리 없을 거야."

"있어. 할아버지가 말했는걸."

"할아버지가?"

소곤소곤 얘기했다.

"할아버지가 말이야, 이제 곧 일본은 질 거래."

"그럴 리 없어."

"정말 질 거래. 있잖아, 밤에 임금님 무덤 앞에서 빌고 있어."

"너희 할아버지가?"

"다른 사람들도 마찬가지야. 지라고 빌고 있어."

창문 밖에서 무슨 소리가 나는 것 같아서, 나는 입술에 손가락을 갖다 대고 주위를 살핀 뒤,

"다른 일본 사람한테 말하면 안 돼."

하고 말했다.

"말 안 해."

오릉의 쥐죽은 듯 고요한 모습이 떠올랐다. 한밤중에 중학생들도 틀림없이 빌고 있을 것이다. 자연스러운 일이라고 생각했다. 학교에서 봉안전에 경례를 하고, 집으로 돌아가 오릉을 향해 일본의 항복을 기원하는 것은 모순이라고 생각되지 않는다. 나도 낮과 밤의 생각이 같지 않은 걸. 둘이서 연락선 노래와 송아지 동요를 불렀다.

어머니의 증상이 급변했다.

"여러 모로 고마워" 하며 어머니가 흐려지는 눈으로 소녀를 보며 인사했다. "사모님, 사모님." 소녀가 이성을 잃고 울었다. "이제 집에 돌

아가. 다음에 또 놀자." 나는 소녀의 어깨를 껴안고, 보따리를 들고 현관까지 배웅했다. "다음에 치마저고리 만들어 달래서 줄게. 분홍색 예쁜 거." "분홍색 싫어." "왜?" "까만색이 좋아, 여학생 같은 거." 소녀는 그렇게 말하고 돌아갔다.

어머니는 의식을 잃어갔다. 병세가 급변해서 친척이 모였다. 하지만 며칠 지나 어머니는 병세가 조금 나아졌다. 또렷한 목소리로 이야기를 하거나 웃기도 한다. 안심하고 친척들은 흩어져서 갔다. 경주중학교 졸업식 날, 어머니가 아버지에게 흰 장갑을 꺼내줬다.

화창한 봄이 온다.

남동생이 강아지를 안고 툇마루 바깥에 웅크리고 있다.

며칠 후, 1943년 4월 2일 대낮에 어머니가 돌아가셨다.

아버지가 이마를 쓰다듬으며 "고마워, 정말 고마워, 정말로, 아이코는 잘해줬어……" 하고 말했다.

2

수중에 아버지 편지가 한 통 있다.

이 편지는 전에 만주신문사에 근무하던 아버지의 동생 즉 나의 삼촌에게 보낸 것으로, 삼촌이 패전으로 소련에 억류되어 부재중일 때 숙모가 아이를 데리고 고난에 찬 귀국길에 오르면서도 소중히 가져와준 것이다. 귀국할 때의 어려움을 생각하면, 나는 숙모의 마음을 고맙게 여기지 않을 수 없다. 삼촌은 귀국 후에는 덴쓰電通[17]를 거쳐, 비디오 리서치[18]를 창립하고 몇 해 전에 돌아가셨다. 친척이 보관해온 40년이나 된 옛날 편지다. 어머니의 임종을 알린 것이었다. 삼촌은 어머니의 증세가 급변하자 한걸음에 달려와주었지만, 병세가 조금 나아졌기 때문에 신경新京(지금의 지린성 창춘시―옮긴이)으로 돌아가서

---

17 1901년 미쓰나가 호시로가 창립한 '일본광고'가 전신인 광고회사. 미쓰나가는 4개월 뒤에 전보통신사電報通信社를 창립하고, 1906년 일본전보통신사日本電報通信社로 개명. 다음 해인 1907년 일본전보통신사에 일본광고를 합병.
18 1962년 설립한 총합조사회사. 일본에서 시청률 조사에 있어 독점적인 위상을 갖는 회사다.

취재를 하러 나갔기 때문에 장례식에 올 수 없었다.

귀경 후의 다망多忙함, 동분서주를 귀한貴翰(상대방의 편지를 높이 이르는 말—옮긴이)을 통해 알았다. 정말로 미안하게 생각한다.

4월 1일 밤 가즈에가 대구에서 돌아왔다. 세쓰코와 둘이 그 전날 대구에 가서, 여동생은 남고 언니는 돌아온 것이다. 별로 대단한 변화도 보이지 않았기 때문에 간호사, 아이코, 나와 가즈에 네 명이 저 안쪽 방에서 잤다. 모두 잠들었다. 나도 잠들었다.

밤중에 문득 아이코 소리에 잠이 깼다. 얼음이 먹고 싶다고 했다. 그래서 내가 얼음을 깨 찻잔에 넣어와 두세 조각을 아이코에게 줬다. 그다음에 가즈에가 또 아이코에게 주었다. 늘 있는 일이라서 별로 개의치 않고 또 깊은 잠에 빠져든 것이 1시 반경이었다.

그다음에 깬 것은 6시 경이었다. 얼굴이라도 닦아줄까 하고 다가가니, 왠지 숨결이 이상하다. 씩씩거리고 있다. 입을 벌리고 턱을 움직이며 숨을 쉬고 있다. 깜짝 놀라서 "아이코, 아이코" 하고 불러봤지만 대답하지 않는다. 눈은 반쯤 얼빠지게 뜨고 있다. 정말로 놀라서 모두를 깨우고 의사를 맞았으나, 그때는 이미 영혼은 이 세상에 없고, 오직 육신만이 우리에게 떠나가는 이별을 고할 뿐이었다. 주사도 소용이 없었다. 의사는 "조용히 계시는 게 좋을 겁니다"라며 아내의 이름을 부르는 걸 말렸다. 점차 호흡이 가빠왔다. 나는 아내의 눈을 감겨주었다.

이윽고 정오가 되었다. 아내는 크고 굵게 그러나 조용히 숨을 쉬나 싶더니 축 쳐졌다. 임종이다. 조용한, 참으로 아이코에게 어울리는 임종이었다. 나는 합장 염불했다. 이상하게 그때는 눈물도 나오지 않았다

2일 밤과 3일 밤, 밤새 빈소를 지켰다.[19] 나는 사람들이 권유하는 대로 밤 중에는 잤다.

4일 오후 4시에 치른 장례식에도 남의 말 때문에 집에서 장송했다.[20]

5일 화장. 이것이 내 아내의 모습인가 싶어서 울었다.

6일 절에 예불을 했다.

7일 사십구재 초재, 독경. 14일 사십구재 2재의 독경이 있었다.

3일 밤의 일이었다. 요시나카吉中 군이 자택에 핀 벚꽃을 가져와주었다. 계림학교에서 목련을 받았다. 거기에 사철나무 등을 곁들여 불전 공화供花가 예쁘고 깔끔하게 완성되었다. 나는 필시 아이코가 기뻐하고 있을 것이라며 고맙게 바라보고 있었다. 네댓 명의 사람이 있었다. 아이코는 아직껏 이불 위에 누워 있었다. 다만 얼굴에 흰 천이 덮여 있을 뿐이었다.

겐이치가 느닷없이 객실로 와서 무릎걸음으로 이부자리 앞에 오더니, 아이코의 덮개를 걷고 벚꽃 가지 하나를 자꾸만 보여준다. 이윽고 못 참겠는지, 닭똥 같은 눈물을 흘리며 흐느껴 울기 시작했다. 이때 나는 정말 진심으로 슬펐다. 흐르는 눈물을 금할 수 없었다. 지금 이것을 쓰면서도 눈물이 난다.

나는 아내와 좀처럼 다툰 적이 없었다. 어떤 일로 인해 손을 댄 적이 한 번 있었던 걸로 기억한다. 우리는 사이가 좋은 부부라고 할 수 있을까 싶다. 그런데 나는 그다지 아내와 함께 다니지 않았다. 어쩌다 드물게 함께 다니면 굉장히 기뻐했던 것 같다. 나는 대구에 있을 때도 거의, 가령 영화 같은 걸 함께 본 적이 없었다. 경주에 5년 살면서 내가 확실히 기억하고 있

---

19 일본도 쓰야通夜라고 해서 죽은 자를 묻기 전에 가족과 지인 등이 모여 밤새도록 곁에서 지내며 명복을 비는 풍습이 있다.

20 아내가 남편보다 먼저 죽으면 남편이 아내의 장례행렬에 나가서는 안 된다는 조선 어르신의 말을 들었다는 표현이 모리사키의 전집인 『정신사 여행 1 고향』 31쪽에 나온다.

는 것은 두 번밖에 없다.

불국사에도 딱 한 번 간 것 같다. 해운대에는 아마 두 번인가 갔다. 나는 지금에 와서야 하다못해 경성 정도는 데리고 갔어야 했다고 뼈저리게 후회하고 있다. 도쿄에는 한번 가고 싶다는 생각을 했었지만, 결국에 실행하지 못한 채 그녀는 별세했다. 나는 이를 매우 안타깝게 생각한다. 내가 위패를 들고, 사진을 몰래 지니고 가더라도 내 마음의 위안만 될 뿐이다. 기모노나 소지품 따위도 내가 사준 적은 극히 드물었다. 무엇이었는지 잊어버렸지만, 아마 대구에서 유가타인지 모슬린(얇고 부드럽게 짠 모직물—옮긴이)인지를 마지못해 사왔을 때 아이들에게 "아빠는 물건 고르는 센스가 너무 좋아" 하며 기뻐하던 일, 도쿄에 다녀온 기념으로 가죽으로 만든 조리(일본식 짚신, 샌들—옮긴이)를 사왔을 때, 아주 기뻐하던 일이 생각난다. 이런 일들을 떠올리며 잠꼬대로 "아빠와 도쿄에 가"라든가 "나도 멋부릴까?" 하고 말하던 것을 생각하면 창자를 쥐어뜯기는 느낌이 든다.

요컨대 나는 아내를 그다지 기쁘게 할 만한 일을 하지 않았다. 뼈저리게 미안하게 생각한다.

구라지庫次
미노루実 군
4월 14일

어머니 아이코, 벚꽃이 필 무렵에 죽었다. 서른여섯 살이었다.

경주중학교 1회생이 이야기했다.

"3월 말경, 이미 캄캄해졌을 때 교장관사에서 불덩이가 쑥 하고 날아가는 것을 본 친구가 있습니다. 조선에서는 혼불이라고 합니다만, 혼불이 몸에서 나가면 오래 살 수 없다고 합니다. 교장관사에서 나온

239

그 혼불은 지붕 언저리를 어른거리다가 곧장 남산 쪽으로 날아가서 사라졌다고 합니다. 교장선생님 사모님의 병환이 결국 가망 없다고 수군댔습니다."

"그렇습니까?……"

어머니는 일본인이지만 조선에서 살았으니까 그런 일이 있을지도 모르겠다고, 나는 남산을 향해 사라졌다는 어머니의 혼을 생각했다. "조상님은 늘 어디선가 보고 계셔, 거짓말을 해도 보고 계셔"라고 말한 어머니는 역시 보고 있는 걸까?

나는 동생들에게 우엉조림과 소고기 장조림을 만들어주고 하숙집으로 갔다. 하지만 1개월 남짓 지난 5월 말경 교장실에 불려갔다.

"어머니가 돌아가셔서 쓸쓸하지? 좀 괜찮아졌어?"

교장선생님은 망설이는 모습이었는데 "아버지와도 얘기를 했는데"라며 "아버지가 이번에 김천중학교로 전근 가시게 됐어"라고 하셨다.

"네에?"

나는 귀성했을 때 아무런 얘기도 없었다는 생각을 했다. 사십구재 2재 불공 의식도 끝나고 신학기가 시작되는 학교로 드디어 돌아가서, 아버지는 또 힘들지만 그 마음을 헤아려주는 선생님들과 학생이 있는 직장에서 상심한 마음을 추스르려고 했던 것이다. 아버지는 옆에서 보기에도 애처로웠다. 혼불이 몸속에서 사라진 것처럼 보였다.

어찌된 일일까? 무슨 일이 있었던 걸까? 나는 아버지가 "아빠는 앞뒤로 총이 겨눠져 있어"라고 한 말을 떠올리며 교장선생님을 바라봤다.

"어떨까? 아버지는 그렇게 말씀하시지는 않지만, 너는 김천의 여학교로 전학 갈 생각은 없니? 거기도 신설된 여학교가 있는데."

"네……."

아버지는 이미 이삿짐을 싸고 있는 걸까?

"진학을 희망하지, 너는?"

"네, 그럴 생각입니다."

"그렇다면 더군다나 여기 있고 싶겠지만. 아버지가 적적하실 것 같아서 말이야."

"감사합니다. 전학가기로 하겠습니다."

"여학교가 그 고장에 있으니……. 아버지도 그러는 편이……."

"네, 그게 저도 편합니다."

"여동생은 어떨까?"

선생님은 네가 아버지께 말씀드려보라고 하셨다. 나는 여동생과 의논한 뒤 아버지께 전화를 걸고 황급히 짐을 쌌다. 이불보따리를 둘이서 묶었다.

김천은 대구에서 북서 방향 기차로 1시간 반 가량 간 곳에 있는 군청 소재지다. 추풍령을 넘으면 충청북도다. 경주와는 대구를 사이에 두고 반대편에 해당한다. 아버지는 당장에라도 전근을 간다고 하셔서, 우리는 그대로 대구에 있다가 역에서 만나기로 했다. 친구와 황급히 기념사진을 찍고 작별모임을 했다. 졸업까지 10개월도 안 남았는데…….

나는 경주로 귀성하고 싶었고, 나 이상으로 아버지를 그 고장에 있게 하고 싶었다. 아버지가 학생들 한 사람 한 사람에게 마음을 쓰고 있는 모습은 부모님의 대화에서도 잘 엿보였다. 그것은 공립중학교라기 보다도 학원이라고 하기에 적합할 것 같은 배려였다. 나는 마음에 남아 있는 한 학생에 대해 아버지에게 물어본 적이 있다. 아버지는 "아아 그 학생은 가족 모두 크리스천이다"라고 말했다. "확실한 신념을 가진 청년이야. 과묵해."

"나라의 역사도 중요하지만, 국가는 국민의 집합이야. 개인이 그 집의 역사를 소중히 여기는 건 이런 시국이라면 더욱 중요해. 조선은 일본과 달리 집집마다의 역사를 중시하고 있어. 그래서 아빠는 학생들에게 자기 집 역사를 조사해오도록 숙제를 냈어."

그때 나는 '흐음'이라고 했지만, 그것은 황국신민 의식에 역행하지는 않는 건지, 그것과 평행하는 것인지의 여부를 언뜻 생각했다. 조선총독부가 정한 중등학교 역사 교수법에 "향토 사료에는 특별히 고념顧念할 것"이라는 게 있다. 여기서 말하는 향토 사료란 조선사도 포함하고 있다. 게다가 "일본과 조선 관계의 사실史實은 특수하게 취급할 것"이라고 특별히 명기되어 있다. 특수라는 표현에 대해, 그 내용은 기재되어 있지 않다. 하지만 교육의 대강大綱이 황국신민을 만드는 데 있으니까, 일본 중심 향토사의 '사실史實'이라는 셈이다. 그것은 사실이라기보다도 역사를 왜곡한 것이라고, 지금이라면 말할 수 있겠지만.

그래도 어쨌든 일본사와는 별도로, 조선인 학생 집안의 역사를 인식하면서 서로서로 승인할 수 있는 관계를 찾아내고 싶다는 생각은 황국신민으로서 전쟁 치하를 살아갈 수밖에 달리 방도가 없는 아버지의 치열한 모색이었음에 틀림없다. 그러나 나는 아버지의 갑작스런 전근은 그러한 모색을 추궁당한 결과라고 받아들였다. 마음이 긴장된다.

나는 여동생과 둘이서 대구역에서 가족을 기다렸다. 경주에서 온 기차가 플랫폼에 들어왔다. 기차에서 내린 것은 아버지와 남동생 두 사람이었다. 어머니의 모습은 없다.

당연한 일인데도 받아들이지 못하고 있는 걸 애써 감추며, 여동생도 나도 싱글벙글 웃으며 다가갔다. 아버지도 어머니 곁까지 내려오 듯이 "기다렸니?" 하며 미소 띤 얼굴로 말했다. 장례식 때보다 조금 더 건강해 보였다.

"고스케康資 오빠는?"

여동생과 나는 사촌오빠에 대해 물었다.

"고스케는 졸업 때까지 나카노中野의 집에서 하숙하기로 했어."

아버지가 대답했다. 사촌오빠 친구 집이었다. 남동생이 어머니의 유골함을 흰 천으로 싸서 안고 있었다.

넷이서 김천행 기차를 탔다. 아버지가 나와 여동생의 결단을 다독여주었다. 열차는 부산과 경성을 잇는 경부선 광궤 철도다. 느긋하게 자리에 앉았다. 창밖으로 밝은 초여름 햇빛이 비쳤다.

"이런 걸 받았어. 고대의 물건이라고 하셨는데……."

아버지는 경주역 앞에서 배웅하러 온 조선인들에게 받았다는 작은 상자를 나에게 건네줬다.

"뭘까요?"

흔들리는 창가에서 열어보았다.

집게손가락 정도의 거무스름한 금 불상이었다. 아비지는 말없이 응시했다. 내 눈도 글썽거렸다. 아버지가 중얼거렸다.

"엄마가 기뻐하고 있겠지……."

나는 통학가방에 담았다.

3

김천역 앞에 중학교 4, 5학년으로 보이는 수십 명의 학생이 선생님과 함께 줄을 서 있었다. 칠칠치 못한 자세로 서 있다고 순간적으로 생각했다. 경주 중학생들의 청렬淸洌한 표정이 여기에는 없다.

아버지는 학생들의 정면으로 걸어갔다. 나는 동생들과 함께 멀찍이 서 있었다. 인솔 선생님이 경례와 호령을 하고, 아버지는 경례하는 학생들에게 답례를 했다. 그리고 학생들을 대충 바라보고 수고한다고 말했다. 무슨 이야기라도 하나 싶은 느낌이 한순간 들다가 아버지가 가볍게 끄덕이듯이 일어선다. 인솔 선생님이 "그럼 여기서 해산한다. 다시 한번 교장선생님께 경례!" 하고 말했다. 끝에 있던 한 학생이 치! 하고 혀를 차며 발밑의 돌멩이를 작게 걷어찼다. 모두 줄줄이 흩어졌다.

준비되어 있던 집으로 들어갔다.

취사를 하는 것은 걱정되지 않는다. 가족의 마음을 북돋아주고 싶어서, 바로 차를 끓였다.

경상남북도연합임업진흥공진회의 기념
도장에 '김천'이라는 글자가 선명하다.

큰 짐은 도와주는 사람들이 정리해줬다. 다음 날 아버지와 함께 남
동생이 전학할 소학교와 우리가 다닐 여학교를 보러 갔다. 김천은 완
만한 비탈길이 많은 검붉은 고장이었다. 비탈길 부근에 일본인 상점
이 늘어서 있었다.

우리가 도착하고 며칠 지나지 않았을 때, 대구의 일본인 가정부회
에서 예순 살 정도의 건강한 아줌마가 찾아왔다. 뚱뚱하고 목소리도
크다. 아줌마는 당장 밥을 지어주었다.

"호박 밥은 내가 좋아하는 음식이에요. 맛있어요."

밥 안에 잘게 썬 호박이 들어 있었다. 마음속으로 눈물이 주룩주
룩 흘러내렸다. 어머니는 이제 없다. 아버지도 남동생도 호박은 좋아
하지 않았지만, "신기하네요" 하며 먹었다

여동생과 손을 잡고 김천고등여학교에 다닌다. 나는 여동생의 표

정만 훔쳐본다. 가족은 아무도 쓸쓸하다는 말은 하지 않는다. '엄마는 이런 걸 했었지'라는 말도 하지 않는다. 남동생도 책가방을 메고 학교에 갔다. 나는 짧은 양말을 꺼내 줬다.

"여기는 기생 학교래."

어느 나가야長屋²¹ 풍의 집 밑을 걸어갈 때 나는 그렇게 이야기했다. 여동생은 고개를 끄덕인다. 여동생은 아버지를 닮아서 약간 곱슬머리다. 그런 단발머리를 끄덕일 뿐이다.

"기생 공부는 말이야, 가야금이며 노래며 여러 모로 어렵대. 알고 있니?"

여학교는 시내 끄트머리 쪽에 있어서, 통학하는 길은 조선인들 집 사이로 난 길을 다닌다. 우리는 6월 1일부터 다니기 시작했다. 아침에 집들이 그늘을 길게 드리운 길에 아저씨들이 드러누워서 곤히 자고 있었다.

"길에서 자네."

"집안이 더운가봐. 밟지 않도록 조심해."

나와 여동생은 피해 갈 수 없는 좁은 길을 발끝을 세워 사람들의 다리 사이를 골라가며 걸었다. 이 고장은 소백산맥에 가깝기 때문에 평야 도시는 아닐 것이다. 논밭이 펼쳐져 있는 것도 아니고, 산지를 개간하여 좁쌀과 수수를 기르고 있을 것이다. 길에서 자고 있는 사람들은 그런 밭에서 일할지도 모른다. 지쳐 잠든 사람들의 발끝에 닿지 않도록 조심조심 걷는다.

남동생은 생각보다 기운차게 등교를 하며 "친구도 생겼어"라고 말

---

21 일본식 연립주택 내지 다세대주택. 주로 서민 거주 지역(시타마치)의 좁은 골목에 쭉 늘어선 목조주택.

1930년대 사립 김천중학교 전경. 교정 너머의 경부선 철도에서
열차가 달리는 모습이 보인다.(송설역사관 자료집)

했다. 그도 입학시험을 앞두고 있기 때문에 나는 어머니 흉내를 내며
남동생에게 시험에 나올 만한 한자를 뽑아서는 작은 노트에 읽는 법
을 적어준다.

"한자 읽기 단어장 만들어뒀어. 가끔 해봐."

일요일 오후부터 아버지가 셋을 김천중학교로 데리고 가주셨다.
시내를 벗어나서 산을 따라 서쪽으로 간다. 조선인 집 초가지붕에 박
이 파릇파릇하게 줄기를 뻗어 하얀 꽃이 피어 있었다. 산기슭은 논이
펼쳐져 있었다. 학교까지 거리가 꽤 된다. 우리는 오랜만에 네 명이 다
같이 산책을 나와 서로 웃는 얼굴을 마주하고 있었다.

녹음이 짙은 산기슭에 벽돌로 지은 학교 교사校舍가 있었다.

"훌륭한 학교네!"

남동생이 말했다.

"조선인을 위한 기독교 사립학교[22]였단다."

"아주 오래 전에 지어졌겠지, 서양식인걸."

"현관으로 들어갈까, 열려 있으려나?"

아버지가 앞장섰다.

쥐죽은 듯 고요한 건물 안에 발소리가 울려 퍼진다.

"좋은 곳에 지어졌네."

"복도도 깨끗하네, 아빠."

남동생이 성큼성큼 걸어간다.

"있잖아, 아빠, 돈을 아주 많이 들인 학교네."

나는 말했다.

"그렇구나, 꽤 오래 전에 교회 출자금으로 세운 거라고 들었어. 그러나 학생들은 딱해. 아무데나 오줌을 눴어. 이 복도에서도 눴었대."

"왜 그런 거야?"

"전쟁이 나서 기독교는 점차 활동하기 어려워졌어. 내지에서도 그렇고 조선에서도 그렇고. 여기 학교 주인과 교장도 조선인 기독교 신자였대. 확실한 건 모르겠지만, 아마 지금은 형무소 안에 있을 거야. 학

---

22 2006년 요센샤 신서판 후기에 따르면, 신초샤에서 이 작품이 처음 간행된 후 한국인 독자와 동창생이 이 대목은 모리사키의 기억의 오류라고 지적했다고 한다. 김천중학교의 교장은 와세다대학 출신의 정열모 씨이고 창립자는 최송설당(아호)이라는 여성으로 조선 왕조를 섬기다 퇴직금 전부를 투자하여 조선인 교육을 위해 이 학교를 건립했다고 한다. 모리사키는 이러한 오류를 정확히 고치기 위해 와세다대학을 비롯해 관련 기록 등을 조사했고, 그 내용을 『메아리 울려 퍼지는 산하 속으로: 한국기행 85년 봄』에 정리했다. 정열모 교장은 와세다대학을 졸업한 후, 김천고등보통학교 설립과 동시에 부임했다. 그 후 1942년에 교장을 비롯한 관계자 30명 정도가 조선어사전 편찬에 관여했다는 죄목으로 수감되어 총독부 시학관이 교장대리로 10명 남짓한 일본인 교원과 함께 부임했다. 그리고 이 작품에 나오듯이, 모리사키의 아버지가 갑자기 이 학교에 부임해 오게 된 것은 이듬해 5월이었고, 정열모 교장은 한국전쟁 때 북으로 납치되었다고 한다.

생들은 그걸 알고 있어. 어쨌든 학교 건물은 오물로 더러워져 있었어."

"……"

나는 하려던 말을 꾹 참았다. 지금 복도는 청결하다. 학생들은 학교 주인과 교장을 탄압한 당국에 대한 저항을 아무데나 방뇨하는 걸로 표현했던 것이다.

아버지는 새끼손가락만한 마리아관음[23]을 갖고 있었다. 마리아관음상은 아기를 안고 있다. 관음상과 비슷하지만 마리아라고 들었다. 일찍이 규슈의 나가사키와 히라도平戸 주변 신도들이 가쿠레 기리시탄[24]이었을 때 갖고 있던 거라고도 하고, 기독교가 해금된 직후인 메이지 초기에 만들어진 것이라고도 하는 청동상이다. 내가 철들 무렵부터 아버지 책상 위에 있었다. 지금은 불단 안에 어머니의 위패와 함께 있다. 어머니가 있었다면 아버지는 무슨 말인가 할 것이다. 말벗도 없이 우리를 데리고 와서, 지금은 반들반들 빛나고 있는 복도를 걷는 아버지의 처지를 나는 그저 불안하게 생각할 뿐이다.

그날 우리는 몇 년 동안이나 바깥 공기를 쐰 적이 없었던 것 같아서, 서로 마음을 나누듯이 천천히 돌아왔다. 아버지는 "올해는 가즈에와 겐이치가 수험 공부를 해야 하는구나, 몸조심하면서 해라"며 간신히 자식 일에 대해 언급할 기회를 얻었다는 표정으로 이야기한다. 그런데 나는 부모님의 대화를 들을 수 없게 되었기 때문에, 아버지의 마음을 짐작할 단서를 잃은 것처럼 불안하고, 아버지가 궁지에 몰리고 있는 것 같아서 견딜 수 없었다. 아버지가 많은 것을 자기 가슴 속

---

23 에도시대에 금제禁制당하면서도 몰래 신앙을 지킨 기독교도들이 성모마리아를 모방하여 몰래 숭배崇拜의 대상으로 삼았던 관음상. 상의 일부에 십자가를 숨겨두고 있는 경우가 많다.
24 탄압을 피해 몰래 숨어서 신앙을 지킨 기독교인.

에만 간직해두고 있다는 것을 느끼고 있었다. 마치 내가 임금님 무덤 앞에서 일본의 패전을 빌고 있다는 말을 듣고, 일본 사람한테 얘기하지 말라고 속삭였듯이. "일본인은 스파이야, 할아버지께도 잘 얘기해 둬." 나는 그렇게도 말했었다. 교육은 완전히 군대의 수중에 들어갔다. 나는 아버지가 항일의식이 강한 학교로 쫓겨나고 누군가 뒤에서 노리고 있다는 생각이 들었지만, 가족끼리 있을 때에는 이야기하지 못했다.

아버지는 학교 일에 마음이 놓이지 않는지 아침 일찍 나간다.

"다녀오세요."

우리는 아버지를 배웅하고 나서 식사했다. 월말에 아버지한테서 월급봉투를 건네받았다.

"아빠는 바빠서 귀가가 늦어진다. 이제부터 가즈에가 전기세와 수도세 같은 걸 내고, 아줌마에게도 장보는 걸 부탁해라."

네, 하고 나는 받았다. 하지만 금세 그걸 잃어버렸다.

"아무데도 없어, 어디에 뒀는지 잊어버렸어."

간신히 집에 돌아온 아버지께 사과했다. 아버지는 이런 나를 믿고 지내야만 한다. 슬픈 표정으로 나를 쳐다봤지만 "그래?" 하고 말했다. 그리고 약간의 돈이 든 봉투를 주었다.

날씨가 더워졌다. 동생들에게 어머니가 했던 것처럼 빙수를 만들어주려고 했다. 얼음을 사왔지만 너무 컸다.

"얼음을 좀 누르고 있어."

얼음 집게(ice pick ―옮긴이)로 얼음 덩어리를 힘껏 쳤다. 포크 같은 모양의 얼음 집게 하나가 내 왼쪽 손톱을 찔렀다. 머리를 맞대고 얼음을 누르고 있던 동생들이 서둘러 약상자를 안고 왔다. 지혈을 하고 말없이 빙수를 만들며, 전쟁이 우리 가족 속으로 송곳을 쑤시듯이 찔러서 예기치 못한 방향으로 쫓아내는 것을 몸을 휘며 견디고 있는 기분이 들었다.

나는 아줌마가 어머니의 기모노를 보자기에 싸서 훔치는 것을 눈치 챘지만, 드리려고 생각했다. 아버지께 "좋은 건 아니야. 잠자코 있었지만, 죄송해요" 하고 사과했다. 아버지는 "상관없어" 하셨다. 어머니에게도 미안하지만, 그래도 지금은 그럴 때가 아닌 것 같았다.

아줌마는 기운이 좋다. 가끔 삼십대 후반의 아들이 찾아온다. 기관사라며 잠깐 쉬다가 기차를 탄다. 전쟁 따윈 잊고 있는 듯하다. 아줌마는 손수 우동을 만들어주었다.

"나는 비결을 알고 있어. 고향에서 식당을 했었거든."

"식당! 대단하네요!"

같이 저녁식사 뒷정리를 하면서 이야기한다. 아줌마가 손수 반죽을 해 만들어준 우동은 맛있었다.

"우리 집 사누키 우동[25]으로 말하자면 유명했었지. 우리 집은 말이야, 소바(메밀국수 ─ 옮긴이)도 유명했어. 사람들이 비결을 가르쳐달라고, 가르쳐달라고 했지만 가르쳐주지 않았어. 있잖아, 이가씨한테만 가르쳐줄 건네, 딴 사람한테 얘기하면 안 돼. 소바는 말이야, 메밀가루와 우동가루를 섞어서 만들어, 메밀가루가 많으면 색깔은 좋지만 뚝뚝 끊어져. 우동가루가 많으면 색깔이 하얘서 소바 같질 않아, 끊어지지 않지만 말이야. 그래서 말이야, 우리 집 비결이란 우동가루를 좀 넉넉하게 한 다음에 아궁이의 그을음을 조금 섞어서 만들어.

25 지금의 가가와현에 해당하는 사누키 지방 특산 우동. 면이 굵고 쫄깃한 것이 특징이다.

좋은 메밀반죽이 완성돼."

"아궁이의 그을음을요?"

"메밀가루가 듬뿍 들어 있는 것처럼 보이거든."

아줌마는 쉬는 날에는 대구에 있는 집으로 돌아갔다. 나는 저녁 식사 후 늦게까지 시험공부를 했다. 진학 희망자가 없어서 공부를 어떻게 해야 할지 갈피를 잡을 수 없었지만, 참고자료를 보고 어림짐작을 하고 있었다. 가끔 학교 도서실에서 빌린 책을 펴고 오리구치 시노부折口信夫[26] 등을 읽는다. 어딘가 신들린 듯한 문학론이 적혀 있었다. 천황에 관한 것이 많았다.

수신시간은 교장선생님 담당이었다. 조용히 교실에 오셔서 "정신을 통일하고 마음을 한 점에 집중해 순종을 으뜸으로 삼으며 살자"라고 이야기한다. 순종이라고 쓴 흰 종이가 황국신민 서사를 쓴 종이와 함께 정면에 걸려 있다. 황국신민 서사는 소학교를 비롯해 어느 학교에나 걸려 있다. 순종은 교장선생님의 교육이념이었다.

순종이란 뜻대로 따른다는 뜻이다. 그것은 고분고분하다기보다도 멸사滅私에 가까운 마음이며, 부덕婦德으로서 그 이상의 것은 없다고 교장선생님은 생각하고 계신다. 나에게는 그 소리의 울림이 마음에 들지 않는다. 나는 자유를 존중하고 있으므로 내용에 대해서는 마음에 두지 않는다. 그날도 평소 수업처럼, "정신통일, 눈을 감아라" 하는 소리가 들려왔다. 교실은 물을 끼얹은 듯 고요해진다.

정신을 통일하면 야마토 다마시大和魂(일본 민족 고유의 혼—옮긴이)

---

26 1887~1953. 국문학자, 민속학자. 일본 문학, 고전 예능을 민속학의 관점에서 연구하는 한편으로, 가인歌人으로서도 독자적인 경지를 개척한 인물로 샤쿠초쿠釋迢空라는 호를 사용하고 있다.

가 보인다. 이 혼은 신을 섬기는 마음이다. 일본의 신은 천황이다. 순종은 신의 뜻대로 맡기는 것이며, 일본 정신을 설명하는 오리구치折口 문학의 심정에 가깝다. 오리구치 시노부의『국문학의 발생』에는 다카마가하라高天原(일본 신화에 등장하는 천상의 나라─옮긴이)에 있는 신들의 마음과 통하는 문학론이 적혀 있다. 나는 문과로 가고 싶었다.

교장선생님이 학생들 책상 사이를 뚜벅뚜벅 걷는 구두 소리가 난다. 우리는 꽤 오랜 시간 등을 똑바로 펴고 눈을 감고 있었다. 이런 식으로 자신의 내면밖에 보이지 않는 시간을 나는 걱정하지는 않는다. 요즘은 눈을 뜨고 있어도 그렇게 하고 있는 것과 마찬가지로, 어머니 생각을 하고 내일을 생각하고 있다.

"그대로 조용히 양손을 앞으로 내밀어" 하는 교장선생님의 목소리가 들린다. "손바닥을 위로 향해 양손을 모아."

우리는 눈을 감은 채 양손을 가슴 앞으로 내민다. 그 손을 보면 정신이 순종적인 상태인지 아닌지 금세 알 수 있다고 한다. 선생님의 발소리가 뚜벅뚜벅 앞쪽에서 나고, 한 명씩 "좋아" 하고 말씀하신다. 좋아 라는 말을 하시면 손을 무릎에 내려놓는다.

이런 어딘가 신들린 듯한 경향은 황기 2600년 기념식 이후, 여러 장소에서 눈에 띄기 시작했나. 영령에게 묵념하는 것은 늘 하는 일이지만, 천황을 현인신이라 부르며 살아 있는 신이라고 한다. 국문학도 오리구치 시노부에게서 볼 수 있듯이, 천황의 신성에 대해 논하고 그 불사不死를 이야기하는 게 시대적 추세다. 여학교의 수업에 논리성이 배제되어 가는 것은 이상할 것도 없는 과정이었다. 나는 대구의 하숙집에 있을 때, 친구 집을 찾아가는 도중 어느 일본인 집안에서 꽹과리 소리가 나 다가간 적이 있었다. 몇몇 사람이 빙 둘러앉아 있었다. 안쪽에 아마테라스 오미카미天照大神[27]라고 크게 적은 족자가 걸려 있고, 여자들이 큰 소리로 뭔가를 빌면서 꽹과리를 치고 있었다. 한 여자가 일어서서 온몸을 떨고 있는 것이 보였다.

뚜벅 뚜벅 구두소리는 천천히 내 책상 옆까지 와서 멈추더니, 내가 가슴 앞으로 내밀고 있는 손바닥에 "오늘 아침에 부모님께 말대꾸를 하고 왔어. 반성해라'라고 말하며 다음 차례로 가셨다. 나는 손을 내렸다.

쓴웃음이 날 것 같은 것을 꾹 참으며 눈을 감고 있었다. 그날도 아버지는 아침 일찍부터 학교에 가셨다. 학교 주인들을 빼앗긴 조선인 학생들의, 소위 사상 통제를 고려하고 있는 것이다. 그런 아버지에게 말대꾸하고 싶은 기분이 들 리도 없다. 만약 나에게 불복종의 징후가 있다고 한다면, 그것은 전날 읽은 오리구치 문학론에 대한 여파일까? 그래도 나는 눈을 감고 밝은 생각만 하려고 했다. '기노시타 리겐木下利玄(1886~1925, 가인―옮긴이)의 단가短歌는 좋았는데'라거나, '그중에서도 "모란꽃은 어김없이 피어나 혼자 조용히 자신의 꽃자리를 차지하고 있구나"라는 대목을 난 아주 좋아해'라고.

그러나 현실은 절박해져 있었다. 애투섬에 미군이 상륙하여 일본군이 전원 옥쇄玉碎한 것이 일반에게도 알려졌다. 그리고 이어 솔로몬 제도와 뉴기니의 일본군 기지가 공격을 받고 있다. "쳐부수지 않으면 물러나지 않겠다"는 결전 표어가 도처에 적혀 있다. "가미카제神風[28]가

---

27 일본 신화에 등장하는 태양신으로 일본 황실의 조상신으로 추앙되며 이세신궁의 내궁에 모셔져 있다.
28 신이 불러일으키는 바람이라는 뜻으로 특히 몽골군이 쳐들어왔을 때 불었던 심한 바람에서 유래되어 일본에서는 신이 일본을 지켜준다는 믿음이 생김. 이에 제2차 세계대전 말기에는 일본군의 특별공격대에 이 명칭을 붙여 가미가제 특별공격대라는 자살부대가 생겨났다.

언젠가는 불어올 테니까 괜찮다"는 얘기가 진지하게 논해지고 있다. 나는 아버지를 걱정했지만, 그 후 김천중학교에 대해 아버지에게도 묻지 않고, 친구에게도 아무것도 묻지 않았다. 대구에 있을 때인데, 태평양전쟁이 일어나 각지의 서양인 신부가 투옥된 것 같다는 소문을 들었다. 또 조선인 신부도 신사 참배를 거부하여 투옥되고 교회도 폐쇄되어 옥사한 사람도 있다는 얘기를 듣고 있었다. 그러한 움직임이 있은 뒤, 교육계도 장악하고 있는 군부의 의향대로 아버지는 문제가 많은 이전 사립학교인 김천중학교에 보내진 것이다. 나는 근심을 하고 있었다.

1학기는 금세 끝났다. 성적표의 수신과목은 을이 나왔다. 시험 같은 건 없었으니까 정신통일에 따른 판단일 것이다. 그것은 나에 대한 판단 이상의 의미가 포함되어 있다고 여겨졌다. 김천에 중등학교는 중학교와 여학교밖에 없었으니까, 당연히 교장끼리 의견을 주고받는 일도 있을 것이다. 교장선생님은 나의 태도를 통해 아버지를 보았는지도 모르고, 아버지에 대한 판정일지도 모른다는 생각을 하기도 했다.

정신통일이란 무엇일까?

야마토 다마시나 고대 문학론과도 별개로, 나는 나의 정신을 위해 정신통일을 해보기로 했다. 나는 가족이 잠들고 나서 정좌正坐 자세로 똑바로 앉았다. 정좌는 정신이 몸의 중심에 들어오는 것 같아서 좋아한다. 다도도 예법도 그런 의미에서 싫어하지는 않는다. 하지만 그것만으로는 허전해서 양손을 모았다. 눈을 감고 마음을 비우려고 노력했다. 아무것도 생각하지 않을 것이다. 몸의 힘을 빼간다. 편안하고 부드럽게…….

얼마나 지났는지 모른다. 머릿속이 차가워졌다. 몸이 부드러워진 느낌이 들지만, 자세를 흩트리지 않고 있다. 벌레 소리가 차가운 머릿속을 관통한다. 몸이 살짝 앞뒤로 흔들리다가 조금씩 크게 흔들리기 시작한다. 가슴 앞에서 합장하고 있는 양손도 앞뒤로 흔들린다. 흔들리는 대로 있자, 정좌하고 있는 몸은 그 자세 그대로 가볍게 날아올랐다. 마치 스프링 장치처럼. 그리고 리듬도 가볍게 내 몸은 계속 날아올랐다. 다다미에서 몇 센티미터 정도는 양발 모두 날아올랐다. 의식에 명령받지 않고 움직이는 자신의 몸을 처음 체험했다.

나는 눈을 가늘게 뜨고 보았다. 날아오를 때마다 좀 높지막한 위치에 있는 창문에서 건넛집 등불이 보였다. 정신통일이란 이런 것일까? 틀림없이 이것이 심신 통일일 것이다. 그렇게 생각한 나는 겁이 났다. 전에 대구에서 본 신들린 여자를 떠올렸다. 알았으니 이제 그만두자. 나는 눈을 똑바로 뜨고 합장을 풀고 크게 기지개를 폈다. 이제 오늘밤은 공부도 하지말자. 창문에 열쇠를 채우고, 동생들이 잠들어 있는 모기장 아래쪽을 둥근 부채로 부치며 모기를 쫓고 나서 안으로 들어가 누웠다. 오리구치 시노부가 그 문학론 안에 수백 년 동안 같은 이름, 같은 인격, 같은 감정으로 같은 신을 섬기는 늘 젊어 보이는 무녀에 대한 얘기를 적고 있었다. 그녀는 신들린 모습을 보여줬다고 하는데, 이런 일을 도중에 그만두지 않고 끝까지 해낸 걸까? 현인신이라든가 '쳐부수지 않으면 물러나지 않겠다' 같은 공부가 국문학이라고 하는 것은 어째서일까? 나라奈良는 경주와 비슷하다고 한다. 나라에 가면 나는 문학을 이해할 수 있을까?

바다에 가면 물에 잠긴 시체가 되고
산에 가면 풀이 나는 시체가 되어

천황폐하 곁에서 죽자
뒤돌아보는 일은 없으리라.

말도 그 마음도 아름다웠다. 나는 그 아름다움에 도달할 수 있을까?

경주에 남아 있는 사촌오빠는 항공대를 목표로 하고 있을 것이고, 소학교 동급생 남자들도 각자 진로를 정하고 있음에 틀림없다. 나도 궁지에 몰린 기분이지만, 그러나 여학교에서는 아직 몸뻬도 사용하고 있지 않다. 학교로 가는 큰길은 새로 난 도로인지 검붉은 갈색 흙이 드러나 있고, 늦더위 저녁노을 속으로 지게를 지고 가는 아저씨들의 흰옷이 메말라 있는 것처럼 느껴졌다. 동급생은 한 반에 마흔 몇 명. 나는 진로에 대한 망설임 때문에 학교에서 보내는 하루하루는 건성건성이다.

전교생이 줄줄이 교정을 향하던 때였다. 내 앞을 걸어가던 서너 명이 갑자기 춤추는 시늉을 했다. 그것은 전에 자주 봤던 조선인들이 '칭칭나네' 하며 추던, 그 양손을 어깨 높이로 올리고 추는 동작이었다. 세일러복을 입은 많은 사람들 속에서 그것은 깜짝 놀랄 만큼 선명하고 강렬했다. 두세 마디 조선말을 재빨리 주고받고, 아하하하 하고 조소하듯이 웃었다. 가슴을 찌를 듯 격렬하게. 그것은 조선인이라는 의미의 그리고 항일 시위처럼 나를 동요시켰다. 창씨개명을 하던 동급생들이었다.

나는 시험 치기 전 마음이 오락가락하는 상태였기 때문에 그녀들과 친해질 기회를 갖지 못했다. 그래서 그들이 나누는 그 짧고 날카로운 조선말은 세일러복 밑으로 칼이라도 집어들 만큼의 확고한 입장을 통보받은 것 같은 느낌이 들었다.

근처에 사는 조선인 친구 집에 갔을 때도 비슷한 두려움을 느꼈다. 여동생과 같이 찾아간 그 집은 앞문이 닫혀 있었기 때문에 담을 따라 옆쪽으로 돌아갔다. 허드렛일을 하는 여자가 불러들이는 대로 저택 안의 어느 방에 들어갔다. 집은 몇 군데로 나뉘어 독립되어 있었다. 작약 등이 있는 화단 너머에도 방이 지어져 있어 고용인 여자가 오가고 있었다. 친구의 온돌방에서 이야기하고 있자, 미닫이문 밖에서 조선말로 잠깐 뭐라고 하고, 중년 여자가 소반에 담은 간식을 공손하게 들고 왔다. 소반이 우리 사이에 놓였다. 친구가 짧게 "가라!" 하고 말했다. 여자는 머리를 깊숙이 숙여 절하고 방을 나갔다. 그녀에게 딸린 고용인이라고 했다. 흉내 낼 수 없는 차가운 목소리였는데, 그 목소리에는 부동의 의지 같은 것이 숨어 있어서 나를 두렵게 했다. 친구는 아버지의 둘째 부인 때문에 고민하고 있었지만.

가을이 되어 이탈리아의 항복이 전해지고, 병역법이 변했는지 어쨌는지 아버지가 20여 년 전의 봉공奉公주머니[29]를 꺼냈다. 아버지도 언제 소집될지 모르게 되었다고 한다. 남방의 섬들에 미군이 차례로 상륙한다. 그리고 10월에 조선해협을 오가며 부산과 시모노세키를 연결하던 연락선 곤론마루崑崙丸[30]가 미국 잠수함에 의해 격침당했다.

---

29 소집에 응할 때 지참하는 주머니. 뒷면에는 '소집에 응할 경우에 휴대하는 물건'으로 군대수첩(미교육 보충병은 보충병 증서), 훈장, 기장記章, 인장印章, 적임適任 증서, 저금통장, 보자기, 기름종이, 짐 꾸리는 삼노끈, 주소와 이름을 기입한 목패 등이 적혀 있고, 재향군인은 항상 이를 준비해두는 게 소양으로 되어 있었다.

30 철도성 관부항로의 철도연락선. 태평양전쟁으로 가장 먼저 희생된 철도연락선으로 취항 이후 첫 번째로 큰 사고였다. 중국 서부의 쿤룬산맥의 이름을 따서 명명. 1943년 10월 5일 오전 2시경, 시모노세키에서 부산을 향해 항해하던 중, 오키노시마 동북 약 10해리 부근에서 미국 해군 잠수정의 어뢰를 맞아 침몰했다.

조선해협까지도 미군은 출몰하고 있었다. 나는 바다를 건너 내지의 상급학교로 진학하는 것이 겁이 났다. 아버지 곁에서 떨어지고 싶지 않았다.

"가즈에는 그렇게 갈팡질팡하고 있었니? 지금은 전쟁 중이야. 어디든지 위험은 있어. 공부하고 싶지 않으면 깨끗이 그만둬라."

"공부하고 싶지 않은 건 아니에요."

"이제 앞으로는 여자라고 해도 일을 안 하면 안 돼. 공부할 작정이면 강행해라. 김천에 있을 작정이면 너한테 오지 않겠냐는 소학교가 있다. 도움이 되는 일을 해라."

"오지 않겠냐니, 선생님 말이에요?"

"대용교원이야, 선생님들이 출정 가시고 일손이 부족해. 여학교를 나오면 바로 필요하대."

"싫어요. 싫습니다. 아무것도 모르는 걸요."

"스스로 결정해라."

"네" 하고 대답했다. 안개 속에 있는 것처럼 아무것도 감지할 수 없다. 이런 내가 소학교 대용교원을 감당해낼 리가 없다. 역시 과감히 연락선을 타고 학교로 가자고, 그런 마음으로 있었다.

날씨가 추워졌을 무렵, "정했니?" 하고 아버지가 말했다.

"시험을 보겠습니다."

"그래? 어느 쪽이든 스스로 결정하는 게 중요해. 나부터 한 가지 부탁이 있다. 시험을 보기로 결정했다면, 당연히 학교도 정했겠지. 그러나 학교는 후쿠오카여자전문학교로 해라."

"후쿠오카! 왜! 꼭 그래야 해?"

아버지는 어머니가 바느질한 단젠(솜을 넣은 방한용 실내복—옮긴이)을 입고 있었다. 내 공부방에 와서 그렇게 말했다.

"마음먹고 있던 학교에 시험을 칠 수 없어서 속상하겠지만, 전쟁 시국이 여기까지 왔구나. 만일의 경우 후쿠오카라면 미쓰오 형님[31] 집이 있다. 본가니까 부담가질 필요는 없다. 송금을 못하게 되거나 식량이 끊기고 기숙사가 폐쇄된 경우에는 미쓰오 형님 회사에서 일하거라."

나는 대답이 나오지 않았다. 그래도 아버지의 눈을 보고 있으니, 그만 몇 번이나 고개를 끄덕인다. 다시 한 번 아무데도 가고 싶지 않다고 말하고 싶지만 고개를 크게 끄덕였다. 후쿠오카현립여자전문학교의 이름은 몰랐다. 아버지는 거기에도 문과는 있다고 말했다. 이윽고 규칙서가 도착했다. 방공과 절전을 위해 약하게 켠 등불 아래에 펼친 서류에는 교육에 관한 전시 비상조치 방안에 따라, 문과계는 이과계로 전환을 꾀했다고 되어 있었다. 그래서 1944년도 신입생부터는 국문과와 영문과는 폐지하고, 물리화학과와 수학과를 신설한다고 적혀 있었다. 그 밖에 가정과가 있고 몇몇 학과가 적혀 있었다. 전국의 고등학교, 대학교가 문과계열의 축소와 전환을 하고 있었지만, 설마 여자학교까지 문과계 축소를 꾀하리라고는 상상하지 못했다. 그리고 학생을 위한 징병 연기도 폐지되어 학도 출진[32]이 시작되고 있었다. 전쟁이 나에게도 구체적으로 닥쳐오고 있음을 절실히 느꼈다. 나는 어두운 등불 아래에서 반복해서 그 규칙서를 읽고, 단 하나 남은 항로를 찾아가듯이 가정보건과를 선택했다.

---

31 모리사키 구라지의 사촌형이 미쓰오三뼈다. 모리사키 가즈에, 『생명인 모국찾기』, 風濤社, 2001, 63쪽.
32 1943년 이후, 병력 부족을 보충하기 위해 그동안 26세까지의 대학생에게 인정되고 있던 징병 유예를 문과계열 학생에 대해서는 정지하고 20세 이상의 학생을 입대, 출정시킨 것이다.

"문과 선생님들도 남아 계실 거야. 진로는 스스로 개척하지 않으면 넓어지지는 않아. 할 만큼 해봐라."

아버지가 그렇게 말하며 다독여주셨다.

누군가가 아버지를 찾아왔다. 현관에서 손님의 낮은 목소리가 들렸다. 금방 돌아갔다. 책상 앞에 앉아 있자, 아버지가 왔다. 각반을 두르고 있었다.

"잠깐 나갔다 올게."

이미 밤도 늦었다. 장갑도 끼지 않았다. 물론 코트도 입지 않았다. 국민복[33]뿐이다. 밖은 영하로 내려가 있을 것이다.

"문단속을 하고 자거라."

"늦어요?"

"걱정하지 않아도 돼. 현관 여벌 열쇠를 가지고 있으니까 잠그고 있어라. 너무 늦지 않도록 적당히 끝내고 자거라."

바람이 부는 집밖으로 나갔다. 나는 아버지가 산속 수색에 동원되었다고 생각했다. 내가 진학하는 시기에 똑같이 군대에 가는 징병제도 하의 조선인은 26만6000여 명이다. 적령기가 된 김천중학교 졸업생도 있을 것이다. 징병 거부를 하기 위해 산으로 도망간 느낌이 들어 견딜 수 없다.

여기에는 경주와 같은 왕릉은 없다. 노인이 기도하는 장소는 어디에 있는 걸까? 조선인 아주머니가 밤의 땅바닥을 내리치며 울고 있는 느낌이 든다.

---

33 1940년 11월 2일 일본 제국 정부에서 쇼와 천황의 칙령 형식을 빌려 공포하 '국민복령'에 따라 정해진. 일본 제국 내 남성을 위한 표준 제복. 일본 제국 육군의 군복과 같은 단추가 다섯 개 달린 국방색 한 벌로 된 옷.

겨울은 한층 더 추워졌다.

타월을 짜면 짠 채로 얼어버린다. 밤중까지 일어나 있던 나는 부엌으로 차를 가지러 갔다. 불을 켜려고 했을 때 번쩍하고 창밖이 밝아졌다. 뛰어나가니 벽 주변에 쌓아둔 장작에 불이 붙어 있었다. 부엌에 있는 물통에 양동이를 집어넣어 연거푸 몇 동이를 끼얹었다. 막 붙은 불길이 가라앉았다. 그래도 물을 몇 동이나 더 끼얹었고 손으로 만져 불씨가 없다는 것을 확인하고 바람 속에서 잠시 지켜봤다. 하늘은 어두웠다. 별이 뜨지 않았다. 누군가가 불을 질렀다는 생각은 하고 싶지 않았다. 아버지에게도 알리고 싶지 않았다. 방으로 돌아가 젖은 양말을 갈아 신었다. 가만히 앉아 있었다.

다음날 아침 출근 전에 아버지께 말씀드렸다. "어젯밤 늦게 저기 장작이 좀 타서 물을 뿌려 껐어요." 아버지는 "그래?" 하시면서 동상으로 부은 맨손 그대로 국민복에 각반 차림을 하고 나갔다. 어깨가 몹시 추워 보인다. 다른 선생님들은 코트 정도는 입고 계신다고 말하고 싶지만 그만둔다. 학생을 질타, 격려해야만 한다.

이런 식으로 살고 있지만, 고립감이 있는 건 아니다. 동생들이 나처럼 과민해져 있는 것 같지는 않다. 어머니가 돌아가신 뒤의 아버지를 위로하듯 경주중학교 졸업생들은 종종 찾아와서 농담을 하고 돌아간다. 대구 있을 때 제자가 그해 첫물 사과를 갖다준다. 김치 단지 같은 걸 안고 옛 지인이 찾아온다. 김천 사람들은 세심하지는 않지만, 땅바닥에 드러누울 듯한 순박한 모습으로 어머니가 없는 우리를 대해준다. 다만 전쟁 시국이 목숨과 관계되는 정도가 심해짐에 따라, 일본인은 적이라고 생각해도 이상하지 않다고 내 안의 조선이 말한다. 그런데도 나는 내지로 유학 가서 공부를 하고, 조선으로 돌아와 일할 생각을 하고 있다.

연말이 되어 아버지도 집에 없고, 아줌마도 쉬는 날에 조선인 지인에게 커다란 생선을 받았다. 그것은 생선 턱에 다 드러나게 새끼줄을 끼워 손에 들고 가져와준 것이다. 이 사람은 전에도 살아 있는 닭을 두 마리 다리를 묶어 들고 와서 절전하느라 어두운 현관으로 나간 나의 간담을 서늘하게 했다. 진심을 다해 인사를 했지만, 그가 돌아가자마자 닭은 새끼줄을 풀고 놓아주었다. 날카로운 소리를 내며 어둠속으로 사라졌다. 그런데 이번에는 생선이다.

나는 곤혹스러웠지만 요리를 하기로 했다. 설날용으로 쓰자고 생각했다. 공부를 중단하고 요리에 착수했지만, 웬걸 그 생선은 꽝꽝 얼어 있었다. 통나무처럼 커다란 언 생선이다. 봉당封堂(마루를 깔지 않은 흙바닥으로 된 공간—옮긴이)에 굴려서 뜨거운 물을 부었다. 식칼을 대고 그 위를 망치로 두들겼다. 꿈쩍도 하지 않는다. 이렇게 언 생선을 나는 처음 봤다. 지금까지 식칼이 소용없는 경우가 있었을까? 야채류는 얼지 않도록 땅 속에 묻어 보존하고 있지만, 그렇다고 해도 생선이 이렇게 어는 일이 있을까?

어머니는 "엄마가 없어지면 생각해내서 만들어" 하며 생선이랑 조개, 게 요리 같은 걸 해보였다. 그러나 언 생선 같은 건 없었다. 대게는 한겨울에도 얼음을 채운 커다란 생선 상자 속에 들어 있었다. 사람 얼굴 정도 되는 몸통에서 집게를 떼어낼 때 식칼과 망치를 썼다. 그런데 얼음을 채운 게살이라도 이렇게 딱딱하지 않았다.

"미안해, 끓여주고 싶은데, 언니는 할 수가 없어."

뜨거운 물을 붓기도 하고 끝을 집어넣기도 하는, 나를 거들던 여동생과 남동생이,

"괜찮아. 생선은 좋아하지도 않는걸 뭐."

"나도 고기가 좋아."

하고 제각각 말했다.

우리는 그 커다란 생선을 뒤꼍의 쓰레기통에 버렸다. 방어였다.

1943년이 저물었다. 어머니가 없는 설을 내가 마련한 오조니[34]로 축하했다. 그리고 2월. 내지로 출발하는 날이 가까워진다. 연락선은 구명조끼를 입고 피란 훈련을 하면서 항행航行한다. 격침당하는 일도 없을 것이다. 하지만 그 후에 왕래할 수 있을지 어떨지. 나는 남동생에게 장갑을 짜줬다. 여동생에게 도시락 주머니를 짜줬다.

경부선이 김천을 통과하는 시간은 한밤중이었다. 이른 아침에 부산에 도착한다. 위험하니까 연락선은 낮 동안 13시간에 걸쳐 항행한다.

"언니가 없어도 아무렇지 않아. 걱정하지 않아도 돼. 알았지, 언니."

여학교 2학년인 여동생이 말해줬다.

"나도 꼭 대구중학교에 합격할게. 편지 주고받자. 내가 쓸 테니까 답장해줘."

남동생이 말했다.

나는 아버지께 "아빠라고 하지 않고, 아버지라고 하고 싶은데 괜찮아?" 하고 물었다.

"괜찮아, 아버님이라고 해도 좋아."

아버지가 웃었다.

나는 언제까지나 아빠라고 부르고 싶었다. 하지만 부를 수 없는 마음이 커진다. 쓸쓸했다.

---

34 일본식 떡국으로 야채·생선·고기 등을 넣은 맑은 장국이나 된장국에 떡을 넣고 끓인 요리로 설날에 먹는 음식.

아줌마가 내 짐을 들고 어두컴컴한 야행열차 안까지 들어왔다. 손님이 잠들어 있었다.

"고마워, 아줌마, 이제 됐어요."

아줌마가 손님을 흔든다.

"이봐요! 아가씨가 혼자서 내지로 가니까 자리 비켜주세요."

"됐다니까, 아줌마."

불이 어둡다. 손님 얼굴이 보이지 않는다.

"되긴 뭐가 돼요. 앉을 수 있는데."

아줌마가 좌석에 길게 누워 있는 손님을 또 흔들었다.

"됐다니까, 빨리 내려요."

"이봐요! 이 아가씨가 달랑 혼자서 내지로 가시니까 잘 부탁해요."

아줌마가 짐을 그물 선반에 올리고 겨우 내려갔다. 나는 이쪽을 힐끗 보고 곧바로 창에 기대 자기 시작한 손님 옆에 앉았다. 코고는 소리가 여기저기서 들린다. 기적을 울리고, 덜컹하고 흔들리며 기차가 움직였다.

여장

1968년 봄, 나는 해방 후 한국을 찾아갔다. 첫 방문이었다. 후쿠오카 공항에서 부산공항까지 조선해협을 불과 25분 만에 건넌다. 비행기가 날아오르자 금세 부산 연안에 흩어져 있는 섬들이 보이기 시작했다. 고도를 낮추는 비행기 창문으로 어선이 보였다. 어선에서 일하는 사람들의 모습도 분간할 수 있게 되어, '아아 한국이다'는 생각을 하는 나를 태우고 비행기는 순식간에 공항에 도착했다.

내려서자 햇빛이 너무나 눈부셨다. 나도 모르게 눈을 가늘게 떴다. 느닷없이 몸이 신음하며 햇빛을 빨아들이는 걸 느꼈다. 습기가 많은 일본에서는 보기 드문 투명감이 넘쳐나고 있었다. 온통 어지럽게 흩어지는 맑고 투명하면서도 경쾌한 빛. '그래 이 빛이야' 하는 생각이 들어 떨리는 몸을 그곳에 버려두듯이 나는 약간 긴장하며 공항 건물로 향했다. 멀리서 지평선까지 맑게 갠 넓은 하늘가에 포플러 가로수가 우뚝 서 있는 게 보였다.

경주 중·고등학교 창립 30주년 기념식에 돌아가신 아버지 대신 초대를 받은 여행이었다. 나는 한국에 가서 일본인이 없는 땅을 접하고 싶었다. 식민지 조선은 어디까지나 식민지 조선이다. 그곳에서 태어난 나는 내가 태어나기 전, 즉 침략자가 들어오기 전의 한국이 다시 소생하고 있는 지금의 모습과 마주하여 똑똑히 응시함으로써, 나를 초청해주신 관계자의 마음에 보답하고 싶었다. 고난의, 증오의, 죽음의 36년을 체험한 사람들이 다양한 의견을 조율해 초대하기로 결단을 내려준 것 같았다. 그리고 그러한 생각 속 깊이 어떠한 논리로도 설명할 수 없는 슬픔이 뼈와 살을 나눈 생물처럼 떠다니는 것을 나는 나의 일처럼 응시하고 있다. 공통된 슬픔이 나를 지금 여기로 데려왔다. 그런데 나는 개인의 추억 여행을 나선 것은 아니다……

그럴 처지가 아니었다. 패전 이후 줄곧 언젠가는 방문해도 될 만한 일본인이 되고 싶다는 생각을 하며, 그렇게 되기 위해 살았다. 어찌 됐던 타민족을 희생물로 삼는 약육강식의 일본 사회의 체질이 내 안에도 있다고 느꼈다. 나는 그런 일본이 아닌 일본을 원했다. 그렇지 않은 일본인이 되고 싶었고, 그 핵심을 내 안에서 발견하고 싶었다. 또 타인에게서도 느끼고 싶었다. 일본으로 돌아오고 나서 10년이 지났을 무렵, 탄광을 알게 되었다. 그런 고장을 보았다. 주뻣주뻣 탄광촌에서 살며, 권위라는 건 모르고 도시나 농어촌과도 체질을 달리하며, 남자든 여자든 다 일하는 일본인들을 접했다. 사람들은 통통 튀듯이 밝고, 지상의 권력 따위에는 신경을 쓰지 않았다. 그것보다도 더 두려운 지하의 암흑과 싸우고 있었기 때문이다.

"해님의 은혜가 없는 깜깜한 땅 밑은 무섭다카이. 하느님이라도 땅 밑에 들어가 있는 인간은 다 찾아낼 수 없으까네. 나는요, 열세 살 때부터 깜깜한 갱도에 들어갔니더."

지하 노동을 한 늙은 여자의 말에는 그녀가 알아낸 일본이 느껴졌다. 나는 그런 마음의 끝자락에 붙어서 다시 태어나고 싶었다.

나는 햇볕이 내리쬐는 부산공항에서 귀뚜라미처럼 눈을 껌벅껌벅한다. 나는 역시 떳떳치 못한 태도를 간직하고 있었다.

"가즈에 씨, 가즈에 씨."

어디선가 목소리가 들렸다.

그것이 나를 부르는 소리라는 걸 깨달았을 때, 가슴이 철렁해 승객들 속으로 숨었다. 건물에 들어갔을 때였다. 나는 탄광촌에서 글을 써서 생계를 꾸리고 있었는데, 내가 쓰는 글은 사회파라 불렸다. 그것이 한국에서는 금지된 장르인 것 같아 나는 신경을 쓰고 있었다. 이웃에 사는 재일조선인 소녀에게 그들 민족 고유의 문자인 한글 첫걸음을 배웠다. 또 규슈대학에 유학중인 한국인에게 한글을 배우기도 했었는데, 유학생도 남북이 분단된 국내 사정을 이야기했다. 나는 나를 초대해준 사람들에게 민폐가 될까봐 그것만을 걱정했다. 일본에서 살아온 날마다 조국 찾기와 같은 세월이, 나에게는 속죄와 신생新生을 바라는 일이었다 할지라도, 그것이 한국 사람들에게 무슨 의미가 있단 말인가? 나는 관광 여권을 받으면 부산에서 곧장 경주의 여관으로 갈 생각으로 아무에게도 탑승 비행기를 알리지 않았다.

"가즈에 씨."

나는 걸어가는 손님들 속에서 소리가 나는 쪽을 살폈다. 출구인 듯한 유리 너머로 양복과 흰색 민족의상 차림을 한 사람들이 있었다.

손을 크게 흔들며 미소 짓고 있는 얼굴이 별안간 눈에 들어왔다. 세월이 한순간에 사라졌다. 후쿠오카현립여자전문학교 입시를 위해 공부하던 여학생 시절, 우리 집에서 만났던 그 미소 띤 얼굴의 주인에게 "어머나, 어쩐 일이세요, 이런 곳에" 하고 달려갔다.

"당신, 뭐하고 계세요? 어쩐 일이세요?"

나는 큰 소리로 말했다.

"어서 오세요. 잘 오셨네요. 잘 지내셨어요?"

"네……."

"왜 그러세요? 마중하러 왔어요."

"……."

나는 착란을 일으키고 있는 자신을 깨달았다. 예전의 내가 순식간에 튀어나와 지껄이고 있었다. 다시 쳐다본 미소 띤 얼굴은 그 당시의 소년이 아니라, 중년이 된 한국인의 미소였다. 세월이 둘 사이에 조용히 내려앉았다.

"이번에는 정말로……."

나는 정중히 절을 했다.

"됐으니까 빨리 수속하고 오세요. 짐은 그것뿐이에요? 세관은 저쪽이에요."

둘러보니 마중 나온 사람은 그 외에도 여럿 있었다. 모두 웃고 있었다. 나는 당황하여 인사를 했지만 여전히 혼란스러운 감정이 동요하는 것을 느꼈다.

식민지 조선에서 지낸 나날보다도 더 오랜 세월을 나는 이미 일본에서 보내고 있었다. 연락선을 타고 조선해협을 건넌 날로부터 20여 년이 지났다. 그날 승객 대부분은 군인이었다. 턱까지 오는 구명조끼를 입고 좁은 선교船橋를 기어 올라가 갑판 위에서 2월의 바다에 뛰어드는 법을 훈련받았다. 나는 강인해 보이는 군인에게 착 달라붙어서 움직였다. 딴 여자 손님이 있는 것 같지도 않았다. 군인들은 규슈로

간 뒤 더 남쪽으로 파견되는 모양으로 묵묵히 움직이고 있었다. 출렁거리는 검푸른 파도 위를 물고기가 반짝하고 뛰어올랐다.

이듬해 초가을에는 가족들도 그 해협을 건너 돌아왔다. 나를 마중하러 부산공항에 와준 미소 띤 얼굴의 주인은 패잔한 아버지가 김천을 떠날 때, 짐 싸는 걸 도와주고 역까지 데려다주었다는 걸 아버지에게서 들었다. 그 오랜 세월이 가로놓여 있음에도 나는 여학생인 채로, "어머나 어쩐 일이세요?" 하고, 어제 해질녘 어둑어둑한 길로 귀가한 사람을 뜻밖의 장소에서 만났다고 착란을 일으켰다. 그 순간의 자신을 이 나라 하늘 어딘가에 남아 있던 혼불이 나를 발견하고 뛰어든 순간이기라도 한 것처럼 여겼다.

일본에서 지낸 시간이 정말로 길어졌는데도 니에게는 참 생소한 나 자신이 살아 있었던 걸까? 불러도 초대해도 돌아와주지 않는 혼불은 나를 내팽개친 채 이 하늘 어디에 있었던 걸까? 나는 내팽개쳐진 육신과 함께 패전 후의 일본에서 마음을 거듭 거듭 북돋우며 한발 한발 착실히 살아왔다. 방황하는 나의 마음과는 무관하게, 혼탁한 일본에서 태어나 일본을 모유 삼아 자란 두 아이만이 나의 어머니 같았다. 나는 중학생과 소학생으로 성장한 딸과 아들에게 부탁했다. "한국의 경주에서 너희 할아버지 대신 엄마한테 와달라고 연락이 왔어. 가고 싶은데, 엄마는 너희가 집을 봐주고 있으면 한국을 방문하고 싶어. 그럼 틀림없이 원고도 쓸 수 있는 사람이 될 것 같아. 지금 이대로는 왠지 절반밖에 살고 있지 않는 느낌이 들어."

"괜찮아, 다녀와" 하고 아이들은 말했다.

차가 한국 들판을 씽씽 달린다. 마을은 몇 킬로미터씩 드문드문 떨어져 있기 때문에, 지평선까지 포플러 가로수가 이어지고 있는 것처럼 보인다. 환하고 넓은 이 들판에 하늘에서 내리쬐는 햇빛, 그것은 이 대지의 봄이었다. 내 눈도 조금씩 햇빛에 익숙해졌다.

"교장선생님은 언제 돌아가셨습니까?"

나는 마중하러 온 사람들의 차를 타고 그날 묵을 숙소로 향하는 것 같았다. "우리한테 맡기세요" 하고 그들은 말했다.

"귀국하고 몇 년 후였습니다."

나는 대답했다.

"아직 젊으셨죠?"

"오십 중반이었습니다."

"어떻게 지내고 계시나 궁금했습니다. 전에 일본 라디오 방송으로 가즈에 씨가 쓴 드라마를 들었어요. 아, 하고 생각했어요. 한국인을 드라마 소재로 하고 있었죠."

"들렸습니까?"

"들렸습니다. 가만히 들었어요."

"말이 좀 부족했었지요? 대마도 끝까지 가면 한국이 보인다고 들었습니다. 여행하는 사람들이 아직 없던 시절인데 무리하게 부탁해서 가봤더니 그걸 쓰고 싶어져서."

"한국인이 전쟁에 차출되어 군속인지 뭔지로 죽고, 혼자된 일본인 여자가 자살한 드라마였죠? 아아, 하는 생각을 하며 들었어요. 가즈에 씨도 역시 상처를 입고 있다는 생각을 했습니다."

"미안해요, 잘 쓰지 못했어요. 한국에 들리다니 꿈에도 생각 못했어요."

"잘 들립니다. 가즈에 씨의 다른 드라마도 들었습니다. 그것도 한국과 관련되어 있었습니다."

나는 가만히 있었다.

전파는 바다를 건너 새까맣게 남아 있는 자신의 잔해를 없애려고 밤길을 헤매었나?

"나는 모리사키 교장선생님의 따님이니까 하고 생각했습니다. 스파르타 교육도 어지간했지만. 그래도 그 분은 그렇기만 한 건 아니었으니까요. 겐이치가 스스로 목숨을 끊었다는 건 사실입니까?"

"네. 대학에 재학 중이었습니다."

남동생 겐이치에 대해 조금 이야기했다.

"아버지가 돌아가시고 반년 정도 지나서였습니다. 느닷없이 도쿄에서 내가 결혼한 집으로 돌아왔습니다. 나한테는 고향이 없다고 했습니다. 아무데도 연결되는 곳이 없다고 했습니다. 그건 마음의 고향을 의미합니다만. 나도 마찬가지였기 때문에 이런저런 얘기를 했습니다만……. 패전 후 일본은 스스로 자신의 뼈를 태워 그 불이 고향이라는 생각을 할 수밖에 없는 곳이었습니다. 좀 더 버텨보자고 나는 그런 말밖에 할 수가 없어서……."

차는 양쪽으로 포플러 가로수가 이어지는 길을 아직도 달린다. 산이 약간 가까워져 있었다. 나는 한국 지인에게 남동생의 죽음에 대해 말할 방법이 없다. 그런데 그 생각은 일본인에게도 마찬가지였다. 만약 마음이 통하는 말이 있었다면 그도 참고 견뎠을 것이다.

"여자는 좋겠어. 아무것도 없어도 아이를 낳을 수 있잖아. 귀하게 잘 키워."

남동생은 내가 아이에게 젖을 물리고 있는 걸 보면서 그렇게 말했다.

그것은 비꼬는 말이 아니었다. 나는 마지막 기댈 언덕처럼, 여전히 무시당하고 자유롭지도 않은 여자의 성性에 의지하여 일본이라는 나라를 이해하고 싶었다. 위로하듯, 떠나가듯, 그렇게 말한 남동생의 목소리를 한국을 달리는 차 안에서 떠올린다.

그 당시 우리도 많은 일본인과 마찬가지로 그저 먹는 데 시간을 허비하고 있었다. 패전 직후, 식량 배급은 일주일 간격으로 겨우 한 손에 가득 찰 정도의 밀가루가 배급되는 정도였다. 장작도 성냥도 소금도 없었다. 그것을 조달하기 바빴다. 그렇지만 쌀을 구하러 다니면서도 실은 먹을 건 아무래도 좋다고 생각할 만큼 마음은 갈구하고 있었다. 어떻게 살아가면 좋을까 하고. 하지만 그는 나보다도 빨리 발을 내딛고 있었다.

다음 문장은 후쿠오카현 구루메久留米시에 살면서 메이젠明善고등학교 1학년에 진학한 남동생이 1948년 규슈 전체 청소년 웅변대회에서 이야기한 것이다. 관계자가 애써준 덕분에 사후 사반세기를 거쳐 내 손에 들어온 원고로, 『규슈 변론 50년』에도 기재되어 있다. '패전의 전리품'이라고 제목을 붙이고 있었다.

패전 후 만 3년 남짓 경과한 오늘, 국민은 간신히 허탈 상태에서 벗어나 일본 재건을 목표로 새로운 운명 개척에 발걸음을 재촉하고 있습니다. 생각해보면 우리나라는 패전으로 참으로 많은 것을 잃었습니다. 국토에서는 지시마, 조선, 대만을 잃고 또 군비 일체를 포기했습니다. 거의 모든 대형 기선도 또 영영신고營營辛苦 긴 세월에 걸쳐 개척한 해외 시장도 잃었습니다. (…) 제군들 중에는 혈육인 형제, 그리운 아버지를 전쟁터에서 잃은 분은 안계십니까? 소이탄이나 폭탄 때문에 집이 탄 사람은 없으신지요?

남동생은 그의 보물인 돌멩이와 태엽 조각을 소중히 들고 일본으로 돌아왔다. 우리 가족은 아버지의 고향인 후쿠오카현 남쪽, 지쿠고筑後의 조지마마치城島町 우키시마浮島의 큰아버지 집에 몸을 의탁했다. 아버지의 형님 가족이 살고 있어서 나도 학교 기숙사를 나와 전후의 혼란기를 여기서 신세를 지며 가족이 돌아오기를 기다리고 있었다. 그곳은 지쿠고강 하류의 강변 농촌이었다. 사람들이 오카와大河라는 애칭으로 부르던 지쿠고강을 나룻배로 건너는 조용한 마을이었다.

"잘 돌아오셨네더."

아버지가 귀향하자 친척을 비롯해 마을 사람들이 연달아 들러서는, 우리 아이들에게까지 반가운 듯 말을 걸어주었다. 아버지는 싱글 벙글하고 있었다. 우리는 사투리를 알아듣지 못한 채 불안하게 앉아 있었지만, 오카와로 흘러들어가는 냇물에도, 냇물에 씻기는 풀에도 더할 나위 없이 마음을 편안하게 해주는 부드러움이 있었다. 이 마을도 물기를 머금은 일본의 햇살이 감싸고 있었다. 나는 전시 상황에 동원된 곳에서 결핵에 감염되어 열이 나고 있었다. 마을 사람이 귀국한 아버지에게 촌장 일을 권유하러 왔다. 소꿉친구의 정이었을 것이다. 오카와에 강가까지 조수가 가득 밀려오고, 거룻배가 구루메시 쪽으로 거슬러 올라간다. 어선도 역시 발동기 소리를 내며 강을 거슬러 올라갔다. 아침에는 강이 우윳빛 아지랑이로 뿌예졌다. 해가 기울자 저녁 안개가 끼었다.

이 느긋한 풍광 속에서 사람들은 이불을 같이 덮듯이 이심전심으로 하루하루를 함께 보내고 있는 것 같았다. 하지만 우리는 마음 속 깊이 상처를 입고 있었다. 식민지에서 보낸 자신들의 생활이 어떠했는지 치열하게 자문自問했다.

우리는 한동안 휴양을 하고 나서 구루메시로 옮겼다. 아버지가 고구마 밭을 일구는 일을 하는 짬짬이 경주에서 살던 시절의 학생들 이름을 적어 나갔다. 창씨개명을 한 그들의 본래 이름을 적기 시작한 것이다. 군데군데 빈칸이 생겨서 일본 이름이 그대로 남는다. 아버지는 영국 헌법을 번역해 대일본제국헌법과 대조하며 대일본제국의 국체를 비판적으로 검토했다. 그뿐만이 아니었다. 식민지 조선에서 지낸 자기 자신의 삶도 되돌아보며 천황이 신이 된 과정을 알아가고자 했다. 연합군의 점령이 이어지고 있는 가운데 아파서 누워 있는 나에게 다음과 같은 말을 했다.

"그 학생들은 혼자서 생각을 할 때도 일본어를 쓰고 있을까?"

나는 큰 소리로 울기 시작했다. 아버지가 눈물을 참았다. 나의 울음소리는 좀처럼 멎지 않았다.

"이제, 뚝."

아버지가 나무랐다.

아버지는 나를 리어카에 태우고 보건소로 끌고 갔다.

옛날 일을 알게 된 건 아버지가 돌아가시고 뒤이어 남동생이 목숨을 끊고, 몇 년 후에 아버지의 형인 큰아버지도 돌아가신 후 가옥의 명의를 변경할 무렵이었다. 큰아버지의 배우자인 큰어머니가 "구라지 씨도 남동생인 미노루 씨도 내한테 정말 잘해줬대이" 하며 이야기했다.

"구라지 씨가 '형수님, 형님 일은 내가 잘 말해서 타이를게요. 우리 동생들은 힘을 합해 형수님을 잘 모실 테이끼네 모쪼록 좀 참아주시소' 하고 몇 빈이나 애기했었대이. 이 집은 논도 넓었으이끼네. 연말에는 곳간에 농민들이 날라준 쌀이 가득 차 있었대이. 그렇지만 그 논도 큰아버지는 술값으로 다 날리뿟다. 게이샤藝者 놀이도 했대이. 구라지 씨가 대학 졸업 때는 집도 끝내 남의 것이 됐뿟다. 기름 공장도 사가佐賀현에 있던 논도 모조리 계집질에 썼뿟다. 그래도 그만두질 않았대이. 집에도 돌아오지 않게 됐뿟다. 구라지 씨가 내한테 편지를 보내와가꼬 졸업하면 바로 취직해서 어머니와 형수님을 먹여 살릴테이끼네 절대 나쁜 생각은 하질 말라고 했대이. 형님을 지금 버리면 어떻게 될지 모르더너. 형수님, 얼마나 속상할지, 용서해달라고 이 편지도 하는 수 없이 쓰고 있너더. 평생 내가 모실테니이끼네 절대로 나쁜 생각을 하질 말라고 했었대이. 구라지 씨는 말이제, 어찌어찌 변통을 했다카며 이 집을 다시 찾아주면서, 자기 명의로 해두면 형수님은 길거리에 나앉을 일을 없을 끼라고 했대이. 그라고 나서 조선으로 가셨다. 나는 구라지 씨가 돌아가신 게 제일 힘들었대이."

큰어머니는 그런 말투로, 아버지가 식민지로 건너간 사연을 이야기했다.

'패전의 전리품'이라는 고등학교 1학년인 남동생의 웅변은 다음과 같이 이어지고 있다.

제군, 패전은 이렇게 우리에게서 빼앗아 가기만 하고 아무것도 주지 않은 걸까요? 아니, 결코 그렇지 않습니다. 우리에게 수많은 것을 가져다주었습니다만, 그 최대의 선물은 바로 자유입니다.

나는 전쟁 중 학생 기숙사에 도착한 남동생의 편지를 떠올린다. 그는 대구중학교에 진학해서 내가 하숙하던 집에 하숙하며, 내 앞으로 편지를 써 보냈다. "나는 잘 지냅니다. 해군에 들어갈지 항공대로 할지 가까운 시일 안에 결정해서 또 편지를 쓰겠습니다만, 누나라면 어느 쪽을 택하겠습니까?"라는 내용이었다. 그것밖에 앞날에 길이 없는 소년기였다. 그 편지를 쓰고 나서 3년 남짓 지났을 때, '패전의 전리품'인 자유를 이야기하고 있는 것이었다.

서구의 역사를 읽는 자, 누구나 한결같이 깊은 감명을 받는 것은 이 자유를 획득하기 위해 얼마나 많은 희생을 치렀는가, 얼마나 많은 피를 흘렸는가 하는 점입니다. 그 미국 독립사를 장식하는 제1회 대륙회의에서 패트릭 헨리가 말한 "나에게 자유를 달라, 그렇지 않으면 죽음을 달라"라는 절규야말로 가장 웅변적으로 인간의 자유에 대한 동경이 얼마나 강렬하고 심각한 것인지를 나타내는 것입니다. 자유는 삶이고, 부자유는 바로 죽음입니다. 이것이 서양근대사에 일관된 정신입니다만, 이 귀중한 자유가 우리에게 주어진 것입니다. 우리 개인의 존엄은 인정되고, 우리의 정신, 우리의 신체는 누구든 침해할 수 없습니다. 이 자유, 이 개인의 권위야말로 근대 민주주의의 밑바탕을 이루는 것이며, 또 근대 문화의 기초를 이루는 것입니다. 이 자유가 패전으로 우리의 것이 된 것입니다. 그렇다면 원래 자유란 어떤 것일까요?

나와 남동생은 다섯 살 터울이었다. 남동생에게 있어서 자유는 패전 후의 말이었나 하고 새삼 생각한다. "나는 구마소다, 겐이치 오너라" 하고 말하던 아버지의 자유방임이라는 말도 그가 소학교에 입학할 무렵에는 이미 금지어가 되어 있었다. 패전과 동시에 좌절도 아니고 죄업罪業도 아닌 근대 일본의 어두운 부분처럼 침울한 말이었지만, 나에게 그것은 전쟁 중의 자신을 계속 굴절시키며 지탱하는 육체의 불같은 것이었다.

아버지가 돌아가신 후, 남동생이 말했다.

"아버지는 철학자 같은 임종이었지. 나는 왠지 마음이 뿌듯해. 하지만 누나는 나보다 훨씬 깊이 아버지를 이해하고 있었지, 부러웠어."

"그건 태어난 시대의 차이겠지, 겐이치도 누나 나이에 태어났으면 같았을 거야."

"그럴까? 그럴지도 모르겠네."

그런 이야기를 했지만, 그것은 패전과 함께 아버지와 나를 죄의식에 빠지게 했다. 최후의 보루처럼 우리가 조선인 젊은이나 소녀와 남몰래 지키고자 했던 것, 개개인의 인간성에 대한 믿음과 그 고유한 문화에 대한 개인적인 사랑은 정치적 침략보다 더 깊다. 나는 그것을 남동생에게조차 이야기할 수 없었다. 막막했다. 나에게 좀 더 여유가 있었다면, 그때 남동생이 느꼈던 것에 대해 좀 더 이야기를 할 수 있었을 것이다. 그리고 고뇌하는 그의 곁에서 그 막막한 시간을 함께 견뎌낼 수 있었을 것이다.

"나는 저널리스트를 지망하려고 해."

그렇게 말한 것은 아직 고등학생 때였다. 지역 신문사에서 아르바이트를 하고 있었다.

"이런 일본에서는 안 돼. 그런 생각은 관둬."

나는 전후의 무절제한 분위기가 견디기 힘들어서 그렇게 말했다.

고등학생인 그는 자전거 짐칸에 나를 태우고, 꽤 괜찮은 데가 있다며 구루메시 외곽의 미이군三井郡 산기슭으로 달려갔다. 논밭 저 멀리 지쿠고강이 꾸불꾸불 흐르고 있었다. 옛날 국도와 그 주변 마을을 보는 듯한 낡은 집들이 즐비했다. 돌담 아래로 폭이 좁은 도랑이 흐르고 있었다.

"여기 괜찮지? 봄이 되면 말이야, 벚꽃길이 되는 곳도 있었어."

"자전거 타고 가봤어?"

"역을 여러 개 다녀봤어."

"이 길에 어떤 추억이 쌓여 있는지 모르겠네?"

"무슨 생각을 하고 있으려나? 이 부근 사람들은."

"친구는 어때?"

"외지에서 돌아온 나카무라 하치다이中村八大[1]라는 녀석이 있어. 언제 한번 데리고 와도 돼?"

"그래라."

그의 '패전의 전리품'은 다음과 같이 전개되고 있다.

원래 자유란 어떤 것인지요? 자유는 두 가지 방향에서 생각할 수 있습니다. 즉 소극적으로는 다른 사람으로부터 속박이나 구속을 받지 않는 것. 또 적극적으로는 만사 스스로 생각하고 판단하며 스스로 행동할 수 있는 것. 이것입니다. (…) 그러나 이렇게 누구든지 자기 마음대로 행동하고, 하고 싶은 말은 마구 해대고, 하고 싶은 대로 하는 것, 그것이 자유일까요? (…)

제군, 우리의 자유의 밑바탕에는 참으로 큰 부동의 조건이 하나 있습니다. 즉 사람과 사람의 상호 신뢰입니다. 사람은 서로 남을 침범하지 않는다, 남을 해치지 않는다, 타인에게 폐를 끼치지 않는다, 타인의 행복을 위협하지 않는다는 깊은 신뢰가 있어야만 비로소 자유가 인정되는 것입니

---

1 작곡가로 「위를 보며 걸어가자」라는 곡이 유명한데, 미국에서는 'sukiyaki'라는 제목으로 히트를 쳤다.

다. 그 신뢰의 정도는 그 자유의 크고 작음에 정비례하는 것입니다.

아버지나 나나 식민지라는 타민족에 대한 침범을 두 민족이 새 시
대로 나아가는 출발점으로 삼고자 그 안에서 인권을 찾으려고 했다.

남동생이 태워준 자전거를 타고 상기된 몸으로 산책을 나섰을 때,
우리는 어린 시절의 마음의 오솔길이 현재와 이어지고 있는 것 같은
순간을 가졌다. 슬픔을 모르는 어제가 내일로 이어지고 있는 것처럼
보였다.

"겐이치야, 너에게 좋아하는 애가 생겼으면 좋겠어."

"글쎄."

"그땐 누나에게 소개해."

"누나는 없어?"

"누나? 누나는 일본인을 잘 모르겠어. 다들 어디를 향하고 있는지,
어디서 걸어왔는지."

"나 역시……."

여동생은 큰아버지의 집에서 오카와마치大川町의 고등학교에 다니
다 졸업하고 구루메 시내의 유치원에 근무하기 시작했다. 나는 남동
생과 교외로 흐르는 지쿠고강 둑에 앉았다. 공연히 눈물이 핑 도는
이유는 아버지를 떠올렸기 때문이었다. 공직에서 추방을 당한 아버
지는 부탁받은 원고를 쓰고, 그 원고료로 쌀 배급을 받고 있었다.

남동생은 지쿠고 강물을 향해 갑자기 변론을 시도했다.

"제군! 우리의 자유는 남을 침범해서는 안 됩니다. 자기 마음대로
하려고 폭력에 호소하는 것은 자유의 적입니다. 일본은 참으로 당당
하게 이런 행위를 한 과거를 갖고 있습니다. 그렇습니다! 자유란 이래

서는 안 됩니다. 자유의 밑바탕에는 참으로 큰 부동의 조건이 하나 있습니다. 즉 사람과 사람의 상호 신뢰입니다. 제군! 조국 재건의 첫걸음은……"

그도 눈물을 흘리고 있었다. 저녁 바람이 차가웠다. 나는 미나리를 뜯었다. 강물로 뿌리를 씻었다. 며칠 전에 아버지가 나에게 미나리를 뜯으러 가자며 불러내 젊은 시절 읽었다는 마르크스 이야기를 했다. 세상에는 동맹파업과 정치활동이 확산되고 있었다. 점령군이 내 눈에도 띄었다.

나와 마중 나온 사람들을 태운 차는 한국의 조용한 동네로 들어갔다. 한글 간판이 걸려 있었다. 동래였다.

"오늘은 여기서 푹 쉬세요. 내일 경주로 안내하겠습니다. 피곤하시죠?"

온돌방으로 안내되었다. 큰 방에는 내일 기념식에 초대된 일본인 전직 교사 두 명과 일본인 졸업생 몇 명이 와 있었다. 나의 사촌오빠도 친한 한국인을 만나서 즐겁게 담소를 나누고 있었다. 여기는 온천지다.

잠깐 쉰 우리는 밖을 산책했다. 교회의 흰 건물 근처에 크고 작은 장독이 잔뜩 쌓여 있었다. 아기를 허리춤에 업고 있는 젊은 여자가 물동이를 머리에 이고 일행과 이야기하며 걸어오는 게 마음에 사무쳤다. 아이들이 팽이를 돌리고 있었다. 마을은 철골 건물을 건설 중이었다.

마중 나온 사람들도 내일 만날 사람도 모두 다 한국사회에서 활약하고 있었다. 정부 관리도 있었다. 정치에서 떠난 사람도 있었고, 대학교수도 시인도 사업가도 있었다.

그리고 전쟁터에서 싸운 사람도 있었다.

한국의 젊은 세대는 그들을 사상이 없는 세대로 보기 일쑤라고 한다.

나는 방에 돌아가자 거기 있던 아버지의 제자에게 아버지에 관한 일을 간략하게 얘기했다. 공직에서 추방된 후에 후쿠오카 현립 우키하히가시浮羽東고등학교에 근무했지만 재직 중에 병사했다고.

"가즈에 씨, 우리는 만나지 않으면 안 될 사이였어요."

그는 말했다.

"우리 민족에게 속담이 있어요. 송아지가 물 건너갔다고 합니다. 아예 지워버린다는 말이에요. 가즈에 씨, 당신과 우리는 공통의 송아지가 있어요. 그것을 물 건너가게 하려면 저에게 당신의 힘이 필요해요. 도와주고 싶고 도움을 받고 싶어요. 그것이 내일 다시 틀어져도 괜찮아요. 또 우리 뒤의 누군가가 틀림없이 그렇게 말할 거예요."

제1회 졸업생 한 명이 그렇게 일본어로 나에게 이야기했다.

올해 정월에 저는 『마이니치신문』 지방판에 「나의 원향原鄕」이라는 제목의 글을 썼습니다. 그것은 이 책의 후기로도 어울릴 만한 내 존재의 근원과 관련되는 내용이었습니다. 그 글에서 나 자신에 대해 이렇게 썼습니다.

예전에 조선반도를 여행한 일본인들이 쓴 책을 읽어보면 모두 한결같이 조선반도에는 아무것도 없다고 적혀 있다. "있는 건 그저 민둥산과 가난한 초가지붕과 색채가 없는 흰 옷을 걸친 사람들뿐이다." "그저 온통 황량하고 희읍스름한 들판에는 꽃도 푸성귀도 없다."
그런 식으로 쓰여 있다.
내가 글을 쓰기 시작한 것은 1950년대 중반부터인데, 원체험인 조선—예전의 식민지 조선—을 직접 거론하기 시작한 것은 1960년대 이후였다. 그리고 그것은 원체험 그 자체를 거론한다기보다도, 필터를 끼운 사진처럼, 패전을 계기로 내 마음이 되돌아본 식민지 조선이었다. 그 마음은

"아무것도 모른 채 좋아하게 되어버린, 사죄할 수도 없는 삶을 살았다"는 것이었다. 그 땅에서 수백 년, 수천 년을 살아온 사람들이 태어나면서 바로 체득한 것과 비슷한 기질을 나 또한 그 풍토에서 얻었다. 그렇지만 그것에 관해서는 내가 안이하게 입에 올려서는 안 된다는 생각 때문에 마음에 자물쇠를 채우고, 나는 나의 본 모습原像과 작별했다. 그것은 오로지 조선 민족만이 얘기할 수 있는 일이라 생각하기 때문이다.

그건 당연한 것이었다. 나는 조선 사람들과 마찬가지로 어린애였다. 같은 자연 조건에 둘러싸여 그것을 함께 받아들이며 자연의 미묘한 아름다움에 대한 감성을 키웠다. 하지만 나의 생활과 조선 사람들의 생활은 무서우리만치 차이가 있었다. 생활뿐만이 아니다. 말이나 생활 습관, 정치적 입장이나 민족의식 등은 비교가 되지 않을 만큼 거리가 있었다. 그런데도 여전히 그 풍토에 대한 공통 감정으로 인해 특정 조선인이나 불특정 조선인들과 통했었다는 믿음은 지금에 와서도 나는 지울 수가 없다. "조선에는 아무 것도 없다"는 표현에 대해, 그렇게 받아들일 수 없는 감정이 내 마음 속에서 떠나지 않는다. 그리고 내 주변에 있던 조선인 이 사람 저 사람의 마음과 육체에도 그런 감정이 있었다. 예를 들면 저녁 무렵 골목길을 스쳐 지나갈 때, 서로 같은 정감을 나누고 있다는 사실을 어린 시절의 나는 알고 있었다.

조선말로 모친을 오모니라고 한다. 나라는 어린아이의 마음에 비친 조선은 오모니의 세계였을 것이다. 개인의 가정이라는 것은 넓은 세상 속에 피는 꽃과 같은 것으로, 세상은 하늘과 나무와 바람 외에, 많은 조선인이 살며 일본인과 뒤섞여 있는 곳이라고 생각했다. 그런 식으로 느꼈던 나는 늘 생면부지의 오모니들이 지켜주고 있다는 생각이 들었다. 즉, 그 정도로 조선 어머니들의 정감은 아주 자연스럽게 대지에 살아 숨쉬고 있었다.

나는 지나가던 오모니가 머리를 쓰다듬으며 잔돈을 손에 쥐어주려고 하면 무슨 말인지도 모른 채 머리를 좌우로 흔들며 아직 젊던 어머니의 기모노 옷소매에 숨곤 했다.

원한이 없는 풍토. 이런 표현은 그야말로 일본적이다. 음습하지 않은 땅. 이런 표현도 일본풍이다.

나의 감성을 만들어낸 질質은 원한이나 음습함을 귀하게 여기기보다는, 정신을 승화시키는 방법은 좀 더 달라야 한다고 느끼는 전통을 가지고 있었다. 요즘은 네쿠라(본질적으로 어두운 성격을 일컫는 1980년대의 유행어—옮긴이)니 네아카(네쿠라와는 반대의 의미—옮긴이)니 하는 말이 유행하고 있어서 나는 안심이 되는데, 식민지에서 살았던 내가 보기에는 일본인은 네쿠라 취향이다. 그리고 나는 일본으로 돌아온 후, 너는 성격이 너무 밝다는 평을 듣고 난처했다. 하지만 조선인 오모니의 마음은 땅을 치고 탄식하며 슬퍼하면서도 결코 네쿠라는 아니었다.

그리고 요즘 문득 생각한다.

홋카이도나 사쓰마薩摩반도에서 나는 네쿠라와는 이질적인 시간의 흐름을 그 기상氣像나 지형을 통해 이중으로 느끼고 있는데, 그것은 음습하지 않다는 게 아니라, 보다 더 깊고 먼 곳에서, 무엇인가 계속 있어온 결과가 아닐까 하고 다시금 생각한다.

그럼, 거기에는 무엇이 있었을까? 지금은 한국과 북한에는 아무것도 없다고 표현하는 일본인은 없을 것이다. 이질성의 발견과 승인承認도 나는 오모니에 의해 길러졌다.

이상과 같이 썼습니다.

지금은 지구상에서 완전히 사라졌습니다만, 여전히 자자손손 부정해야 할 식민지주의와 그곳에서의 나의 하루하루를 이 책에 정리했습니다. 이 책을 쓰기까지 꽤 오랜 세월을 필요로 했습니다. 쓰려고 마음먹은 것은 그저 귀태鬼胎(귀신의 자식—옮긴이)라 해야 할 일본인 아이들을 인간이기에 부정하지 않고 지켜준 오모니에 대한 말로는 다 표현할 수 없는 마음 때문입니다. 그렇게 할 수 있도록 도움을 주신 신초샤新潮社 출판부의 스이토 세쓰코水藤節子 씨에게 감사드립니다. 이 책을 다 쓰고 난 후의 저의 마음은 또 이전과 같이 말할 수 없는 슬픔에 싸여 있습니다. 하지만 이것은 그 시대에 태어난 벌로 피할 수 없다는 걸 새삼 깨달았습니다. 역량이 부족해 충분히 전달하지 못하고 있다는 생각이 듭니다만, 무신경하게 지냈던 우리 가족의 하루하루를 통해, 그 너머로, 유연하게 살아갔던 사람들이 얼마나 통이 큰지를 느끼셨으면 하는 바람을 가져봅니다.

1984년 1월 17일
모리사키 가즈에

모리사키 가즈에 연표
(대구·경주·김천 시절, 만17세까지)

1927	만0세	4월 20일, 모리사키 구라지森崎庫次·아이코愛子의 장녀로 조선 경상북도 대구부 삼립정의 산부인과 이치노미야—宮의원에서 태어나다. 구라지 30세, 아이코 21세.
1930	만3세	1월 2일, 여동생 세쓰코節子 탄생.
1932	만5세	3월 31일, 남동생 겐이치健— 탄생.
1934	만7세	4월, 대구부 공립 봉산정鳳山町소학교 입학. 이 학교는 대구부의 내지인 소학교로 세 번째로 설립. 학생 대부분은 육군 장교 관사의 자제, 의학전문학교, 사범학교 기타 공무원 가정과 가타쿠라제사회사의 경영자, 농원 경영자 등의 아동.
1938	만11세	4월, 아버지가 경주중학교 초대 교장직을 맡아서 경상북도 경주읍으로 이사. 경주공립소학교 5학년에 편입. 12월, 경주중학교 교사校舎가 완성. 제1회 입학식. 신입생 45명. 조선인·일본인 공학共學.
1939	만12세	사촌오빠가 경주중학교 입시 때문에 동거, 입학. 교장 관사가 중학교 정문 옆에 세워져서 이사.

1940	만13세	4월, 대구고등여학교에 입학. 지인 댁에 하숙한다. 여름 방학에 어머니와 아이들은 바다를 건너서 아버지의 고향인 후쿠오카현 미즈마군三瀦郡 아오키무라青木村 우키시마浮島로 귀향. 어머니가 몸이 아파서 규슈대학병원에 입원. 위암 진단을 받았음. 아버지가 이 소식을 듣고 일본으로 건너가서 어머니가 수술을 받는다. 아버지와 함께 아이들은 경주로 귀가歸家. 몇 개월 후, 어머니가 큰어머니와 함께 귀가.
1942	만15세	4월, 여동생 세쓰코가 대구고등여학교에 입학. 같이 하숙한다.
1943	만16세	4월 2일 낮, 어머니 아이코 사망, 만36세. 5월, 아버지가 김천중학교 교장직을 맡아서 전임. 이에 따라 김천고등여학교 4학년에 전학. 여동생 세쓰코가 같은 학교 2학년에, 남동생 겐이치는 김천소학교 6학년에 전학. 6월 1일부터 통학.
1944	만17세	2월, 조선해협을 군민혼합선軍民混合船을 타고 건너가 후쿠오카현립여자전문학교福岡縣立女子專門學校(지금의 후쿠오카여자대학) 입학시험을 치름. 학칙 개정으로 문과·가정과는 폐지되고 수학과·물리화학과·보건과가 된다. 보건과 입학. 기숙사생활.

『모리사키 가즈에 컬렉션: 정신사 여행5 회귀』(2009) 참조.

옮긴이의 말

모리사키 가즈에는 누구인가?

모리사키 가즈에는 탄광촌에서 생활하며 활약한 시인이자 작가다. 일본에서는 선구적인 페미니스트로 알려져 있기도 하다.

그녀는 1927년 일세 통치하의 조선에서 태어났다. 그리고 1944년 후쿠오카현립여자전문학교에 입학하기 위해 일본으로 건너갔다. 패전 후 마루야마 유타카丸山豊가 주재하는 시 잡지 『모음母音』을 통해 활동했다. 또 1958년에는 시인인 다니가와 간谷川雁과 함께 지쿠호筑豊 지역 탄광촌인 나카마中間로 이주해 '서클촌'이라는 문화운동을 시작했다. 그리고 1959년 8월부터 1961년 7월까지는 여성 교류 잡지 『무명통신無名通信』도 간행했다. 탄광에서 채석되는 석탄은 19세기 말부터 시작된 일본의 근대화에 지대한 역할을 했다. 그렇지만 1950년대 말부터 1960년대 사이 일본의 에너지원이 석탄에서 석유로 전환되면서 단광촌은 큰 변화를 겪게 된다. 그녀가 탄광촌에서 지낸 것도 마침 그 무렵으로 탄광산업에 관여하는 사람들은 모두 이런 변화와 그에 따른 고통을 견디며 싸워야만 했다.

그리고 1979년부터는 무나카타宗像라는 곳에서 생활하며 문필활동을 계속했다.[1] 식민지에서 태어난 모리사키는 사회적 약자라고 할 수 있는 사람들에게 각별한 관심과 애정을 가지며 작품 활동을 해왔다고 할 수 있다.

모리사키의 저서

모리사키가 다뤄온 주제는 식민지 문제, 여성 문제, 탄광사炭鑛史, 노동 문제, 천황제, 내셔널리즘, 환경, 생명 등 다양하다. 많은 저서가 있는데 대표적인 것은 다음과 같다.

『암흑: 여자 광부에게 전해들은 이야기』(1961)

『비소유의 소유』(1963)

『제3의 성』(1965)

『투쟁과 에로스』(1970)

『이족異族의 원기原基』(1971)

『나락의 신들』(1974)

『가라유키상』(1976)[2]

특히 조선과 한국에 관한 책도 많다.

---

1 미즈타마리 마유미水溜眞由美, 『서클촌과 모리사키 가즈에: 교류와 연대의 비전』(2013) 참조.
2 『가라유키상』은 2002년에 『쇠사슬의 바다』라는 제목으로 한국어 번역판이 나왔다.

『경주는 어머니가 부르는 소리: 나의 원향原鄕』(1984)

『메아리치는 산하 속으로: 한국기행 85년 봄』(1986)

『두 가지 언어, 두 가지 마음: 어느 식민지 일본인 2세의 패전 후』(1995)

『사랑하는 건 기다리는 거야: 21세기에 보내는 메시지』(1999, 여학교 동창
이자 1989년 막사이사이상을 받은 김임순 거제도 애광원 원장에 관해 쓴 책)

『꽃빛 위의 무도舞蹈: 일본과 조선반도, 사이에 살며』(2007)

2008년에는 후지와라쇼텐에서 전집『모리사키 가즈에 컬렉션: 정
신사 여행』(전5권)이 출판되었다. 전집 출판에 즈음해서는 쓰루미 슌
스케鶴見俊輔, 우에노 지즈코上野千鶴子, 강상중姜尙中 등 일본의 최일선
에서 활약하는 연구자들이 추천사를 썼다.

이 책의 번역 출판에 대하여

이 책은 한반도에서 태어난 모리사키 가즈에가 그곳에서 지냈던
17년 동안을 다룬 회고록이다. 1984년 신쵸샤에서 출판된 이후,
1995년에는 지쿠마쇼보, 2006년에는 요센샤에서 출판되었다. 일본
에서 오랜 기간에 걸쳐 읽혀지는 책이라 할 수 있다. 모리사키는 이 작
품에 대해 "식민지 체험을 적는 건 괴로운 일이었지만, 되돌릴 수 없는
역사의 일회성이 마음에 걸려 후세를 위한 증언이라도 되었으면 하는
마음에 가급적 신변 자료만을, 그것도 당시에 한정하여, 다시 읽으며
썼다"[3]고 한다. 모리사키는 자신의 경험과 패전 후에 읽은 사료를 대
조하며 식민지 조선에서 지낸 일본인의 일상을 세심하게 묘사했다

모리사키는 2008년에 간행된 자신의 전집을 "식민지 일본인 2세

의 뒤틀린 원죄 의식을 바로잡고 싶어서 고뇌하며 살아온 나의 발자취"[4]라고 평가했다. 그녀에게 있어서, 식민지 조선에서 나고 자랐다는 원죄 의식은 엄중했다. 동시에, 그것이야말로 그녀의 집필 활동의 핵심이었다. 즉, 이 책은 식민지 조선에서 산 일본인의 일상을 알 수 있는 실마리인 동시에, 다방면에 걸친 주제를 다루고 있는 모리사키 가즈에의 작품들을 독해할 수 있는 배경을 제공한다.

이번에 한국에서 번역 출판을 하는 데 있어 특히 주목할 점은 텍스트에 그녀와 가족이 살았던 환경(대구·경주·김천)이 상세하게 그려져 있다는 것이다. 그것은 단순히 배경에 그치는 것이 아니다. 대구와 경주, 김천은 그녀를 만든 주형鑄型으로 한반도의 자연과 그곳의 사람들이 이 책에서 매우 중요한 위치를 차지하고 있다.

이 한반도에 대한 구체적인 묘사가 한국에서 번역 출판을 해보자는 계기가 되었다. 여기서는 그녀의 출생지인 대구 사람들과의 교류를 통해 한국에서 번역 출판에 이르게 된 사정을 설명하려고 한다.

대구에서는 2001년부터 도시에 남아 있는 물리적인 공간의 역사를 시민들이 직접 조사하고 기록하여 새로운 향토사를 만들어가려는 시민운동이 이어지고 있다. 국가 차원의 역사기록에는 다 담을 수 없는 자기 지역의 향토사에 관심을 갖는 시민들이 늘어났기 때문이다.

시민들이 대구의 향토사를 조사해가면서 점차 근대 시기의 일상사를 알기 위해서는 일제강점기의 자료가 필요하다는 생각을 하게 됐다. 그러나 이런 자료는 한국에서 구하기가 어려워 그 누락된 자료에

---

3 『모리사키 가즈에 컬렉션: 정신사 여행1 고향』, 후지와라쇼텐, 2008, 52쪽.
4 『모리사기 가즈에 컬렉션: 정신사 여행5 회귀』, 후지와라쇼텐, 2009, 341쪽.

대한 아쉬움이 생겨났다. 그러다 보니 시민운동은 일본에 남아 있는 자료와 텍스트에 강한 관심을 가지게 되었다. 왜냐하면 도시의 물리적인 공간을 해석하기 위해 그러한 이야기가 필요하기 때문이다.

공동번역자인 마쓰이 리에松井理惠는 2003년부터 모리사키의 출생지인 삼덕동(구 삼립정)에서 마을 만들기 현장 조사를 진행했다. 당시 삼덕동에는 일본식 가옥(적산가옥)이 많이 남아 있었기 때문에 이에 관심이 생긴 마쓰이 리에가 앞서 언급한 시민운동을 접하게 된다.

일제강점기 대구에 대한 텍스트를 찾던 마쓰이 리에는 2006년에 이 책의 존재를 알게 된다. 그리고 대구에 사는 지인들에게 책을 소개한다. 대구의 향토사에 대한 관심의 고조 속에서 대구 사람들이 이 책을 '향토사의 잃어버린 조각'으로 받아들였다고 할 수 있다. 처음에는 언어적인 장벽 때문에 이 책은 일제강점기를 경험한 몇몇 어르신만이 읽는 데 그쳤다. 2011년 지역 사회를 위해 자신들의 전문 지식을 환원하고 싶어하는 일본학 연구자들을 중심으로 대구 근현대사에 관한 텍스트를 읽는 스터디 그룹('대구읽기모임')이 생겼다. 그리고 이 연구 모임에 앞서 언급한 시민운동의 주요 멤버가 합류하여 점차 이 책의 독자가 확대되어갔고 그 내용을 대구 사람들에게 이야기할 기회도 늘었다. 일제강점기 대구와 그곳에서 살았던 사람들이 키운 모리사키라는 인물, 그리고 그녀의 글에 대한 관심을 일본어를 읽을 수 있는 한정된 사람들과 그 주변 사람들이 공유하게 되었다.

2007년 앞서 언급한 시민운동은 그동안의 현장 조사 성과를『대구 신택리지』로 발간했다. 그리고 마쓰이 리에는『대구 신택리지』를 모리사키 선생님께 전달해드렸다. 이것이 계기가 되어 둘 사이에 편지 교환이 시작된다. 2008년에는 마쓰이 리에가 후쿠오카현 무나카타시에 살고 계신 모리사키를 찾아뵙기도 하면서 인연을 이어나갔다. 2013년에 시민사회와 대구광역시 중구청이 함께 해온 활동이 좋은 평가를 받아 아시아 도시경관상('대구의 재발견에 의한 도시재생 프로젝트')을 받았다. 이때 후쿠오카에서 열린 시상식에 참석한 권상구 씨가 따로 일정을 잡아 무나카타로 모리사키를 찾아가게 된다.

책 번역 출판이 움직이기 시작한 직접적인 계기는 권상구 씨의 이 무나카타 방문이었다. 그의 통역으로 동행한 마쓰이 리에가 모리사키로부터 한국어 번역 출판 허락을 받았다. 그 후, 앞서 언급한 '대구 읽기모임'의 멤버이며 현재 민간 한일교류 거점 공간인 '대구하루'를 운영하는 박승주와 마쓰이 리에가 공동번역 형식으로 번역 작업을 진행했다. 먼저 박승주가 초벌 번역을 하고 그것을 마쓰이 리에가 원저와 대조하면서 확인하고 다시 박승주가 번역 작업을 마무리했다. 또한 이 책에는 일제강점기 그림엽서와 사진, 지도가 많이 삽입되어 있는데 대구 자료는 권상구 씨가 약 15년에 걸쳐 수집해온 자료다. 모리사키는 일본 젊은이들에게 일제강점기의 한국 이야기를 전달하기 위해 이 책을 썼다. 그래서 번역자들도 한국 젊은이들에게 식민지 조선의 이야기를 소개하고 싶었는데, 이러한 자료는 이번 번역 출판에 있어서 빼놓을 수 없는 것이었다. 귀중한 자료를 제공해주신 권상구 씨께 깊은 감사의 말씀을 드린다.

이번 번역 출판에 있어서는 많은 분의 도움을 받았다. 번역 출판을 흔쾌히 수락해주신 모리사키 씨, 권상구 씨와 마쓰이 리에의 무나카타 방문을 한국어로 환영해주신 모리사키 씨 따님, 번역 출판에 관한 번잡한 수속을 해주신 모리사키 씨 아드님, 추천사를 흔쾌히 수락해주신 홋카이도대학의 현무암 선생님, 모리사키의 가족 사진을 제공해주신 출판사 후지와라쇼텐의 야마자키 유코山崎優子 씨, 경주중학교 초대 교장이었던 모리사키 씨 아버님의 경주 시절 사진을 제공해주신 아라키 준荒木潤 선생님, 삼덕성당의 사진 자료 제공에 힘써주신 천주교 대구대교구와 이성구 신부님, 경주중학교와 김천중학교 자료 제공에 애써주신 학교 관계자 여러분, 그리고 작업 속도가 무척 느린 번역자들을 항상 따뜻하게 격려해주신 '대구읽기모임'의 여러 선생님과 대구경북인문학협동조합의 '고전읽기모임'과 '글 쓰는 수요일'의 회원 여러분께 감사의 인사를 전하고 싶다. 특히 바쁘신 가운데도 시간을 할애해 번역 원고를 읽어보고 피드백을 해주신 이상도 신경과 원장님, 배지연 선생님, 김세화 작가님, 정유진 선생님, 대구대학교 한국어문학과의 양진오 선생님, 경북대학교 의과대학의 김용선 선생님께 깊은 감사의 마음을 전하고 싶다. 또 출판사를 소개해주시고 번역에 대해서도 조언을 해주신 번역가 장윤선 선생님, 이 번역의 출판 의의를 이해하고 흔쾌히 출판을 맡아주신 글항아리 강성민 대표님, 그리고 이 번역 출판에 관심을 가져주시고 유무형의 지원을 해주신 모든 분께 다시 한 번 진심으로 감사의 말씀을 드리고 싶다.

2020년 11월

박승주·마쓰이 리에

경주는
어머니가 부르는 소리

1판 1쇄 2020년 11월 25일
1판 2쇄 2021년 1월 25일

지은이 모리사키 가즈에
옮긴이 박승주 · 마쓰이 리에
펴낸이 강성민
편집장 이은혜
마케팅 정민호 김도윤
홍보 김희숙 김상만 지문희 김현지 이소정 이미희

펴낸곳 (주)글항아리 | 출판등록 2009년 1월 19일 제406-2009-000002호
주소 10881 경기도 파주시 회동길 210

전자우편 bookpot@hanmail.net
전화번호 031-955-2696(마케팅) 031-955-2682(편집부)
팩스 031-955-2557

ISBN 978-89-6735-835-8 03910

잘못된 책은 구입하신 서점에서 교환해드립니다.
기타 교환 문의 031-955-2661, 3580

geulhangari.com